21世纪全国高等院校通用教材

社会经济统计学

（修订版）

邹顺华

中国财政经济出版社

图书在版编目（CIP）数据

社会经济统计学／邹顺华著．—修订版．—北京：中国财政经济出版社，2010.1

21 世纪全国高等院校通用教材

ISBN 978-7-5095-1965-3

Ⅰ．社… Ⅱ．邹… Ⅲ．社会经济统计-高等学校-教材 Ⅳ．F222

中国版本图书馆 CIP 数据核字（2010）第 006384 号

责任编辑：刘五书　　　责任校对：玉　风

封面设计：郁　佳　　　版式设计：李　梅

中国财政经济出版社出版

URL：http：//www.cfeph.cn

E-mail：cfeph@cfeph.cn

社址：北京市海淀区阜成路甲 28 号　邮政编码：100142

发行处电话：88190406　财经书店电话：64033436

北京中兴印刷有限公司印刷　各地新华书店经销

850×1168 毫米　32 开　11 印张　271 000 字

2010 年 1 月第 1 版　2016 年 1 月北京第 6 次印刷

印数：16 001—19 000　定价：28.00 元

ISBN 978-7-5095-1965-3/F·1644

（图书出现印装问题，本社负责调换）

本社质量投诉电话：010-88190744

反盗版举报热线：88190492、88190446

前　言

社会经济统计学是人们在社会经济生活中不可缺少的工具，是人们认识客观世界、探索数据内在规律的一套方法，是管理者进行明智决策的一门艺术。

《社会经济统计学》是高等院校和高职高专院校经济类、经济管理类和新闻类各专业的核心课程之一。学习本课程其目的是使学生学到一些有关社会经济统计的基本理论、基本方法和技能，掌握收集数据、整理数据、分析数据、运用数据所涉及的一些基本原理和技巧。

随着我国社会主义市场经济的发展和逐步完善，统计环境发生了很大变化。这对统计理论、统计实践工作以及统计教学提出了许多新课题和新要求。为适应变化了的新情况，体现理论联系实际的教学原则，2006 年我在原主编的《统计学原理》的基础上，重新修订编写了《社会经济统计学》这本教材，在编写过程中，编者吸收了多年的教学、科研实践，特别是近几年的教学实践；吸收了有关统计改革的新成果，引用了最新的统计资料，加强了对统计分析方法的介绍，尽力充实社会经济统计学的内容。此次又作了进一步的修改与调整，在本教材的体系上，既注意科学性，又注意实用性和操作性。在写法上，力求概念准确、层次分明、重点难点突出、语言简炼、深入浅出、通俗易懂，使学生容易理解和接受。

限于水平和经验，书中难免有不当之处，诚恳欢迎使用单位、广大教师、学生和读者批评指正。

编者

2009 年 12 月

目　录

第一章

导　论

社会经济统计学和数理统计学构成了统计学的两大学科。它们既有共同点也有区别。他们的共同点在于两者的研究对象都具有数量性和总体性的特征。然而数理统计学的研究对象是现象的随机性，任何存在随机性的现象（包括自然现象和社会现象）都可以运用数理统计学的方法进行考察和分析。社会经济统计学研究对象的范围限于社会经济现象。本书所用的概念、名词术语、方法，都以社会经济统计学的要求为依据而展开，虽然社会经济统计在搜集、整理和分析数据时，也涉及某些数理统计方法，但仅限于应用，而不阐述和研讨数理统计本身。

第一节

统计概述

一、“统计”的涵义

统计的英文单词是Statistics，它包括三个方面的涵义：统计活动（或称统计工作）、统计资料和统计学，这已成为国际上通行的有关统计的习惯用语。

（一）统计工作

统计作为一种社会实践活动有悠久的历史，它是适应国家行政管理和社会经济发展的需要而产生和发展的。统计工作是指国家行政机关（主要是统计机构）、企事业单位为满足社会、经济、政治、科技等方面管理需要或从事科学研究的需要，而对社会经济现象的数量方面进行搜集、整理和分析有关数据的一系列统计活动过程。统计活动的一般程序包括统计调查、统计整理和统计分析等。

（二）统计资料

统计资料是指统计工作过程中所产生的原始的或加工过的统计数据、统计报表、统计图、统计分析报告以及与之相联系的其他资料的总称。通常对统计资料有如下要求：（1）客观性。即统计资料必须能够客观的反映现实而不受任何偏见的影响和任何势力的干扰。（2）准确性。即由客观性所要求，统计数据的偏差不能超出统计目的事先确定的允许误差范围。（3）及时性。即统计资料为满足统计目的需要，应及时搜集、及时加工、及时发表。(4) 连续性。统计资料在时间上应能提供动态对比的数据。(5) 系统性。即统计资料应能以客观现象之间的内在联系为基础，各项数据相互之间也应保持这种内在联系，并能相互结合或对比运用。(6) 稳私性。即尊重统计数据提供者的隐私权，保护资料提供者的合法权益。

(三) 统计学

统计学是指系统阐述统计实践活动基本原理和研究方法的理论。它是一门研究如何搜集、整理和分析统计资料的理论和方法论科学。统计方法是社会、经济、科学技术等各研究领域与工作部门必要的基本数量分析手段，是从大量数据资料中提取主要的有用信息的重要工具。

统计的三种涵义密切联系。统计工作和统计资料是过程和结果的关系。统计资料是统计工作的成果或结晶，它来源于统计工作又服务于统计工作。统计工作和统计科学是理论与实践的关系。统计学是统计活动发展到一定阶段的产物，是统计实践经验的理论概括，并用于指导统计实践，为统计工作提供理论依据。统计工作的发展，会不断完善和丰富统计理论，而统计理论的丰富又促进统计工作的发展，使之更有效，更科学。

以上对统计一词涵义的理解，有助于对统计学的初步认识。但是，这还不够。这三种涵义不能说明统计的性质、特点、功能。要真正了解一门科学的性质、特点、功能，了解一门独立科学与其他科学的区别，就必须进一步弄清它的研究对象，因为一门科学的性质、特点、功能及其与其他科学的区别都是由它的研究对象的特点所决定的。

二、社会经济统计学的研究对象

社会经济统计学是统计学的一个分科，它的研究对象是社会经济总体的数量特征和数量关系。

(一) 社会性

客观世界包括自然现象和社会现象。社会经济统计的研究对象是社会现象。列宁说“统计应当说明由全面的分析所确定的社会经济关系。”① 它包括生产力和生产关系及其相互关系，经济基础和上层建筑及其相互关系；包括生产、分配、交换、消费、积累社会再生产的全过程；包括社会、政治、经济、军事、法律、文化、教育、科研等全部社会现象的数量方面。这些现象都是客观存在的，具有明显的社会特征。社会经济统计就在于确定社会经济现象发展的基本情况，分析它们的数量关系和数量界限。

(二) 数量性

任何社会现象都是质量与数量的统一，数量方面是客观存在的、极为重要的现实方面。对社会现象的认识的一个比较有效的方法，就是掌握它们的数量方面。毛泽东同志说：“胸中有‘数’。这是说，对情况和问题一定要注意到它们的数量方面，要有基本的数量的分析。任何质量都表现为一定的数量，没有数量也就没有质量。”② 统计的语言是数字。社会经济统计密切联系事物质的方面研究其现象的数量多少、大小、高低；研究现象之间的数量关系；研究决定事物质量变化的数量界限。具体地说，研究各种社会经济现象的规模、水平、结构、比例关系、差别程序、普遍程度、发展速度、平均规模和水平、平均速度等。

(三) 总体性

统计学研究社会现象的数量方面指的是总体的数量方面。社

---

① 《列宁全集》第3卷，第461页。

②《毛泽东选集》第4卷，第1380页。

会现象是各种社会规律相互交错作用的结果，它呈现出一种复杂多变的情景。如果我们仅研究社会现象个体特征，而不是对足够大量个体进行全面考察，社会规律就不能充分显示。统计研究一般要从研究个体现象入手，但目的不是为了认识个体现象而是为了综合个体现象去认识总体，把握社会现象的总规模、总水平及其变化发展的总趋势。

（四）具体性

统计研究的数量指社会现象的具体数量方面。统计数字都是具体的、反映一定社会经济范畴的数字。任何社会现象都是质与量的辩证统一。一定的质规定一定的量，一定的量表现为一定的质。统计学所研究的不是纯粹的量、抽象的量，而必须以对社会现象的定性认识为基础。只有对社会现象的性质、特点、运动过程有一定的认识，才有可能进行定量认识，才能统计它们的数量方面。例如，要统计国内生产总值，首先要明确国内生产总值的概念，然后才能根据这种认识去确定国内生产总值的口径、范围、计算方法，才能有根据地去处理许多复杂的实际统计问题。

三、社会经济统计学的性质

社会经济统计学的性质可以从统计的涵义及其统计学的研究对象的内容和目的来考察。统计工作要求社会经济统计学要根据统计活动的实践经验加以理论上的概括，对社会经济活动的规律和方法进行总结，以指导统计工作的实践，以便通过统计工作，更好地提供关于社会经济数量方面的认识成果——统计资料。社会经济统计所阐述的内容是研究和总结统计这种调查研究活动是怎样进行的，怎样做才能达到对社会现象数量方面的正确认识。社会经济统计研究的目的，并不在于要反映各种社会现象客体本身、反映各种社会规律本身，而是为了进一步从认识方法上加以提炼的概括，为统计工作如何从数量方面正确反映各种社会规律提供完整的认识方法，使统计工作建立在科学的基础上。因此，社会经济统计学是一门揭示认识规律、方法规律的方法论科学。列宁曾指出：社会经济统计是“社会认识的最有力武器之一”。[①]这是对社会经济统计性质的高度概括。统计学根据其研究对象社会现象总体数量方面的特征，逐步形成了一系列专门研究方法和认识方法，如大量观察法、统计分组法、综合指标法、动态数列法、指数法、抽样法、相关分析法、平衡法（包括投入产出法）、统计图表法、统计预测法等。这一系列方法的有机结合所形成的认识方法体系，构成方法论。因而，社会经济统计学属于认识社会现象数量方面的方法论科学。

第二节

统计的职能与统计方法

一、统计的职能

所谓统计职能，指统计本身所特有的功能。它是客观存在的，它能否充分有效地发挥作用，主要取决于客观需要及其人们对它的认识和开发利用程度。

统计是现代国家管理系统中的重要组成部分，其主要职能是提供信息、进行咨询、实行监督，也即统计具有信息、咨询、监督三大职能。

---

① 《列宁全集》第16卷，第431页。

（一）统计信息职能

统计的信息职能，是指统计运用一整套科学统一的指标体系和统计调查方法采集和提供大量综合反映客观事物总体数量特征的社会经济信息。

统计信息与其他信息相比较，具有以下重要特征：

1. 统计信息具有广泛性。统计信息的对象范围包括了人类社会经济活动中所涉及的各个方面，有着丰富的内涵和广阔的外延。不仅社会经济活动需要统计反映，而且各领域及其实质性学科对其规律的研究，也需要运用统计方法，借助于统计信息，揭示其发展变化的必然性。

2. 统计信息具有严密性。统计信息是根据一套反映社会再生产规律的、科学统一的国民经济核算体系和统计指标体系，采用大量观察和抽样推断等科学的调查方法，有目的、有组织地采集、加工而成的。它即能连续不断地反映事物过去的发展过程，又能客观如实地描述事物的现状，还能科学地预测事物未来的发展趋势。

3. 统计信息具有社会标准化特征。社会标准统一化，是统计信息真实可靠的基本条件。按照统计信息自动化建设的要求，统一表式设计、统一指标分类、统一编码分组、统一数据格式、统一信息管理，然后再由计算机根据各个不同层次和不同方面的需要进行加工整理，便能生成各种有用信息。如果统计思维逻辑不统一，统计归纳与推断就无法进行。如果统计指标的口径、范围不统一，那么也无法认识统计总体的特征。

4. 统计信息具有总体性。统计总是以社会经济总体的数量特征作为对象进行研究的，反映的是社会现象总体的综合特征。众所周知，反映和描述社会经济现象运动状态的，不仅有统计信息，还有会计信息、审计信息、其他业务核算信息等。会计信息、审计信息等侧重于微观的、个体的信息。然而，对整个国民经济和社会发展的认识，依靠孤立个别的微观信息是难以实现的，只有依靠统计才有可能从总体上反映和把握国民经济和社会运行的状态和进程。

以上特征，决定了统计信息是社会经济信息的主体。为了更好地发挥统计信息职能，必须改革和完善各专业统计制度方法，按照精简、效能的原则，科学合理组织统计调查；必须进一步加强国家统计信息自动化系统建设，特别是统计信息数据库体系的建设；进一步建立健全以政府统计部门为主体，纵贯国家——省市——县区——乡镇和企业，横联各业务主管部门的，上下贯通、左右协调、运行高效的全国统计信息网络。

（二）统计的咨询职能

统计咨询职能是指利用已掌握的丰富的统计信息资源，运用科学的分析方法和先进的技术手段，深入开展综合分析和专题研究，为科学决策和管理提供各种可供选择的咨询建议与对策方案。

统计部门所具有的优势，有可能并且应该承担这项工作。首先，统计部门具有其他部门无可比拟的信息资源优势。如前所述，统计信息是社会经济信息的主体，它是认识社会、改造社会的有力武器，是认识国情国力最有力的工具。其次，统计部门是一个由多专业、多学科专家有机结合而成的智力型单位，具有良好的统计分析基础，它可以通过加工提炼和分析研究，迅速将数据信息转化为决策信息和咨询方案。第三，统计部门处于相对超脱地位。与其他政府职能部门相比较，统计部门对社会经济活动的反映较为客观，一般不直接承受物质利益和政治荣誉得失。它能超越部门利益的局限，从全局、综合的角度客观地观察和分析问题，并提出比较公正的、没有部门偏见的咨询意见。

为了切实有效地充分发挥统计咨询职能，真正把统计部门建设成为国家重要的咨询机构。还必须注意：（1）坚持实事求是的科学态度。统计咨询建议或方案，在任何时候、任何情况下，都必须服从科学、服从真理，而不能迎合某种需要，随波逐流。（2）在咨询研究的内容上，应根据统计的特点，把重点放在国民经济和社会发展全局的战略性、综合性问题上。（3）在咨询的方式方法上，应坚持定量分析与定性分析相结合，以定量分析为主的原则，使咨询建议或方案建立在科学性和可行性基础上。（4）在咨询组织形式上，要外引内联，实行全方位的开放式研究。

（三）统计的监督职能

统计监督职能是指根据统计调查和统计分析，及时、准确地从总体上反映经济、社会和科技的运行状态，并对其实行全面、系统的定量检查、监测和预警，以促进国民经济按照客观规律的要求持续、稳定、协调发展。

统计监督在国家宏观调控与微观管理的重要作用，主要体现在以下两个方面。第一，它是决策不断修正、不断调整的重要依据。决策并不是一个静止的、一次完成的过程，而是一个多因素相互影响、相互制约的不断修正、不断调节的过程。决策者或决策部门由于客观条件和主观认识上的局限，难以完全预料决策在执行过程中可能出现的不确定性因素。统计可以用其特有的方法，进行全面、系统的定量检查和监测，并及时将原决策方案与客观环境间存在的偏差或矛盾传送给决策部门，以便适时调整决策方案，保证决策目标的实施。第二，它是判断和检验决策正确与否的重要尺度。决策方案是否正确、科学，要依靠实践检验。而实践的结果则需要统计去追踪、反映。通过统计信息的反馈，来评判和检验决策方案的正确程度及其科学性，并从中不断总结经验和教训，以便更好地进行下一个决策行动。

统计部门要切实承担起监督职能，充分有效的发挥作用，则一方面必须提高全民，特别是各级领导干部对统计监督作用的认识；另一方面，各级统计部门和广大统计人员也要克服畏难情绪，自觉地增强统计监督意识，牢固树立统计职业道德观念，并对党、对国家、对人民高度负责的精神，勇敢地负担起这一光荣使命，切实有效地对经济、社会和科技运行实施严格的统计监督，做到即敢于监督，又善于监督。

（四）三种职能的关系

统计的信息、咨询和监督职能，是相互作用，相辅相成的。其中，统计的信息职能，是保证统计咨询和监督职能得以有效发挥的基本前提；统计的咨询职能，是统计信息职能的延续和深化；统计监督职能，是在统计信息、咨询职能基础上的进一步拓展。而统计监督职能的强化，又必然要对信息职能和咨洵职能提出更高的要求，从而进一步促进统计信息职能和咨询职能的优化。

从科学决策过程来考察，统计的三大职能是与其相伴而行的。这是因为在决策前，为了科学预测和决定决策目标，就必须对该项活动及其所处的状况进行详细地了解。于是就需要统计及时准确地采集、整理和提供各种信息，发挥统计的信息职能。在决策过程中为了保证决策的正确性和科学性，则又需要统计利用已经搜集整理的信息资源进行归纳、推断、评价、判别，并据此提出各种可供选择的咨询建议和对策方案，发挥统计咨询职能。在决策之后为了及时掌握决策的执行情况，以便补充完善，纠正偏差，防止失误，还需要统计进行跟踪、及时反馈，有效地监督检查决策的贯彻执行情况，发挥统计监督职能，从而保证整个决策顺利完成。

从认识论角度考察，统计三大职能是由感性认识到理论认识逐步深化的过程。这是因为采集、加工整理信息资料就是对客观世界的“实事”性反映，是进行咨询和监督的可靠基础，属于感性认识阶段；提供咨询是对客观世界的“求是”性反映，是对统计信息的综合开发利用，属于理性认识阶段；而实施监督则是对认识世界和改造世界正确与否的判断的检验，是信息职能的有机结合和进一步深化，是更深层次或更高级的“求是”。

统计的信息、咨询和监督职能有机的结合和运用，共同构成了统计的整体功能。也只有将这三大职能凝聚成一个合力，发挥其整体效应，才能充分体现和发挥统计工作在现代国家管理系统中的重要地位和作用。

二、统计的基本方法

每门科学都有它特有研究方法，统计的研究方法取决于它的研究对象的特点。社会经济统计学属于认识社会现象数量方面的方法论科学。如前所述，统计学根据其研究对象，即社会经济现象总体数量方面的特点，逐步形成了一系列专门研究方法。现将统计研究的主要方法介绍如下：

（一）大量观察法

所谓大量观察法就是指统计研究社会经济现象的数量特征和数量关系时，要从总体上加以考察，也即就总体中的全部或足够多的单位进行调查并加以综合考察和分析的方法。由于统计是要实现对现象的整体认识，反映事物的综合特征，显示事物的普遍联系和内在规律。要实现这一点，对个别和少量的单位进行观察是不够的。因为客观世界任何事物都是处在相互联系、相互制约的统一整体之中，脱离整体的孤立事物是不存在的。也就是说，在社会经济现象总体中，个别现象往往受各种偶然因素的影响，如果孤立地就其中的个别或极少数个体进行观察，其结果往往不足以反映现象总体的一般特征。如果我们观察的单位数量比较大、单位足够多，或者甚至是整个总体，那么，诸多的个体的个性、可变性、偶然性就可相互抵消，体现出总体的一般性、经常性、必然性。例如，中南财经政法大学同一年级的学生中，年龄、身高、体重各不相同，在一次统计学的考试中，成绩也不一样。产生这些差异的原因是很多的：诸如天赋、营养、锻炼、卫生、保健、情绪、勤奋程度等等。各种因素都在一定程度上或多或少影响身高、体重或学习成绩。若孤立地就其中个别或极少数同学进行观察，就无法显示同年级大学生的一般特征。但我们观察的数量比较大，理论上就叫足够多数的个体，或者甚至是整个总体（全体同学），那么，这时由于那些造成特别差异的因素的影响在大量观察中将会被冲销，最终显示出全体同学的年龄、身高、体重、学习成绩的一般数量特征。

需要说明的是，大量观察法并不是指都要进行全面调查，而是根据需要对研究对象中能够足以反映事物本质特征的多个单位进行观察就可以了。统计调查中的许多方法，如统计报表、普查、抽样调查、重点调查等等，都是属于一种大量观察法。

（二）综合分析法

综合分析法是指对于大量观察所获得的资料，运用各种综合指标的方法反映总体一般的数量特征，并对综合指标进行分解和对比分析，以研究总体的差异和数量关系。对大量原始数据进行整理汇总，计算出总量指标，以显示出现象在具体时间、地点以及各种因素共同作用所表现的总规模或总水平。将有联系的总量指标进行对比分析，就可以考察总体的数量对比关系。如计划执行情况、事物发展的普遍程度、发展速度、现象之间的差异程度等。根据事物内在特点和统计研究任务的要求，将存在差异的被研究总体按某一标志区分为若干组，以显示现象不同类型，继而在分组的基础上进行分解分析，探讨总体内部结构状况，总体内部比例关系以及分析现象之间的依存关系。统计研究通过大量观察，进而加以综合，体现出总体的一般性、普遍性的一般水平，这就是大量观察基础上形成的统计平均数。总体各单位的共同倾向程度取决于平均数代表性，若衡量平均数的代表性，可以计算各单位对平均数的离差，分析总体各单位之间的差异程度，这就是在大量观察基础上形成的标志变异指标。可见，统计研究中常用的综合指标有：总量指标、相对指标、平均指标、标志变异指标等。运用各种数量分析方法探讨总体的各种数量关系的还有动态趋势分析法、指数因素分析法、相关与回归分析法等等。以上有关综合分析法，留在本书的各章节中进行详细讨论。

（三）归纳推断法

归纳是指由个别到一般，由事实到概括的推理方法。以一定的概率，根据样本数据来推断总体数量特征的归纳推理法，称统计推断。统计推断是统计学区别于其他一切科学的本质特征。在统计研究中，常常存在这种情况，我们要观察的总体中的单位是大量的，甚至是无限的，还有些总体中的单位虽然是有限多个，但是属于无法或不能进行全面调查的社会经济现象。这就需要运用抽样原理，抽选一部分单位进行观察，根据局部的样本资料对上述总体的数量特征进行推断，以达到对现象全体的认识。例如，根据城市100户居民生活收支数据来判断该城市居民消费水平。又例如，根据有限次的种子催芽试验来判断该批种子的发芽率等等。然而这种根据样本数据来判断总体量特征就存在着有多大程度可以置信的问题。所以归纳推断法具有如下性质：（1）由归纳推断所得到的结论正确性具有一定的概率；（2）归纳推断由开放系统中引出结论，亦即根据部分事实推断全体；（3）归纳推断的结论必须通过客观实践的检验以判明其正确与否；（4）归纳推断必须假定与前题和结论有关的全部事实均具有一致性。可见，归纳推断法可以使我们从具体事实得出一般知识，扩大知识领域，增长新的知识，因而它是统计研究中常用的方法。统计推断可以用于对总体数量特征的估计，也可以用于对总体的某些假设检验，还可以用来对全面调查结果进行检查和修正；在企业的产品质量检验和生产过程均衡控制中，统计推断也有着广泛的用途。有关抽样推断的理论和方法将在本书的第七章详细讨论。

第三节

统计指标和指标体系

一、统计学的几个基本概念

统计要达到对社会经济现象总体数量方面的认识，就必须根据研究对象的性质和研究目的，设计出反映这个对象的统计指标和统计指标体系，而后围绕其向调查对象搜集统计资料，再通过这些资料的整理和综合分析，得到反映这个对象总体的具体统计指标，以反映现象的规模、水平、速度、比例和效益等。同时在运用统计推断法时，也要根据样本指标去推断总体指标。因此，统计指标和统计指标体系是统计理论和统计实践中十分重要的基本范畴之一。但要了解统计指标和统计指标体系的基本理论，又必须熟悉与其密切相关的统计中的几个基本概念。

（一）总体和总体单位

总体亦即统计总体的简称，它是由统计研究目的所决定的、具有某种共同性质的许多个体而构成的集合体。构成总体的个体称为总体单位。对于这两个概念的理解，需要把握以下几点：

1. 总体与总体单位是由统计研究目的决定的。例如，统计研究目的是了解全国国营工业企业职工队伍的基本情况，则全国国营工业企业全体职工就构成了总体，而国营工业企业的每个职工就是总体单位。如果统计研究目的是了解全国国营工业企业生产经营状况，则这时的总体是全国所有国营工业企业，每一个国营工业企业则是总体单位。可见，总体和总体单位的称谓，不是绝对的，是根据统计研究目的来确定的。其次，还表现在统计研究目的不同，总体范围大小，总体单位数的多少也不同。假如前面两例是调查了解全国工业企业职工队伍的基本状况，了解全国工业企业生产经营状况，则总体的范围就扩大了，总体单位就增加了。这时总体中不仅包括了国营工业企业的职工和国营工业企业，也包括非国营工业企业的职工和非国营工业企业。

2. 构成总体的个体（或总体单位）必须具有某一方面的共同特征或性质。例如，构成“全国国营工业企业”这个总体的各工业企业的共同点，就是它们的所有制形式都属国家所有并从事工业生产经营活动，向社会提供工业产品或劳务。这种共同点就称为总体的同质性。

可见，确定一个总体，就需要做定性分析：一是定出现象同质性的标准。例如城乡划分标准、工业与非工业标准、企业与非企业标准等。二是对照具体事物分析其是否符合所定的标准。如乡镇农民进城办厂算不算乡镇工业；森林采伐是否是工业生产；屠宰是不是工业生产活动等。三是确定总体范围是以地域为范围，还是以某种标准划分总体范围等。

3. 构成总体的各个个体，除具备同质性外，还必须具备差异性。例如，全部国营工业企业这个总体中的每个企业除了经营类型都是国营并都从事工业生产经营活动这个共同点外，在其他许多方面（例如，行业性质、生产的品种、职工人数、资金总额、利润、生产总值等等）都存在着差别。这种差异称为总体的变异性。变异性是统计研究的前提，如果总体中的个体之间不存在任何差异。统计研究就失去意义。

（二）标志和标志值

标志即统计标志的简称，它是说明总体单位属性或特征的名称。每个总体单位，从不同角度看，均具有许多属性或特征。例如，以每个工业企业为总体单位，工业企业的"经济类型"、"职工人数"、"工业增加值"、"工资总额"、"成本"、"利润"等，这些属性或特征的名称，统计中称标志。总体单位的属性或特征是就广泛意义而言的，有的是它的自然属性、社会属性，有的则是指隶属关系或经济类型，有的则指工作条件、生产成果、服务收入等。统计标志是一个重要的概念。统计研究就是通过对各个单位标志的具体表现——标志值的汇总综合来达到对所研究现象总体数量特征的认识的。

标志可按其表现形式不同分为数量标志和品质标志两种。用数字表现的标志称数量标志，例如，工业企业"职工人数"、"工业增加值"、"工资总额"、"利润额"等。工人的"年龄"、"工龄"、"工资"、"出勤工时"等都是数量标志。数量标志是说明总体单位数量特征的名称。用文字表现的标志称品质标志，例如，工业企业的"厂址"、"生产品种"、"经济类型"、"隶属关系"等。工人的"性别"、"民族"、"工种"、"籍贯"等都是品质标志。品质标志是表明总体单位质的属性或特征的。

（三）变异和变量

在总体单位中，不管是品质标志还是数量标志，它的具体表现在所有的单位都是相同的，这种标志称为不变标志。例如，国营商业企业总体中，每个商业企业的所有制性质都是相同的，均为国营企业，这里企业的“所有制性质”这一标志便是不变标志，这是构成总体的必要条件和确定总体范围的依据。

在总体各单位之间存在着差异的标志叫可变标志。例如，国营商业企业中，各企业的职工人数多少不同，零售额不一样，经营品种不同；有的经营粮食、有的经营化工产品、有的则经营纺织品等等。这里的“职工人数”、“零售额”、“经营品种”就是可变标志。这种标志的表现在各总体单位之间是不相同的，有差异的。这种可变标志所表现出来的差异，就叫变异。如前所述变异是统计研究的基础和条件。无变异也就无需用统计方法去测度它们的数量特征。

变量就是可变数量标志的名称。例如，进行某市职工家庭生活状况调查，而每户职工家庭的“人口数”、“工资收入”、“生活费用支出”、“耐用消费品拥有量”等均是数量标志。变量的具体表现为变量值，也称标志值。例如，职工家庭人口数具体表现为 3 人、4 人、5 人等；工资收入具体表现为 800 元、1200 元、2500 元等都是变量值。

变量按取值的特征，可分为连续型变量和离散型变量。连续型变量的取值是连续不断的，相邻两值之间还可以无限取值，可以表现为小数。如上例中的“工资收入”、“生活费用支出”等。又例如，人的身高、体重、零件尺寸、棉花产量、收购量等等。这些变量的取值可以为小数点后的任意数，它们都是连续型变量。

离散型变量的取值可以按一定的次序一一列举，它只取整数。如上例中的“职工家庭人口数”。又例如，职工人数、设备台数、企业个数、学生人数、中小学校数等都是离散型变量。它们的变量值可以用计数的方法取得其值，且只能取整数值。

变量按其性质不同，可以分为确定性变量和随机变量。确定性变量，是指数值变化受某种或某几种确定性因素的影响，其变化是沿着一定的方向呈上升或下降变动的变量。例如，医疗卫生统计中，某种疾病的发病率、人口平均预期寿命等，就是确定性变量。这里的发病率一般呈下降趋势，平均预期寿命则一般呈上升趋势。

随机变量是指数值受某种或某几种不确定性因素影响，变化没有一个确定方向，带有很大偶然性的变量。例如，某机械产品零件的尺寸，由于它受多种因素影响，某尺寸的大小，没有一个确定性方向，带有一定的偶然性，所以“零件尺寸”这个变量就是随机变量。

二、统计指标

（一）统计指标及其构成要素

统计指标是指反映社会经济现象总体数量特征的概念和数值。统计指标由于使用方法不同，对它的涵义有两种不同的理解。一种为统计指标是指反映社会经济现象总体的数量概念。例如，国民生产总值、国民收入、工业增加值、社会商品零售额、货物周转量、劳动生产率等等。按照这种理解统计指标包括三个构成要素：指标的名称、计量单位、计算方法。统计指标的这种涵义，一般在统计理论和统计设计上使用。

统计指标涵义的另一种为统计指标是反映社会经济现象总体数量特征的概念和具体数值。例如，我国 2008 年国内生产总值（GDP）为 300670 亿元，比上年增长 9.0%；全国规模以上工业增加值比上年增长 12.9%；2008 年粮食总产量达到 52850 万吨，比上年增产 2690 万吨，增长 5.4%；2008 年全社会固定资产投资总额为 172291 亿元，2008 中国万元 GDP 能耗下降 4.21% 等等，这些都叫统计指标。按照这种理解统计指标除了包括上述三个构成要素外，还包括：指标所属时间、空间和指标数值。统计指标的这种涵义，一般在统计工作实践中使用。

统计指标的这六个构成要素可以归纳为两个组成部分：即统计指标的概念和统计指标数值。这两个组成部分体现了事物质的规定性和量的规定性两个方面的特征。

统计指标的上述两种理解都是成立的，它们分别在不同情况下使用。在进行统计设计时，只能设计统计指标的名称、内容、口径、计量单位和计算方法，不可能包括指标的具体数值。然后经过搜集资料、汇总整理、加工计算便可得到统计指标的具体数值，用以说明总体现象在数量方面的现状及其发展变化趋势。从不包括数值的统计指标到包括数值的统计指标，反映了统计工作的过程。

（二）统计指标的特点

统计指标的主要特点是：

1. 数量性。统计指标是反映社会经济现象的数量特征的，所以它一定可以用数值表现，不存在不能用数值表现的统计指标。例如，国民生产总值、国内生产总值、国民收入等等。对于无法用数量描述或其数量表现没有差异的现象是不能运用统计指标的。

2. 综合性。统计指标不仅是同质总体大量单位的总计，而且是大量单位标志值差异的综合。确定了统计总体、总体单位及其标志以后，就可以根据一定的统计方法对各单位及其各种标志值进行登记、分组、汇总而形成各种说明总体数量特征的统计指标。例如，以某地区商业企业为总体，经过调查汇总可以得到全地区的商业企业数、商品零售额、职工人数、工资总额、销售利润等指标。这些指标，就把各个商业企业的规模差异、销售额的差异、销售利润额的差异掩盖了，而显示的是该地区全部商业企业和销售成果的总规模、总水平。可见，统计指标的形成都必须经过个别到一般的过程。通过对个别单位数量差异的抽象，以体现总体的综合数量特征。所以，所有的统计指标都是综合指标。

从以上关于统计指标的概念和特点的阐述中可以看出，统计指标和统计标志既有区别，又密切联系。两者的主要区别是：

1. 描述的对象不同。指标是说明总体特征的，而标志是说明总体单位特征的。

2. 表现形式不完全相同。标志的表现形式有数值和非数值两种，而指标的表现形式都为数值，没有不能用数值表现的统计指标。

指标和标志的联系主要表现在：

1. 汇总关系。统计指标的数值一般由总体单位的数量标志值汇总或计算而来。

2. 变换关系。由于研究目的变化，原来的统计总体如果变为总体单位，则其指标名称和指标数值必须相应的变为标志和标志值；反之亦然。

（三）统计指标的分类

统计指标从不同角度有各种各样的分类，其主要的分类有以下几种：

1. 按统计指标所说明的总体现象的内容不同将其分为数量指标和质量指标。数量指标是反映总体规模大小，数量多少的统计指标，说明的是事物的广度。例如，人口总数、劳动力资源拥有量、耕地面积、国民生产总值、工业企业总数等等。数量指标所反映的是总体的绝对量，其指标数值用绝对数表现，具有实物的或货币的计量单位，数量指标值的大小随总体范围大小而增减。它是认识总体现象的出发点，是计算质量指标和进行统计分析研究的基础指标。

质量指标是说明总体内部数量关系和总体单位平均水平及其工作质量或效益的统计指标，说明的是事物的深度。例如，人口的性比例、人口的年龄构成、人口密度、社会劳动生产率、工业生产增长速度、单位产品成本、平均工资等等。质量指标所反映的是总体内部或总体与总体之间的数量关系。质量指标是数量指标的派生指标，其表现形式均为相对数或平均数，计量单位可以是无名数，也可以是有名数。质量指标的大小，不随总体范围的大小而增减，其主要从质量、效益、强度、效率等方面对客观现象进行描述，比较深刻地反映现象的本质及现象之间的固有联系。

在统计实践中，往往将数量指标和质量指标结合运用，以求同时从广度和深度两个方面全面反映社会经济现象的数量特征和发展趋势。

2. 按统计指标的表现形式不同将其分为总量指标、相对指标和平均指标。总量指标，是反映现象总体规模的统计指标。它主要描述社会经济活动的总成果，例如，国内生产总值（GDP）、国民生产总值（GNP）、可支配收入、投资总额、消费总额等等。

相对指标是两个有联系的统计指标之比，它反映事物之间的数量关系或联系程度。例如，人口年龄构成、人口的性比例、人口密度、人口出生率、人口增长速度等等都是相对指标。

平均指标是说明总体单位某一数量标志一般水平的统计指

标。例如，粮食单产、单位产品成本、平均工资、商品平均销售价格等等都是平均指标。

总量指标、相对指标、平均指标将在本书的有关章节作详细介绍。

3. 按统计指标的功能不同将其分为描述指标、评价指标和预警指标。描述指标是反映社会经济现象的现状、活动过程和结果的统计指标。例如，土地面积、人口总数、劳动力资源拥有量、科技人员数、自然资源拥有量等指标反映社会经济条件；国民生产总值、社会总产值、国民收入、全社会固定资产投资额、利润总额、财政收入与支出额、进出口贸易额、社会商品零售总额等指标反映着生产经营的过程和结果；居民的收入和消费额、文化娱乐设施数、医疗床位数等指标反映社会物质文化生活状况，这些都是描述指标。描述指标为人们提供对社会经济现象的基本认识。

评价指标是对社会经济活动的成果进行比较、评估、考核、检查工作质量和经济效益的统计指标。例如，工业发展速度、劳动生产率、工时利用率、资金利润率、生产设备完好率、流动资金周转速度等，即为对工业企业经济活动进行评价的统计指标。又例如，国民生产总值增长率、国民收入增长速度、社会劳动生产率、社会积累率、社会消费率、投资使用率等就是对国民经济活动进行评价的统计指标。

预警指标是对宏观的社会经济活动进行监测，通过数值的变化向人们发出警报的统计指标。如国民生产总值和国民收入增长率、就业率与失业率、社会消费和积累率、储备和投资率、通货膨胀率、物价指数、汇率和利率等指标就可以对经济增长、经济周期波动、失业与通货膨胀、物价水平、国际收支等宏观经济活动进行监测，并对某些结构性障碍提出预警。

（四）统计指标的基本要求

统计工作的中心任务，就是要设计一套科学的统计指标，并用一套科学的调查方法搜集统计指标的数值来分析社会经济现象的数量关系，以正确反映社会经济现象总体的状况，并进而认识现象的变化趋势。所以设计统计指标是统计工作的中心问题之一。一个科学的统计指标应该具备以下几点基本要求：

1. 要有正确的理论依据。统计指标涵义的确定不仅是个技术问题，更重要的是个理论问题。指标的涵义随着所依据的理论基础不同而异，所以必须根据统计研究目的和任务，寻求相应的理论作为确定统计指标的依据。例如，国民生产总值、国民收入、工资、利润、劳动生产率等统计指标的涵义，就离不开政治经济学的有关理论。但是，某些学科的概念是通过科学抽象的理论概念，而统计指标的概念是反映客观现实数量特征的概念，它不可能完全按照理论来确定，而应当在统计实践中加以“改造”。在设计和构造统计指标时，凡借用其他科学理论概念，必须结合统计对象、目的及其统计指标的特点，对其指标概念的内涵和外延加以界定，成为可以计量的数量概念。

2. 要明确统计指标内容和计算范围。制定统计指标，除了正确的理论依据而外，还必须对指标所包含的内容作具体明确的规定，以确定指标应该计算的范围。例如，政治经济学对劳动生产率这个经济范畴作了一般的概括，指出它是表示单位劳动时间所提供的劳动成果。但劳动生产率作为一个统计指标就必须进一步将其内容具体化，否则不能确切反映这一经济现象的数量关系。诸如劳动生产所含的劳动时间是指基本工人还是全体职工的劳动时间，产品产量是用实物量还是价值量表示等等。只有解决了这些实际存在的复杂问题，才能明确规定统计指标的计算范围（指标口径），从而获取准确的统计资料。

3. 要有一个科学的计算方法。科学的统计指标涵义、具体明确的指标口径和科学的计算方法是保证统计资料质量三者不可缺一的重要条件。用什么方法计算统计指标取决于统计指标的内容。统计指标的计算方法也有简单和复杂之分。有的统计指标（如产品产量、工业企业数、牲畜存栏头数、图书册数等）在确定了总体范围和指标口径之后，不需要再规定具体计算方法，只需通过登记、点数、测量和简单加总来取得指标值。而有的统计指标（如国民收入、国民生产总值、社会劳动生产率等）的计算方法则比较复杂。因而必须根据指标的具体内容设计出能够准确综合反映指标数量状况的计算方法。例如，社会总产值是反映全社会的产品生产总量，这是个很复杂的问题，是否限制在一定的范围（如物质生产领域）之内，它的实物构成应是否是全部消费用产品和生产用产品；在全部消费用产品中，是否既包括各种作为生活资料用的货物，也包括各种生活服务；在全部生产用产品中，是否既包括生产单位使用的原材料、燃料、辅助材料等货物和生产性服务，也包括作为积累和投资用的固定资产和储备用的各种货物。产品生产总量是否包括转移价值，这类转移价值能不能重复计算，如果可以的话，重复到什么程度，采用什么价格计算比较合理等等都要有明确的规定，都需要恰当地加以处理。有的分析指标的计算要选择和建立合适的数学模型，运用高等数学方法求解。

设计统计指标的计算方法是一项严谨的科学研究工作，须将统计指标与认识对象的性质、社会管理的要求或研究目的、实际情况及数学方法等结合起来进行研究。总之，科学的计算方法应该做到：（1）能正确反映计算对象的实际内容和对象本身的特点；（2）满足统计研究的目的；（3）能反映现象之间的联系和关系；（4）符合数学的基本原理。

三、指标体系

（一）指标体系及其表现形式

客观世界的各种现象是一个复杂的总体，并且各类现象之间存在着相互依存和相互制约的关系。一个统计指标只能反映一个复杂现象的某一方面的数量特征，为了更全面更深刻地了解某一客观现象的现状或发展过程，就必须将一系列相互联系的数量指标和质量指标结合起来运用，建立指标体系。所谓指标体系，就是将反映社会经济现象数量特征的一系列相互依存、相互联系的统计指标有机结合所组成的整体。

例如，把地区工业的产品产量、净产值、增加值、劳动生产率、产品质量、主要原材料消耗、主要生产设备和动力设备数量、全部资金拥有量、成本、销售收入等统计指标联系起来分析，才能对该地区工业生产经营工作作出全面、正确的评价。

统计指标的这种联系是客观经济现象的一种必然反映，这种联系形式一般采用两种方式表现：一种是数学方程关系，例如：

$$\text{总产值} = \text{产品价格} \times \text{产品产量}$$

$$\text{原材料期初库存量} + \text{本期收入量} - \text{本期消费量} = \text{期末库存量}$$

这两个方程关系就比较明显地反映了社会经济现象的某种联系。前一公式表明总产值这个指标受两个因素的影响，后一个公式表明了某种社会产品的生产、消费、库存之间的数量关系。这种以数学方程式表现的统计指标体系，可以用来进行因素之间的相互推算。

另一种形式是指标之间只存在着一种互相联系又相互补充的关系，指标之间一般不能互相推算。如前例反映某地区工业生产经营工作的指标体系就属于这种形式。又例如，商业企业的固定资产、流动资金、销售成本、销售利润、流动资金周转速度、资金利润率等可构成企业财务指标体系。

（二）指标体系的分类

由于社会经济现象的相互联系是多种多样的，人们的认识目的也各有不同，反映这种相互联系的统计指标体系也是多种多样的，有不同的种类。

1. 按内容划分可分为社会统计指标体系、经济统计指标体系和科学技术统计指标体系。社会指标体系是反映或描述社会及人口基本特征和变动情况的指标体系。它由社会生活环境、社会生活主体、社会物质生活、政治与社会管理、精神文化生活等方面的有关统计指标所组成。经济指标体系是反映或描述国民经济基本特征及其运行情况的指标体系，它由经济活动的基本条件、经济活动过程、经济活动评价等方面的统计指标所组成。科技指标体系是指反映或描述科学技术特征及其发展情况的指标体系。它由社会经济环境与科技投入、科技活动、科技产出及影响等方面的统计指标所组成。

2. 按反映的范围可分为宏观、中观和微观统计指标体系。宏观指标体系是全面反映国民经济和社会、科学技术发展的指标体系。它所反映的对象是整个国民经济、是全社会，如国民经济综合平衡统计指标体系，全国人口和社会发展指标体系均属于这一类指标体系。中观指标体系是反映各个地区、各部门社会生产、经营活动过程和结果的统计指标体系。微观指标体系是反映各个企业和事业单位基本情况的统计指标体系。基层企业和事业单位是社会的基本单位，也是整个社会统计工作的基础。微观指标体系具有双重任务，既为本单位的管理服务，同时为部门、地区乃至整个国民经济和社会科技统计指标体系提供基础数据。

3. 按研究目的不同分为基本统计指标体系和专题统计指标

体系。基本指标体系的内容是反映各生产单位、各部门及整个国民经济社会再生产过程。它的主要目的是：为满足国家和各经济部门编制发展规划，制订、考核、分析计划完成情况提供依据；为研究社会再生产过程中，各环节之间和环节内部关系及其发展规模与速度，进而调整社会再生产过程中的各种关系提供依据，从而促进国民经济协调发展。专题统计指标体系是为研究某种专门问题的需要而设计的。这类指标体系针对性强，涉及内容面窄，依据研究目的的具体要求，在设计上有较大的灵活性。常见的如经济效益指标体系、技术进步指标体系、企业活力指标体系、人民物质文化生活水平指标体系等。

（三）指标体系的设置原则

统计指标体系的设计应遵循如下基本原则：

1. 目的性原则。在设计统计指标体系之前，必须明确研究目的。因为，从客观认识对象本身来讲，可以设计许多指标来反映它。选择哪些指标来进行考核或观察，都要考虑到管理的要求和统计研究的需要。对同一个统计总体，依不同的研究目的，须设计不同的统计指标体系。例如，同是以工业企业总体为调查对象，由于研究目的不同，工业统计报表制度和工业普查中的统计指标体系就有很大的区别。

2. 科学性原则。统计指标体系是一个有机的系统，要从研究目的出发，抓住重点，突出基本指标，以综合性评价指标为主，而不是面面俱到。所设计的指标能正确揭示社会经济现象的本质与特征，各指标应规范化，有明确的内涵和外延，统计方法唯一，统计口径一致。在指标形式中，绝对数指标、相对数指标和平均数指标相结合，这样就既有描述客观条件的指标，又有反映成果的指标；既有反映工作总量的指标，又有反映质量和效益的指标，互相配合，形成有机的体系。

3. 可比性原则。统计指标体系应符合动态可比和横向可比。动态可比是指指标在时间上的可比，对于同一指标体系可用于过去、现在和将来的比较，反映事物发展速度和变动趋势；横向比较是各地区、各部门之间的相互比较和排序，以便总结经验，找出差距。宏观指标体系必须符合通用的国际核算方法，在各国之间能够对比。

4. 可操作性原则。统计指标体系中的各项指标要尽可能采用可量化指标和利用现有统计系统规范化及公开的统计数据。设计统计指标体系，选择指标的多少，统计项目的繁简和要求的粗细，都必须与我国国民经济实际管理水平、统计手段现代化水平，统计部门现有的人力、物力、财力等客观条件相适应。由于条件的限制，目前不可能一次性建立起完全理想的指标体系，而只能以可操作性作为原则，构建一套不断完善相对稳定合理的指标体系。

思考与练习

思考题：

1. 简述“统计”一词的三种涵义及其关系。

2. 试述社会经济统计学的性质。

3. 社会经济统计学的研究对象是什么？它具有哪些特点？

4. 统计具有哪些主要职能？这些职能是什么样的关系？

5. 什么是总体和总体单位？统计总体的形成的主客观条件有哪些？

6. 什么是指标、标志？二者的关系怎样？试举例说明。

7. 什么是变异、变量、变量值？试举例说明。

8. 试述统计指标的涵义及其构成要素?

9. 简介统计指标的分类? 并举例说明。

10. 设计科学的统计指标的基本要求是什么?

11. 什么是统计指标体系? 设置统计指标体系应遵循的基本原则有哪些?

12. 简述统计指标体系的分类。

第二章

统计数据的搜集

第一节 统计调查概述

一、统计数据的来源

统计数量规律性的确认与识别依赖于大量的统计数据，它是统计数据整理与分析的前提。那么统计数据如何获得呢？从统计数据本身的来源看，最初都是来源于直接的调查或试验，我们称之为第一手数据。它也是统计数据的直接来源。数据的直接来源主要有两个渠道：一是统计调查或观察，二是科学试验。而科学试验是取得自然科学数据的主要方法，如医学、生物学、化学等的数据都是通过实验取得的。而统计调查或观察是取得社会经济数据的重要手段，其中包括政府统计部门进行的调查，如人口普查、统计报表调查等，也有其他部门或机构而组织的专门调查，如市场调查等。其次，统计数据也可以来源其他人的调查或试验的数据，例如，引用公开发表或出版的统计数据。如《中国统计年鉴》、《世界经济统计年鉴》等，以及在报刊、杂志、电视及网上看到一系列的统计数字，这是数据的间接来源，我们称之为第二手数据或间接数据。作为社会经济数据的主要直接来源的统计调查是我们集中讨论的主要问题。

二、统计调查的意义和要求

统计调查是指根据统计研究的目的和要求，利用各种调查方式和方法，向社会搜集统计数据的工作过程。统计调查所搜集的统计数据，包括原始数据，也包括初步进行了加工的次级资料，如企业内部统计报表资料。然而，统计调查的基本任务是要根据统计调查目的要求，通过一项一项的具体调查，取得反映社会经济现象及其之间互相联系的原始统计数据。

在整个统计工作中，统计调查担负着提供基础资料的任务。所有的统计计算和统计研究，都是在原始资料搜集的基础上建立起来的。统计调查属于感性认识阶段，它不仅为资料的整理提供了丰富的原始材料，而且也为统计分析奠定了基础。毛泽东同志说："只有感觉的材料十分丰富（不是零碎不全）和合于实际（不是错觉），才能根据这样的材料造出正确的概念和理论来"①。因此，对统计资料的搜集，要求做到准确、及时和完整。准确性，就是如实地反映客观实际，这是保证统计资料质量的关键。如果统计数据不真实，必将给统计工作的其他环节带来不良影响。用虚假的统计数据得出的分析结果来指导实际社会经济工作，将会给国家和人民造成不可估量的损失。及时性，即要求统

---

① 《毛泽东选集》（一卷本），人民出版社横排袖珍本 1968 年 12 月版，第 267 页。

计数据要按照统计调查方案中规定的调查时间和期限准时搜集。如果统计资料搜集不及时，就会使统计资料的信息价值降低或完全丧失。完整性是指在搜集资料的过程中，保证使调查单位不重复、不遗漏，所列调查项目的资料搜集完整。若统计数据残缺不全，就不能反映所研究对象的全貌和正确认识社会经济现象总体的特性，最终难以正确反映统计研究对象的数量状况及其内在规律性。

三、统计调查的分类

由于社会经济现象的复杂性和统计研究任务的多样性，因此在组织统计调查时应根据不同的调查对象和调查目的，而灵活采用不同的调查方式和方法。统计调查常见的分类有：

（一）按搜集资料的组织方式不同，统计调查可分为统计报表和专门调查

统计报表是按照国家有关法规的规定，自上而下统一布置，自下而上地逐级提供统计数据的一种调查方式，如工业统计报表、商业统计报表、交通运输业统计报表等。

统计报表是搜集统计数据的一种重要方式。在我国几十年的政府统计工作中，已形成了一套比较完备的统计报表制度，它已成为国家和地方政府部门统计数据的主要来源。

专门调查是指为了研究某些专门问题，由进行调查的单位专门组织的调查，借以搜集有关统计数据的一种调查方式。例如，人口普查、劳动力调查、经济普查等。

（二）按调查对象包括的范围不同，统计调查可分为全面调查和非全面调查

全面调查是指对调查对象中的全部单位，无一例外都进行登记或观察。例如，要了解我国科技人员的基本状况，对全国的所

有科技人员进行调查，就属于全面调查。普查、全面统计报表，都属于全面调查，这种调查方式能掌握所有调查单位的全面情况，但它需要耗费较多的人力、物力和财力。因而，全面调查的调查内容应限于搜集基本国情国力的重要指标。

非全面调查是指对调查对象中的部分单位进行登记或观察。也就是说，非全面调查的范围只包括调查对象中的部分单位。例如，为了了解居民社会购买力的情况，只须对部分居民家庭的收支情况进行调查就能达到目的，这样的调查就属于非全面调查。这种调查方式，调查单位少，可以用较少的人力、物力、财力和时间，调查较多的内容，搜集到较为深入、细致的情况和数据。抽样调查、重点调查均属于非全面调查。

需要指出的是，全面调查和非全面调查的划分，是以调查时是调查全部单位还是部分单位来衡量，而不是根据最后获得调查对象的数据来判断。

（三）根据调查资料登记时间是否具有连续性，统计调查可分为经常性调查和一次性调查

经常性调查是指它随着调查对象中调查单位的数据不断变化而进行经常的、连续不断地进行登记或观察。例工业产品产量，原材料、燃料消耗量，商品销售量，人口的出生数和死亡数等数据的变化，通常采用经常性调查来搜集数据就是一种经常性调查。

一次性调查是指对调查对象中调查单位的数据进行间断性登记或观察。例如，工业企业固定资产总量，原材料、燃料库存量，商品库存额，人口总数等数据，通常采用一次性调查。一次性调查可以定期举行，也可以不定期举行。

（四）按搜集统计数据的方法不同，统计调查可以分为直接观察法、采访法、报告法和问卷法

直接观察法是指调查者亲临现场对调查单位的数据直接进行清点、计量、测定，并一一登记取得统计数据的一种统计方法。例如，农产量抽样调查时，调查人员亲自参加抽选样本、实割实测、脱粒、晾晒、保管、过秤计量登记等就属于一种直接观察法。这种调查方法获取的数据具有较高的准确性，但需要大量的人力、物力、财力和时间，因此，它的应用受到很大限制。

采访法是指由调查人员向被调查者提问，根据被调查者的答复而获得统计数据的一种调查方法。例如，进行居民购买力的调查，调查员深入被调查的居民户，通过询问家庭主要成员而获取数据就是一种采访法。这种调查方法难度较大，需要被调查者的密切配合。开调查会也属于一种采访法。

报告法是指被调查单位根据一定的原始记录、统计台账，依据统计报表的格式和要求，按隶属关系，逐级向有关部门提供统计数据的一种调查方法。例如，我国政府统计部门向国有企业颁发的统计报表中的调查项目的数据就是采用的一种报告法。报告法的特点是有统一的调查内容、统一的表式、统一要求、统一的上报程序，其数据来源于报告单位的原始记录和台账，如果报告单位的有关核算制度比较健全，采用报告法就可以获取比较准确的统计数据。

问卷法是指调查者将事先设计好的问卷发放给被调查者，由被调查者自愿回答，调查者根据答案汇总而搜集数据的一种调查方法。例如，现代企业的市场营销调查，就是广泛采用的问卷调查法。采用问卷法的关键是精心设计问卷，提问要简明扼要，答案标准化，易于选择和汇总。这种调查方法省时省力。但问卷设计的好坏和回收率的高低会直接影响到数据的质量和分析的结论。

统计调查的各种分类不是相互排斥的，而只是从不同角度对同一种调查方式进行不同的归类，各种调查方式是一种相互交叉的形式。例如，普查是一种专门调查，但它同时又是一种一次性调查和全面调查。普查也可以采用直接观察法或报告法搜集数据。

第二节 统计调查方案

在搜集直接统计数据时，无论采用什么样的调查方式，需要制定出一个周密、完整的调查方案，以指导整个调查工作，使之能够顺利地实施和完成，取得预期的效果。调查方案的好坏，直接影响到调查数据的质量。

不同的调查方式的调查方案在内容和形式上会有一些差异，但结构大体上都一致。一个完整的调查方案通常包括：调查目的，调查对象和调查单位、报告单位，调查项目和调查表，调查时间和调查方式方法，调查工作的组织计划等。

一、调查目的和任务

调查目的和任务就是通过调查要解决什么问题。因为社会经济现象是比较复杂的，任何现象和过程都可以根据人们的需要从不同的方面，不同的角度来搜集资料，只有目的明确才能确定向谁调查、调查哪些项目，以及用什么方式方法进行调查。

二、调查对象、调查单位和报告单位

调查对象就是根据调查目的的要求，在统计调查时所需要调查

研究的总体或范围。调查单位指调查对象中需要调查登记其特征的单位，也即调查项目和调查内容的承担者或载体，也是我们收集数据、分析数据的基本单位。

在实际调查中，调查单位可以是调查对象的全部单位，也可以是部分单位。如采用全面调查方式，如普查，调查对象中的每个单位都是调查单位；若采用非全面调查，如抽样调查，调查单位就只是调查对象中的一部分单位。报告单位又称填报单位，它是负责填报调查资料的单位。调查单位和报告单位有时一致，有时不一致。例如工业企业普查时，调查对象是全部的工业企业，而每个工业企业既是调查单位，也是填报单位。如果是工业企业设备普查，那么调查单位则是工业企业的每台设备，而填报单位则是每个工业企业，这时调查单位和报告单位不一致。只有确定调查对象、调查单位和报告单位，才能明确向谁调查，由谁承担调查项目，由谁负责填报调查资料，从而保证调查工作顺利进行。

三、调查项目和调查表

调查项目就是调查时向调查单位需要调查的具体内容，拟定调查项目就是明确调查什么，向调查单位搜集什么样的资料。确定调查项目时应注意以下几点：

1. 调查项目必须而且只能列出调查目的所必需的，可有可无的调查项不应列入。

2. 调查项目的含义提法要明确、易懂，不能有两种以上的解释，避免引起误解或出现登记的差错。

3. 调查项目应有确切的答案，还要明确答案形式，诸如文字式、数字式、是非式等。

4. 所列调查项目之间，应该彼此联系和衔接，以便相互核对，提高调查资料的质量。

在大多数统计调查中，调查项目通常以表格的形式来表现，称为调查表。调查表就是容纳调查项目、搜集统计资料的基本工具，因为利用调查表搜集资料能够使调查材料清晰、条理化，便于统计数据的汇总整理。调查表一般由表头、表体和表脚三部分构成。表头就是调查表的名称，用于说明调查内容及被调查单位的名称、性质、隶属关系等。表体是调查表的主要部分，包括调查所要登记的调查项目以及调查项目的具体表现、计量单位等。表脚通常由填表人签名、填报日期、填表说明等内容组成。填表说明要提示受调查者应注意的事项，说明调查表中有关调查项目的含义、所属范围、计算方法等。

调查表有两种形式：单一表和一览表。单一表是一张表格上只登记一个调查单位的资料，可以容纳较多的调查项目。一览表是一张表格上可以登记若干个调查单位的资料，但调查项目不宜过多。

四、调查时间和调查方式方法

调查时间包括调查数据所属的时间、调查登记工作进行的时间和调查期限。调查数据如属于时期资料，调查时间即为调查数据所属的时期的长短。调查数据如属于时点资料，调查时间即为数据所属时点。调查登记工作进行的时间，即为向调查单位登记资料的起止时间。调查期限，即为整个调查工作所需要的时间。包括搜集资料和报送资料的时间。为了保证统计资料的时效性，必需尽量缩短调查期限。

调查方式方法是指在进行调查时，具体采用哪种调查的组织形式和方法。是全面调查还是非全面调查；如果是非全面调查则需要明确是抽样调查还是重点调查；若是抽样调查还要明确具体的抽样方法、数据的推断方法等。在具体搜集数据时，还应明确是采用直接观察法、报告法、访问法还是其他方法等。

五、调查工作的组织计划

其主要内容包括：调查工作的组织机构和办事机构；调查队伍的建立和调查人员的组织培训；调查经费的预算与开支办法；试点调查等。

第三节 统计调查的组织方式

一、统计报表

统计报表是以基本调查单位的原始记录和统计台账为基础，按照政府有关部门制定的统计报表的内容、表式、报送时间、报送程序，自下而上逐级报送统计资料的一种调查方式。

统计报表可以根据研究任务事先布置到基层，因此基层填报单位可以根据报表的要求，建立健全各种原始记录，这样一方面可以使统计报表的资料来源建立在可靠的基础上，保证统计数据的及时、完整和准确；另一方面基层企、事业单位也可以利用统计报表的资料，对生产经营活动进行科学的管理。

我国目前统计报表由国民经济基本统计报表和专业统计报表两部分组成。国民经济基本统计报表是由国家统计部门统一制定的。这类统计报表是从整个国民经济角度出发，并按国民经济部门划分，分为工业、农业、商业、基本建设、物资、交通运输、劳资、外贸等部门的报表。它包括这些部门的基本统计指标，为中央和各级领导了解情况、制定政策、指导工作、编制社会经济发展规划提供必要的依据。专业统计报表是由各业务部门制定的。这类报表是从业务部门的业务管理出发，在各部门系统内实施的报表，主要用来搜集本部门系统内的统计资料，满足业务管理的需要，它是国民经济基本统计报表的补充。

统计报表是为各级政府、各主管部门提供国民经济运行的基本情况，以及有关生产、经营各方面统计信息的重要的、稳定的资料来源，有很多的优点。但同时，也有不少缺点，如需消耗大量人力、物力；因工作程序固定而适应性、灵活性较差；层层上报，环节多，易出错且不易检查等等。特别是随着市场经济的发展，改革的深入，经济成分、经济结构日趋复杂，利益主体多元化，各调查单位对统计报表调查的支持与合作程度越来越差，统计资料搜集的阻力越来越大。因此，为适应变化了的情况，我国对这一调查形式进行了全面的改革，1993 年开始实施新的统计报表制度。新的统计报表制度统一规范了基本统计单位、统计分类标准和编码，并按照统一规定的基层调查单位设计不同行业的一套表等。这样，改变了以前统计标准混乱、分类不一、专业分割、重复交叉的现象，使这种调查能适应变化了的形势，充分发挥其长处。

二、普查

（一）普查的概念与特点

普查是为了某种特定目的而专门组织的一次性全面调查，如人口普查、经济普查、第三产业普查、科技人员普查等。

普查是适合于特定目的、特定对象一种调查方式，主要用于搜集处于某一时点状态上的社会经济数量，目的是为掌握特定社会经济现象的全貌，详细了解重要的国情、国力，为国家制定有关政策或措施提供依据。

普查作为一种特殊的数据搜集方式，具有以下特点：

1. 普查通常是一次性的调查，且有一定的周期性。由于普查涉及面广、调查单位多，需要耗费大量的人力、物力和财力，通常需要间隔较长的时间进行一次，且具有一定的周期。我国分别在1953年、1964年、1982年、1990年、2000年共进行过五次人口普查。我国的普查制度基本形成每逢年份末尾数字为“0”的年份进行人口普查；每逢“3”的年份进行第三产业普查；每逢“5”的年份进行工业普查；每逢“7”的年份进行农业普查；每逢“1”或者“6”的年份进行统计基本单位普查等。

2. 普查一般需要规定统一的标准调查时间。所谓标准调查时间，就是调查人员向调查单位登记普查项目所统一遵循的时刻，如我国前四次人口普查标准时间定为普查年份的7月1日零时，第五次人口普查的标准时点为2000年11月1日零时。农业普查的标准时间为普查年份的1月1日零时。普查规定统一标准时间，是为了避免调查数据的重复或遗漏，保证普查资料的准确性。标准时间一般定为调查单位相对稳定，变动较小的时间。

3. 普查是一次性全面调查，通常在全国或较大范围内进行。涉及面广，工作量大，调查内容要求高、时效性强、组织工作繁重。所以普查适用范围比较狭窄，只能调查最基本、最重要的数据。

（二）普查的办法和原则

普查的办法主要有两种：一种是通过专门组织的普查机构，配套一定数量的普查人员，对调查单位直接进行登记，如人口普查。一种是利用调查单位的原始记录和核算资料，颁发普查表格，由调查单位核实填报来进行，如工业普查。

普查一般规范化程度较高。为了保证普查资料的质量，必须严格遵循以下原则：

1. 要有严密的组织和高质量的普查员队伍。普查是一项群众性的工作，需要有一个强有力的普查机构来指导。为保证普查机构的威信，其成员通常由统计、计划、财政、劳动、卫生和宣传教育单位的负责人及专家、学者等组成。另外，应及时抽调和培训大批的普查人员。其培训内容主要有：普查的目的及要求；普查项目的内容及规定；普查登记的技能及注意事项等。

2. 正确选择调查时间、登记时间。普查工作进行的具体时间一般应选择在调查对象变动小，调查登记、填报较为方便的时候。这样，既有利于工作的顺利进行，也有助于提高资料的准确性。调查时还应注意，各调查点须同时进行并在尽可能短的时间内完成登记工作，以保持步调的一致性、提高资料的可靠性。

3. 调查项目应简明，且项目一旦确定不能任意增减。一方面，普查项目不能过于复杂。调查项目越多，调查难度增大，误差也可能增大。另一方面，调查项目应明了。对各调查项目应有统一的规定和解释，有明确的操作定义，有统一的计算公式。且这些内容规定以后，不得任意增减变动。这样，才能使整个调查保持高度的一致性，从而提高资料的质量。

4. 普查尽可能按一定的周期进行。有周期地进行普查有利于资料的对比分析，提高资料的利用率。例如，人口普查多数国家都是有周期地进行的。英国、美国人口普查的周期是 10 年；德国、法国人口普查周期是 5 年。我国《统计法实施细则》明确规定："国家一般每十年进行一次重大国情国力（人口、工业、农业、建筑业、服务行业等）普查"。

三、重点调查

（一）重点调查的概念与特点

重点调查是指在调查对象中，只选择一部分重点单位而进行的一种非全面调查。所谓重点单位，是指这些被调查单位可能数目不多，但这些调查单位标志值在总体标志总量中占有很大比重，能够反映总体的基本情况。例如，要及时调查全国原油生产的基本情况，只要调查原油产量较多的大庆、大港、胜利油田等的原油产量即可。这就是重点调查，虽然调查单位不多，但这些单位的原油产量占全国原油产量绝大比重。再如，要了解全国棉花、茶叶的生产情况，只要对全国的几个重点产棉、产茶地区进行调查便可满足需要。

重点调查作为统计调查方法体系中一种，它具有如下特点：

1. 重点调查只能掌握调查对象的基本情况。由于调查对象中的重点单位和非重点单位的标志值差异较大，所以不能借助于重点调查所搜集的统计数据去推算总体的标志总量指标。

2. 重点调查中调查单位的选择有客观的标准。一般来说，选出的单位尽可能少，而其标志值在总体标志总量指标中所占的比重则可能大些。只有总体中确实存在标志值相对集中的重点单位，才适宜用这种方法。如调查总体中各单位的标志值差异不大，也就不宜用这种调查。

3. 重点调查中的重点单位不是固定不变的，随着研究目的和任务的改变，经济形势的发展，重点单位也会相应的发生变化。

（二）重点调查的意义

重点调查由于调查单位较少，因此比全面调查省时、省力，能用较少的代价及时搜集到总体的基本情况、基本趋势。

重点调查的重点单位，虽然不完全等于工作重点，但这些单位的基本情况对全局工作的影响却有举足轻重的作用。因此，重点调查对于领导及时了解情况，掌握基本趋势指导全局有重要作用。

四、抽样调查

抽样调查是指从调查对象的全部单位中随机抽取一部分单位作为样本进行调查，并根据样本调查结果来推断总体数量特征的一种非全面调查。

抽样调查的一个最显著的优点是调查的样本单位通常是总体中的很少一部分，调查工作量小，因而可以节省大量的人力、物力、财力。

抽样调查由于调查单位少，调查的准备时间、调查时间、数据处理时间等都可以大大缩减，从而提高数据的时效性。抽样调查适用范围广，它适于各个领域、各种问题的调查。它既可用于对有限总体的调查，也适用于对无限总体的调查，特别适合一些特殊现象的调查，如产品质量检验、农产品实验、医药临床试验等。

在市场经济条件下，抽样调查是非全面调查中最完善、最有科学依据的一种调查形式。有关抽样调查的理论和方法将在后面专章介绍。

以上我们分别介绍各种不同的统计调查方式。这些方式各有其特点和作用。在实际统计工作中，并非单用一种方式方法，而是多种调查方式结合运用，形成一个“以必要的周期性普查为基础，以经常的抽样调查为主体，同时辅之以重点调查、科学推算和全面报表综合运用的统计调查方法体系”。这样才能充分发挥各种调查的优势，使统计调查阶段的工作做到经济、科学、时效性强、数字准、情况明。

思考与练习

思考题：

1. 统计数据的来源有哪些？
2. 什么是统计调查？统计调查有哪几种分类？
3. 统计调查方案包括哪几个方面的内容？
4. 简述普查的特点和组织原则。
5. 简述重点调查的特点和抽样调查的优点。

练习题：

假定我们要研究本校大学生的生活时间分配状况，请写出你的研究思想。

第三章

统计数据的整理与显示

完成了对统计数据的搜集，接下来的任务就要对这些数据进行加工整理，使其条理化、系统化；进一步地，还可以用图表的方式，将整理后的数据以加显示，以便揭示数据中所包含的有用信息和数据分布特征或趋势，为统计分析提供依据。

第一节 统计数据整理概述

一、统计数据整理的意义

统计数据整理就是根据统计研究的目的，把统计调查所搜集到的原始数据进行科学加工，使之系统化、条理化、科学化，从而得出能够反映事物总体特征的资料，为统计分析做好准备工作过程。

统计工作经过了统计调查之后，所获得的统计数据，主要是反映总体单位的原始资料。这些原始数据比较分散、零碎，很不系统，仅仅反映事物的表面现象，不能深刻说明事物的本质，难以揭示事物发展趋势和分布特征。因此需要对这些调查资料进一步的加工整理。由此可见，统计整理在整个统计工作中起着承前启后的作用，它既是统计调查的继续，又是统计分析的前题。统计数据整理的结果能否如实地反映客观情况，决定着统计资料的科学价值，也直接影响到统计分析的准确性和真实性。

二、统计数据的审核与处理

由于统计数据来源不同渠道，经过许多环节，加之主客观因素的影响，都有可能使统计数据产生差错，对统计数据进行整理时，首先要对其进行审核与处理，以保证数据的质量。对于通过直接调查取得的原始数据，应主要从完整性和准确性两个方面进行审核与处理。

完整性审核主要是检查应调查的单位和个体是否有遗漏，所有的调查项目是否按照调查方案的要求搜集齐全了。

准确性审核主要是检查统计数据包括的范围、计算口径、计算方法以及计量单位是否符合要求，资料是否真实可靠。审核的方法主要有逻辑检查和计算检查两种。

逻辑检查主要审核数据是否符合逻辑，内容是否合理，各项目或数字之间有无相互矛盾的现象。计算检查主要是复核调查表中的各项数字有无差错，检查各项数据的计算方法是否恰当，有关数据的平衡关系是否得到保持等。

对于间接来源的二手数据，应着重审核数据的适用性和时效性。适用性就是审核数据的来源、数据的口径及其有关的背景材料，以便确定这些数据是否符合使用者的需要，是否需要重新加工整理等。时效性就是审核获得数据是否已经滞后，特别是对有些时效性很强的数据，应尽可能使用最新的统计数据，以免失去研究的意义。

对于通过审核而发现的问题和错误应及时予以查询、纠正与处理。具体办法有以下几种：

第一种，对于可以肯定的错误，可以代为更正，并向所属单位核对和通报。

第二种，对于可疑之处或无法代为更正的错误，应通知原单位复查更正。

第三种，如果所发现的错误，估计在其他单位也可能发生的，应将错误情况通报尚未报送资料的单位，以免发生类似的情况。

第四种，对于严重的错误应发还报送单位重新填报，并查明原因。若是由于某些不正之风引起的，应予以适当处理。

第二节　统计分组

一、统计分组的概念与原则

统计分组就是根据统计研究的需要，选择某个或某几个重要标志将总体划分为性质不同的若干部分或组的一种统计方法。例如，将人口总体按民族分为汉族和少数民族两组。

统计分组具有两方面涵义。对总体而言是“分”，即将总体区分为性质不同的若干部分；对总体单位而言是“合”，即将性质相同的单位合并在一个组内。通过统计分组后要保持组内各单位具有同质性，组间各单位具有差异性。这就是互斥原则。换言之，将总体分组后，各组包括的范围应互不相容，互相排斥，每个总体单位在特定的分组标志下只能归属于某一组，而不能同时出现在几个组内。违背互斥原则的统计分组是毫无意义的。再次就是穷尽性原则，即统计分组的结果必须使总体中所有的单位都能划归到自己所属的组，不出现遗漏的情况和有总体单位无法归类的现象。例如，将人口总体按文化程度标志划分为小学毕业、中学毕业和大学毕业三组就违背了穷尽性原则。因为那些小学、中学、大学未毕业的人以及文盲、半文盲者就无所归属了。

二、统计分组的作用

统计分组作用可以归纳为三个方面：

（一）区分不同事物的性质

统计分组的根本作用就在于区分事物之间质的差别。社会经济是多种多样、复杂多变的，在发展的过程中表现出来的特征也是各不一样。统计研究通过对社会经济现象的分组，才能区别事物不同的质，才能具体而深入地研究事物的本质特征及其在数量上内在变化的规律性。例如，在人口统计中，将人口按职业、经济收入、受教育程度、性别、年龄、民族等标志分成不同的组，就可以研究人口的社会构成状况以及各组之间存在着的质的差异性。

（二）研究事物内部的结构

统计总体经过分组后，被划分为若干性质不同的组成部分，就可以研究社会经济现象是由哪些部分构成的，进而认识事物的主要部分和总体变异性特征。具体做法就是通过分组，计算结构相对指标或比例相对指标，就可以揭示各部分在总体中所占比重大小、重要程度以及总体中各部分的比例关系和内在联系。例如表 3 - 1 反映了某地区 2008 年的产业结构。

表 3 - 1　　某地区 2008 年产业结构

产　业	增加值（亿元）	比重（%）
第一产业	402	19.90
第二产业	988	48.91
第三产业	630	31.19
合　计	2020	100.00

（三）研究现象之间的数量依存关系

任何现象都不是孤立的，现象之间客观存在着相互联系、相互依存、相互制约的关系。通过统计分组将性质上有关联的统计资料联系起来分析，便可以研究不同现象总体之间数量上的联系和依存关系。例如，单位成本与利润之间、商品销售额与流通费用率之间、施肥量与农作物产量之间等都存在着密切的依存关系，都可以用统计分组的方法来研究彼此在数量上的内在联系。

如表 3 - 2 就展现了粮食单位面积产量和施肥量的关系，合理适度地施用化肥可以有效地提高粮食的单产。

表 3 - 2　　某地区粮食单位面积产量与施肥量的关系

每公顷化肥施用量（千克）	116	134	145	154	164
粮食单位面积产量（千克/公顷）	2828	3124	3396	3608	3484

上述统计分组的三方面作用往往是相互联系、相互补充的，在分析某个具体问题时，可以同时实现。

三、统计分组的方法

统计分组的关键在于正确选择分组标志和划分各组界限。

（一）分组标志的选择

进行统计分组，需要有分组的依据。确定分组依据就是正确选择分组标志，它是分组时划分组别的标准。反映总体单位特征的标志有很多，选择不同的标志对总体分组会得出不同的结果。标志选择不当，分组结果就不能正确反映总体的性质特征。因此正确选择分组标志，是科学分组的前题，也是统计数据整理的关键。正确选择分组标志，需要注意以下几点：

1. 根据统计研究目的选择分组标志。统计总体中各个单位有许多标志，应该选择什么标志作为分组依据，这与统计研究目的有关，目的不同分组标志选择也不一样。例如，工业企业这一总体中，每个工业企业就存在许多标志。有经济类型、生产品种、职工人数、生产能力、设备拥有量、增加值等等。如果要研究工业企业所有制形式，就要选择经济类型作为分组标志；如果要研究工业企业的规模，就要选择生产能力作为分组标志；如果要研究工业企业的行业，就要工业企业生产的主要品种将工业企业划归为国民经济的不同行业之内。

2. 选择最能反映事物本质特征的标志。事物的标志多种多样，有些标志是带有根本性的、主要的标志，能够反映事物的本质，而有些标志是非本质的、次要的。例如要研究国民经济产业构成状况、发展和平衡关系，像经济类型、产业结构就是最基本的标志。如果要研究农民生活水平，而农民人均纯收入就是最主要的分组标志。因此，在统计分组时，要以马列主义经济理论为指导，从理论上进行分析，从若干标志中选择最能反映事物本质特征的主要标志进行分组。

3. 根据现象所处的具体历史条件或经济条件，选择最恰当的分组标志。这一条原则与上述第二条是联系在一起的，因为在许多可供选择的标志中，衡量哪一两个是本质或主要的，往往离不开研究现象所处的具体条件。比如在工业企业中，为了研究企业的规模与其他因素之间的关系，就需要将企业按规模分组，但反映企业规模的标志很多，如生产能力、职工人数、固定资产价值、增加值等。究竟选择什么标志来划分企业的规模呢？这要根据具体条件，对于劳动密集型产业，应采用职工人数作为分组标志；对于技术密集型产业，采用固定资产价值或生产能力作为分组标志才比较恰当。即使在同一历史条件下，不同的经济部门或生产部门中，由于它们的经济条件和生产性质、生产特点不同，也必须分别对待。比如，在农作物产区，在粗放经营条件下，可以用面积表示生产单位的规模；而在集约生产的地区，就需要选用农业增加值来划分生产单位的规模大小。

（二）分组标志的类型和组的划分

统计分组是否科学，不仅取决于分组标志的选择是否恰当，还要看组的划分是否合理。运用已选定的分组标志分组时，把总体中的各个单位分到那一组为好，这就是组的划分问题。如前所述标志有品质标志和数量标志之分。那么，对统计总体进行分组就有按品质标志分组和按数量标志之别。

1. 按品质标志分组。按品质标志分组是指选择反映事物属性差异的标志作为分组依据，并在品质标志的变异范围内划定各组界限，将总体划分成若干个性质不同的组成部分。按品质标志分组又有不同的情况。一种是按简单的品质标志分组，也就是说在这种分组条件下，不管组数多少，总体单位归属哪一个组界限明确，比较容易确定。例如，人口按性别分为男、女两组，某个人属于男，还是女，简单明了。再如人口按民族分组，虽然可以划分为56个组，但张三是汉族，李四是回族，王五是苗族等是确定的，界限比较清楚。另一种是按复杂的品质标志分组。在这种分组条件下，无论组数多少，总体单位归属哪一个组不容易确定。例如，将物质资料分为生产资料和生活资料两组，组数不多，但有些物质既可以用于生产消费，也可以用于生活消费，实际归组时就要根据具体情况而定。再如将工业产品按用途分组、工业企业按行业或部门分组，不仅组数多，而且也不好确定将总体单位归属到哪一个组。对于这些复杂的品质标志分组，要作专门的研究。

在实际统计工作中，常常需要对社会经济现象进行复杂的品质标志分组。这种复杂的品质标志分组也称分类，如国民经济行业分类、产品分类、人口职业分类等。它们不仅涉及复杂的分组技术，而且也涉及到国家的政策和有关科学理论，因而在分组时要十分慎重。为了避免认识不同而造成混乱，以保证这种分组的统一性和可比性，国家统计部门印发有统一的分类目录，作为划分组别的统一标准。如《工业部门标准分类目录》、《国民经济行业分类标准》、《职业分类标准》等。

2. 按数量标志分组。按数量标志分组是选择反映事物数量差异的数量标志为作分组依据，并在其变动范围内划定各组的界限，将总体分成性质不同的部分。例如，企业按固定资产价值分组、按职工人数分组、按生产能力分组、工人按技术等级分组、高考的学生按考试成绩分组等都是按数量标志分组。按数量标志分组能够准确反映现象在数量上的差异，但按数量标志分组，其目的并不是单纯确定各组的数量差异，而通过数量差异来区别各组的不同性质和类型。例如，人口按年龄分组，就可以通过人口年龄的数量差异，来划分幼儿组、少年儿童组、青年组、中年组和老年组的差别。按数量标志分组也称编制变量数列，将在下节专门介绍。

（三）统计分组的种类

根据统计分组所选用的分组标志多少和各标志排列方式不同，可以分为：简单分组、复合分组和平行分组三种类型。

1. 简单分组就是指用一个标志将总体划分为若干组成部分。如工业企业只按经济类型分组；人口总体只按年龄分组；人口总体只按民族分组等，这些都是简单分组。这种分组简单明了，但往往只能说明某一总体某个方面的构成情况。

2. 复合分组就是指选择两个或两个以上的标志对研究总体进行重叠式分组。例如，将全国某年在校大学生按文理科分组后，又将文理科两组大学生再按性别进行分组，就是一种复合分组。采用复合分组能更深入地反映总体内部结构，更细致地分析问题。但是，随着分组标志的增加，组数将成倍地增加，因此也不宜采用过多的标志进行复合分组。究竟采用几个标志进行复合分组，要根据统计研究目的和任务来决定。

3. 平行分组就是指选择两个或两个以上标志对研究总体进行并列式分组。例如将工业企业按经济类型、企业规模和工业部门三个标志进行并列式分组，就属于平行分组。这种分组可以从多方面说明总体的构成状况。但也须注意，所用的分组标志也不能太多。

第三节 次数分布

一、次数分布的概念与构成要素

次数分布是指在统计分组的基础上，将总体中所有单位按组归类整理，形成总体中各单位在各组间的分布。分布在各组的单位数称次数，又称频数。各组次数与总次数之比，称作频率。可见，次数分布由两大要素构成：一是由分组标志分成的各个组；二是总体中各单位在各组间的分布。次数分布实质上是反映统计总体中所有单位在各组间的分布状态和分布特征的一个数列，因此也可以称为次数分布数列，简称分布数列。

二、次数分布数列的分类

根据分组标志的性质不同，次数分布数列可以分为品质分布数列和变量分布数列两大类。

（一）品质分布数列

按品质标志分组形成的次数分布，称为品质分布数列。它有两个构成要素：一是以品质标志表现的各组的名称；二是各组的次数或频率（如表3－3）。

表3－3　　某高校在校本科生的性别分组

按性别分组	学生人数（人）	比重（%）
男生	3136	68.5
女生	1442	31.5
合　计	4578	100.0

对于品质分布数列，如果分组标志选择得当，则事物性质的差异则表现得比较明确，总体中各组如何划分较容易解决。因而品质分布数列一般也比较稳定，通常能准确反映总体的分布特征。

（二）变量分布数列

按数量标志分组形成的分布数列称为变量分布数列，简称变量数列。变量数列是一种区别数量差异的分组数列。它反映了总体在一定时间上的量变状态或量变过程。但它往往也可以从量的差别中反映质的特点或质的差别。例如，将某公司所属的企业按某年利润规划完成程度分组，可以看出先进企业、一般企业和落后企业之间的质的差别；对某大学本科学生按某学科成绩按考试分数分组，可以反映优、良、中、及格、不及格的构成状况。

根据编制变量数列所用数量标志的取值特征不同，变量数列可分为连续型变量数列和离散型变量数列。例如，对人口总体按身高、体重、年龄等连续型变量分组所形成的数列就是连续型变量数列；对工业企业总体用职工人数、生产设备台数进行分组形成的数列即为离散型变量数列。这两种数列又可进一步分类如下（见图3－1）。

- 变量数列
  - 离散型
    - 单项变量数列
    - 组距
      - 等距数列
      - 不等距数列
  - 连续型
    - 等距数列
    - 不等距数列

图3－1

单项变量数列是指按数量标志分组时，每个组用单个的变量值来表示所形成的变量数列。例如，某企业工人看管机器台数分组所形成的数列如表3－4。

表3－4　　某企业工人看管机器台数的情况

看管机器台数（台）	1	2	3	4	5	6	合　计
工人人数	10	15	18	13	12	10	78

单项变量数列能准确地反映出变量值在总体中的分布情况。但是，它只适合于总体中各单位标志值比较集中，变动范围不大的情形。若标志值的变动范围大，不同的变量值很多，采用这种

数列形式，就会形成许多组，使数列显得十分繁琐，就难以反映出总体中变量值的分布特征和分布规律。当总体单位变量值变动范围较大时，编制组距变量数列较好。

组距变量数列是按数量标志分组后，用变量值变动的一定范围（即组距）代表一个组所形成的分布数列（如表 3－5）。

表 3－5　　某乡农户购买商品年支出额分布数列

按年支出额分组（元）	农户数	比率%
3000 以下	720	24
3000—4000	1050	35
4000—5000	600	20
5000—6000	270	9
6000—7000	210	7
7000 以上	150	5
合　计	3000	100

组距变量数列根据每组的组距是否完全相等，又可分为等距数列和不等距数列。若组距数列中每组的组距完全相等即为等距数列，若每组的组距不完全相等就是不等距变量数列。

三、变量分布数列的编制

在编制变量分布数列时，是采用单项变量数列还是采用组距变量数列，需要根据统计调查数据的具体情况而定：

若统计数据是离散型变量，且变量值的变动幅度很小，项数也少，就可以编制成单项变量数列，如表 3－4。

若统计数据是连续型变量或虽是离散变量，但变量值的变动幅度很大，项数很多，分组时就要设立组距，编制组距变量数列。

例如：某村 50 户农民月纯收入资料如下：

单位：元

1500	3560	1280	1480	1930	400	740	1650	850	500	1320
1550	1140	1690	2230	2400	2100	1570	1850	1190	1360	2200
580	1850	1600	2750	1670	2500	2600	1200	1710	3100	2900
680	1050	2300	3350	1420	1870	2000	4000	1900	1730	1750
1820	1000	1240	1750	1630	2000					

编制组距变量分布数列的步骤大致为：

（一）计算全距，即变量值的变动幅度

从统计原始数据中找出最大变量值和最小变量值，然后用最大变量值减最小变量值，即为全距。上例的全距＝最大变量值－最小变量值＝4000 元－400 元＝3600 元，即表明 50 户农户月纯收入的变动幅度为 400—4000 元之间。

（二）确定组数计算组距

组距是指组距变量数列中，每组的上限与下限的距离。组数的多少和组距的大小是相互制约的，它们之间存在着反比例关系，即组数愈多，组距就愈小；组数愈少，组距则愈大。确定组数和组距，原则上讲，应力求通过分组后，把总体各单位的分布特征充分显示出来，达到既能反映客观事物的规律性，又能保持客观事物的真实性。但这两者有一定的矛盾，这与确定的组数与组距有关。可以想像，组距愈小，组数愈多，虽然客观事物的真实性较好，但不易显示事物的分布特征和数据内在规律性；反之，组距愈大，组数愈少，客观事物的真实性就愈差，但可以较容易显示事物的分布特征和数据内在的规律性。统计分组时，应认真分析在已确定的数量标志下总体有多少性质不同的部分，科学地处理好组数与组距的关系。总之，组数与组距的确定并没有一条绝对准确的原则，而应该根据统计研究目的，全面研究原始数据所反映的社会经济内容，标志值的分散程度以及总体单位数目的多少等方面的实际情况，决定组数和组距，决定采用等距还是不等距的形式，最小组和最大组是用开口组还是闭口组表示。一般而言，若总体中变量值分布比较均衡，应采用等距形式；若变量值分布不均衡，且变动幅度大，采用不等距的形式较好。

开口组指只有上限或只有下限的组。若变量值中存在极端变量值时，对最大组和最小组，可用开口组表示。

采用等距编制变量分布数列有利于进行统计计算和分析，一般多编制等距变量数列。若编制等距变量数列。组距＝全距÷组数。若确定将50户农户按月纯收入分成9组，则上例的组距＝3600÷9＝400元。

（三）确定组限和组限的表示方法

当组数和组距确定后，还要划分组与组之间的界限，即确定组限和组限的表示方法。

组限，即为组与组之间的界限。每个组的最小值为下限，最大值为下限。各组上限与下限之差称为组距。

关于组限的表示方法，要视所研究的变量的性质而定。综合起来应考虑以下几点：

第一，最小组的下限要小于或等于最小变量值；最大组的上限要大于或等于最大变量值，但不能过于悬殊。这样才能保证每个单位有所归属。

第二，组限的确定应尽可能是引起事物质变的数量界限，有利于表现总体的分布特征；

第三，如果是连续型变量，划分组限时，相邻组的组限必须重叠。这种组限表示法，在实际工作中，通常把达到每组上限的总体单位数归到下一组内。如果是离散型变量，各组的上、下限都可以用确定的数值（整数）表示，即相邻两组上下限衔接而不重叠。

因为组距变量数列掩盖了组内各单位的实际变量值，通常用组中值近似地代替每组变量值的一般水平。

$$闭口组组中值 = \frac{上限值 + 下限值}{2}$$

$$缺下限组组中值 = 该组上限值 - \frac{相邻组组距}{2}$$

$$缺上限组组中值 = 该组下限值 + \frac{相邻组组距}{2}$$

（四）计算频数、频率，编制变量数列

频数表明各变量值在总体中出现的次数，频率表明各标志值出现的次数在总次数中所占的比重。

组数、组距、组限都确定好了后，将所有的变量值归类到各组，并按顺序排列，就编制成了组距变量数列。如根据某村50户农户月纯收入的统计数据资料，结合考察的现象的实际情况，可编制组距变量数列如表3-6。

表3-6　　某村50户农民月纯收入分组表

按月纯收入分组（元）	农户数（户）	比重（%）
400—800	5	10
800—1200	5	10
1200—1600	10	20
1600—2000	15	30
2000—2400	6	12
2400—2800	4	8
2800—3200	2	4
3200—3600	2	4
3600—4000	1	2
合　计	50	100

如果对上例采用不等距变量数列，可得表3－7。

表3－7　　某村50户农民月纯收入分布表

按月纯收入分组（元）	农户数（户）	比重（%）
400—1000	6	12
1000—1500	11	22
1500—2000	18	36
2000—2800	9	18
2800—3600	4	8
3600—4000	1	2
合　计	50	100

从表3－6和表3－7可以看出，贫困户和富裕户占少数，大多数农户都是一般水平。

采用不等距变量数列，在某些情况下更能反映总体单位的分布特点。

第四节

统计整理数据的显示

统计数据经过前面的系统加工整理，最后以指标及指标体系出现，那么如何显示和表现这些整理数据，揭示总体的分布特征和数据的内在规律呢？而统计图示法和统计表示法则是两种主要的方法。

一、图示法

图示法就是用统计图形来表示次数分布。图示法给人们以更清晰、直观的印象，很容易看出总体的分布特征。统计图形的种类很多。如直方图、折线图、累计次数分布图、洛伦茨曲线图、饼形图、环形图、圆形图、雷达图、鱼刺图、统计地图、形象图等。这里只介绍常用的前四种图形。

（一）直方图

直方图是用矩形的宽度和高度（即面积）来表示次数分布的图形。

在等距变量分布数列的条件下，在平面直角坐标中，用横轴表示分组数据，纵轴表示频数或频率，这样，各组与相应的频数就形成了矩形，即直方图。根据表 3－6 的资料，可以绘制直方图，如图 3－2。

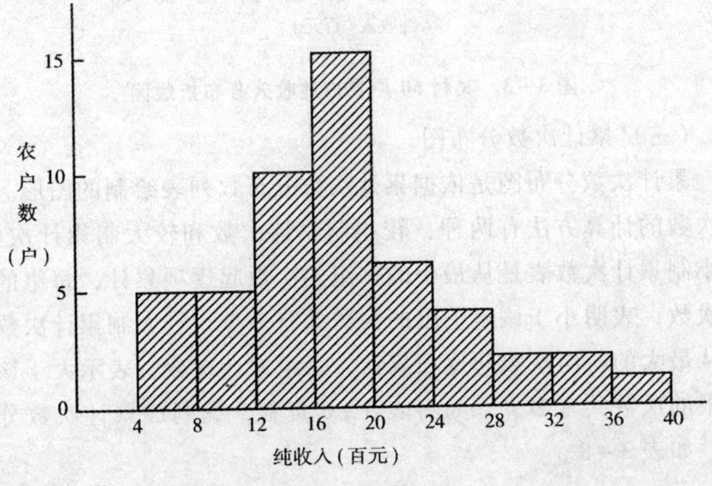

图 3－2　某村 50 户农户纯收入分布直方图

从图 3 -2 可以直观地看出 50 户农户纯收入的分布状况。

（二）折线图

折线图是在直方图的基础上，将各条形顶端中点用线连接形成的一条曲线，称折线图。折线图和直方图一样，也可以反映总体的次数分布情况。

根据表 3 -6 的资料，可以绘制次数分布折线图，如图3 -3。

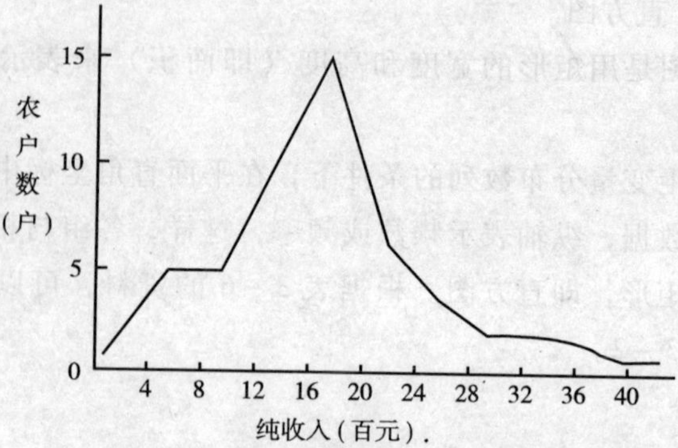

图 3 -3 某村 50 户农户纯收入分布折线图

（三）累计次数分布图

累计次数分布图是依据累计次数分布数列表绘制的图形。累计次数的计算方法有两种：较小制累计次数和较大制累计次数。较小制累计次数表是从最小的一组的次数起逐项累计，每组的累计次数，表明小于该组上限的次数共有多少；较大制累计次数表是从最大的一组次数起逐项累计，每组累计次数，表示大于该组下限的次数共有多少。如将表 3 -6 资料，编制成累计次数分布表，如表 3 -8。

表 3-8　　某村 50 户农户纯收入累计次数分布表

按月纯收入分组（元）	农户数（户）	较小制累计	较大制累计
400—800	5	5	50
800—1200	5	10	45
1200—1600	10	20	40
1600—2000	15	35	30
2000—2400	6	41	15
2400—2800	4	45	9
2800—3200	2	47	5
3200—3600	2	49	3
3600—4000	1	50	1
合　计	50	—	—

依据表 3-8 的累计次数分布资料可以绘制累计次数分布图，见图 3-4。

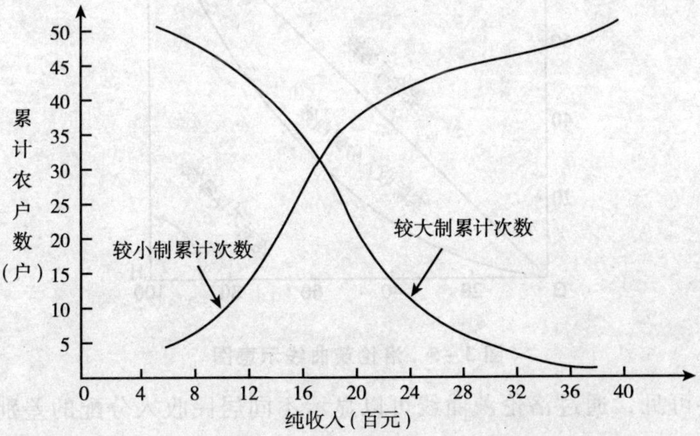

图 3-4　某村 50 户农户纯收入累计次数分布图

（四）洛伦茨曲线图

为了研究国民财富、国民收入、土地和工资收入在国民之间的分配是否公平。美国统计学家洛伦茨（M. O. Lorenz）提出把累计次数（或累计频率）分布曲线图和国民之间的分配收入联系起来，显示不同国民收入的差别程度，这种累计曲线又称为洛伦茨曲线图。其绘制方法如下：

用横轴 OH 表示人口（按收入由低到高分组）的累计百分比；用纵轴 OM 表示收入累计百分比。假如收入绝对平等，人口累计百分比等于收入累计百分比，洛伦茨曲线为对角线 OL。当收入绝对不平等时，1% 的人口占有 100% 的收入，洛伦茨曲线为折线 OHL。实际上每个国家、不同地区、不同阶层的分配收入曲线都介于 OL 和 OHL 之间，为一条上凹形曲线。见图 3－5。

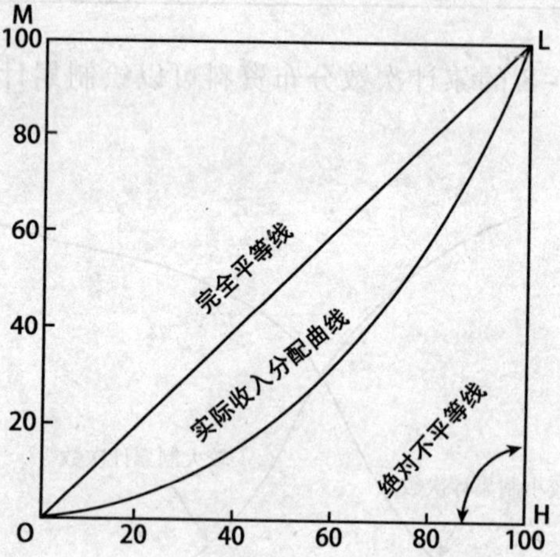

图 3－5　洛伦茨曲线示意图

可见，通过洛伦茨曲线可以显示不同居民收入分配的差别程度，而且易于测量和比较，可以作为观察收入分配平等度的一种方法。从图 3－5 显示实际收入分配曲线越靠近 OL（完全平等线），收入分配差距就越小；实际收入分配曲线越靠近 OHL（绝对不平等线），收入分配的差距就越大。实际收入分配曲线和完全平等线所包围的面积与绝对不平等线的面积之比，称基尼系数，换言之，基尼系数值越小，则收入分配越平等；反之，基尼系数值越大，则收入分配则越不平等。

（五）次数分布的主要类型

在社会经济统计中，不同性质的社会经济现象有着自身的分布特征。常见的次数分布主要有以下三种：钟型分布、U 型分布和 J 型分布。

1. 钟型分布。钟型分布的特征是“两头小，中间大”，即较大变量值和较小变量值分布的次数较少，靠近中间的变量值分布的次数较多。依据此变量分布数列绘制的曲线图，宛如一口古钟，如图 3－6。

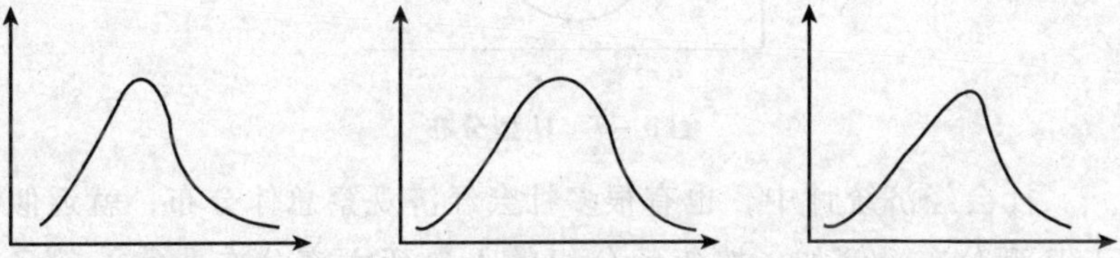

(a)右偏　　(b)对称　　(c)左偏

图 3－6　钟型分布

钟型分布的种类很多，其中具有重要意义的正态分布。正态分布的特征是：中间变量值分布的次数最多，两侧变量值分布的次数则随着与中间变量值距离的增大而逐渐减少，因而形成中间隆起，左右两侧对称徐徐下降的完全对称分布，故又称对称钟型分布。如图 3－6（b）。在实际统计数据中，许多现象总体分布就趋近于正态分布。例如，农作物平均产量分布、零件尺寸随机误差的分布、人体身高的分布、居民收入分布、学生成绩分布等等。

在非对称分布中，有着不同方向的偏态。若较大变量值一侧的分布次数明显多于较小变量值的分布次数，则为右偏，如图3－6（a）。反之，若较小变量值一侧的分布次数明显多于较大变量值的分布次数，则为左偏，如图3－6（c）。

2. U型分布。U型分布的特征与钟型分布正相反，靠近中间的变量值分布次数少，靠近较大和较小的两端变量值分布次数多，形成“中间小，两头大”的分布。绘制成曲线图类似英文字母U，如图3－7。

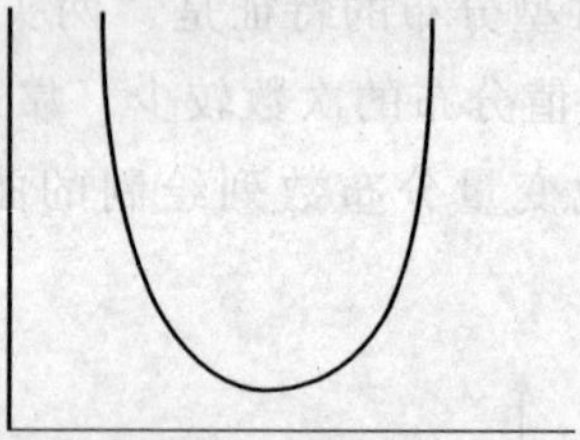

图3－7 U型分布

社会经济统计中，也有很多社会经济观察总体分布，就近似于U型分布。例如，按年龄分组的人口死亡率分布曲线，就呈现婴幼儿组和老年人口组的死亡率较高，而中青年组人口的死亡率相对较低，这种分布状况呈U型分布。

3. J型分布。J型分布有两种类型：正J型分布和反J型分布。正J型分布，即是从左端低点开始，随着变量值的增大，分布次数也随之按某种规律增多，若依此变量分布数列绘制曲线图，形如英文字母“J”，故称正J型分布。例如：老年人口组按年龄分组的死亡率呈正J型分布。反之，从左端的高点开始，随着变量值的增大，分布次数也随之按某种规律减少，若依此变量分布数列绘制曲线图，形如反写的英文字母“*l*”，故称反J型分布。例如婴幼儿组按年龄分组的死亡率呈反J型分布。

二、统计表

（一）统计表的概念

统计数据整理的结果，也可以用统计表的形式来显示。

统计表是以纵横交叉的线条所绘制的表格来显示统计整理数据的一种重要的形式。广义的统计表包括统计工作各个阶段中所用的一切表格。本节将侧重讨论统计数据整理结果所用的统计表。

统计表是表现和显示统计资料最常用的形式。它的主要优点是：

第一，它能有条理、有系统的排列统计整理后的数据，使人在阅读时简捷明了。

第二，能科学地、合理地组织和安排统计数据，使人在阅读时便于对照比较。

（二）统计表的构成

1. 统计表的形式构成。统计表从外形，由总标题、横行标题、纵列标题、数值资料四部分所构成，如表 3－9。

表 3－9　2009 年某市各类工业企业的增加值←总标题

	按经济类型分组	工业企业数（个）	增加值（亿元）←纵列标题	
	甲	(1)	(2)	
横行标题→	国有企业	1362	238	
	集体企业	1958	105	指标数值
	中外合资	64	86	
	其他企业	35	80	
	合　计	3419	509	
	主词		宾词	

总标题是统计表的名称，用以概括统计表中全部统计资料的内容，一般位于表的顶端中部。

横行标题是横行的名称，在统计表中通常用来表示各组的名称，它代表统计表所要说明的对象，一般排在表的左方。

纵列标题是纵列的名称，在统计表中通常用来表示统计指标的名称。一般排在表的上方。

数值资料是说明总体数量特征的各项指标数值，它列在各横行标题与各纵列标题的交叉处。它是统计表的核心部分。

2. 统计表的内容构成。从内容上看，统计表由两个部分组成，一部分是统计表所要说明的总体，它可以是各总体单位的名称或者是总体的各个分组，这一部分习惯上称为主词或主体栏。另一部分则是说明总体的统计指标，包括指标名称和指标数值，这部分习惯称为宾词或叙述栏。如表 3 - 9。

通常统计表的主词排列在横行标题的位置，宾词中指标的名称排列在纵列标题的位置，但有时为了编排合理和阅读方便，也可以互换位置。

（三）统计表的分类

1. 统计表按主词的分组状况分类。统计表按主词是否分组及其如何分组，可分为简单表、分组表和复合表。

简单表，指主词未经任何分组的统计表，只将总体按各单位名称罗列或按时间顺序排列形成的统计表，如表 3 - 10。

表3 - 10　我国几个地区某年国内生产总值统计表

地　区	北京	天津	上海	湖北
国内生产总值（亿元）	1615. 73	1101. 40	2902. 20	2970. 20

分组表，指主词只用一个标志分组形成的统计表，如表3 - 9。

复合表，指主词按两个或两个以上标志分组形成的统计表，如表 3 - 11。

表 3 - 11　　某地人口普查资料表　　单位：人

		第三次	第四次	第五次
总人口数		4480707	5877377	6903171
按性别分	男	2292750	3007918	3564211
	女	2187957	2869459	3338960
按民族分	汉族	4464021	5853084	6865856
	少数民族	16686	24293	37315

2. 统计表按统计数列的性质不同，可分为空间数列表、时间数列表、时空数列表。

空间数列表，指反映同一时间不同空间范围内社会经济总体内部情况的统计表，如表 3 - 9、表 3 - 10。

时间数列表，指反应同一空间不同时间社会经济总体变动情况的统计表，如表 3 - 12 所示。

时空数列表是反映不同时间、不同空间范围内社会经济现象变动情况的统计表。它既说明现象总体在不同空间内的数量分布情况，也表明现象在不同时间上的数量变动状况，如表 3 - 13。

表 3 - 12　　我国某地区国内生产总值统计表

年　　份	2004	2005	2006	2007	2008	2009
国内生产总值（亿元）	1617.8	2630.1	2934.4	3175.4	3247.5	3553.8

表 3－13 几个地区国内生产总值资料表

地区	国内生产总值（亿元）			
	1993 年	1994 年	1995 年	1996 年
北京	863.54	1084.03	1394.89	1615.73
天津	536.10	725.14	920.11	1101.40
上海	1511.61	1971.92	2462.57	2902.20
湖北	1424.38	1878.65	2391.42	2970.20

思考与练习

思考题：

1. 简述统计数据整理的意义。

2. 何谓统计分组？统计分组有何作用？

3. 什么是分组标志？如何选择分组标志？

4. 次数分布数列由哪几个要素构成？举例说明次数分布数列的种类。

5. 显示统计整理数据的主要方法有哪几种？试举两例加以说明。

6. 统计表由哪几个主要部分组成？统计表有哪些种类？

练习题：

某管理局所属 50 个企业 2009 年产品销售收入数据如下：

单位：万元

152	124	129	116	100	103	92	95	127	104
105	119	114	115	87	103	118	142	135	125
117	108	105	110	107	137	120	136	117	108
97	88	123	115	119	138	112	146	113	126
105	123	115	100	112	142	130	98	143	98

(1) 根据上面的统计数据进行适当的分组，编制变量分布数列，并计算出累计频数和累计频率；

(2) 根据第 (1) 的结果绘制直方图、累计次数分布图，以显示管理局产品销售收入的分布特征；

(3) 如果规定销售收入在 125 万元以上为先进企业，115 万—125 万元为良好企业，105 万—115 万元为一般企业，105 万元以下的为落后企业，按先进企业、良好企业、一般企业、落后企业进行分组。

第四章

统计数据的描述与分析

大量的具有差异的数据，经过统计整理，可以形成次数分布，并用统计图示法和统计表将现象的数量特征或数量内在规律显示出来。然而，这还不够，还需要对统计整理后的数据加以更进一步的描述与分析。本章主要介绍一些基本的分析方法。先讨论对统计数据进行简单描述和比较分析方法——绝对数与相对数。

第一节 统计绝对数与相对数

一、统计绝对数的概念

绝对数是描述社会经济现象总体在一定时间、地点、条件下的规模或水平的统计数据。例如 2008 年我国国内生产总值现价总量为300670亿元；2008年进出口贸易总额2.56万亿美元，实际利用外资924亿美元；2008年城镇新增就业1113万人；2008年年末，国家外汇储备金额已达19460亿美元，这些都是统计绝对数。它的数值随着研究范围的大小而增加或减少。只有有限总体才能计算绝对数。

二、统计绝对数的种类

（一）绝对数按其反映事物的时间状况不同分为时期数和时点数

时期数反映的是研究对象在一定时期内总量。例如，前例的国内生产总值、固定资产投资额就是时期数。

时期数有以下特点：第一，时期数可以连续累计，具有可加性。同类社会经济现象的时期数在不同时间、不同空间可以累计相加。相加后的时期数能反映社会经济现象在更长时期内、更大范围内的总量。第二，同一总体的时期数的大小与统计的时间长短有直接关系，时间越长时期数越大。如，某地区一年的商品销售额必然大于一个月的销售额。第三，一般而言，时期数是通过连续登记计数而获得的。如我国某一年的国内生产总值是每月计数而后累计的结果，每月的国内生产总值是每天计数再相加的结果。

时点数反映的是现象在某一时刻（瞬间）的状况。如前例的国家外汇储备金额。

时点数有以下特点：第一，时点数只能间断计数，数值不具有可加性。同类时点数均是描述现象处在某一时刻的状态，这种时点数本身不能相加，只能按时点所表示的瞬间计数。例如，我国每年年末外汇储备金额加总起来毫无意义。第二，同一总体的同类时点数的大小与统计的时点间隔长短没有直接关系，并不因为时点之间的间隔愈长，时点数值就愈大。例如，某个企业的职工人数并不随着时点间隔的扩大而相应地增加。因为企业的职工人数只会随着一定时期内职工调出的变动以及死亡的影响而发生变动，一个月内企业调进和新招收的职工数大于同期内调出和死亡的职工人数，那么，月末职工人数就大于月初人数，反之，月末职工人数就少于月初人数。同样，年末职工人数并不一定大于某个月的月末职工人数，因为时点数是时点现象在一定间隔期间变化中离差抵消的结果，而不是累积的结果。第三，时点数值是采用间断计数的办法取得的。

（二）绝对数按反映的内容不同，可以分为总体单位总量和总体标志总量

总体单位总量是统计总体单位的合计数，它描述的是总体本身规模的大小。例如，将全国的各类工业企业作总体，全国各类工业企业总数，就是总体单位总数，简称为总体总量。

总体标志总量是统计总体中各单位某一数量标志值的总和。例如上例总体中各类工业企业某年增加值之和，即为总体标志总量，简称标志总量。

需要指出的是，总体总量和标志总量的称谓随着统计研究目的不同而变化。例如，研究全国各类工业企业的基本状况，工业企业总数是总体总量，工人总数是标志总量。如果研究全国各类工业企业工人总体的基本状况，工人总数则是总体总量，工人的工资总额则为标志总量。明确总体总量和标志总量对于计算和区分相对数和平均数有重要意义。

（三）绝对数按其采用的计量单位不同，可分为实物量和价值量

实物量是指根据事物的属性和特点而计量的统计绝对数。例如，人口数、棉花产量、发电量等分别以“人”、“吨”、“千瓦时”等单位来计数。实物量可以直接反映产品的使用价值量或

现象的具体内容，具有形象、直观、具体的特点，但是不同属性和计量单位的实物量不能直接汇总，综合性能差。

价值量是指采用货币单位而计量的统计绝对数。例如，国内生产总值、商品销售收入、财政支出额和收入额等。例如 2005 年武汉市国内生产总值为 2238 亿元。价值量代表一定社会必要劳动量，具有最广泛的综合性和概括性。但价值量脱离了具体的物质内容，比较抽象。因此，应将价值量和实物量结合运用，才能较全面地描述所研究对象的数量特征。

三、相对数的概念与表现形式

相对数是两个互相联系的统计数据的对比，而计算的一种比率。它是用来说明社会经济现象间数量对比关系的分析数值。例如，我国 2008 年国内生产总值占全球同年国内生产总值的 20%；2008 年我国经济同比增长 9.0%；2005 年我国人均国内生产总值达到 1703 美元等都是相对数。

相对数有无名数和有名数两种表现形式。无名数是一种抽象化的数值，常以系数、倍数、百分数、千分数、成数、百分点等表示。有名数主要用来表现强度相对数一种形式。它是在进行对比的两个有联系的统计数据带有的不同计量单位时产生的，用对比的两个数值的计量单位组合而成。如，人口密度用“人/平方公里”表示，城市人口拥有的公共汽车用“辆/万人”表示，城市人口拥有的病床数用“人/张”表示等都是有名数。

四、相对数的种类和计算方法

（一）规划完成情况相对数

规划完成情况相对数是实际完成数与规划任务数对比，用来检查、监督规划完成情况或进度的相对数，常用百分数表示，又称规划完成百分比。其计算公式为：

$$规划完成情况相对数\% = \frac{实际完成数}{规划任务数} \times 100\%$$

由于在社会经济统计中，规划任务是作为衡量规划完成情况的标准，也由于规划任务数可以是绝对数，也可以是相对数或平均数，因此规划完成情况相对数在计算形式上有所不同。

1. 规划任务数为绝对数时，规划完成情况相对数的计算公式为：

$$规划完成情况相对数\% = \frac{实际水平}{规划水平} \times 100\%$$

例 4－1，某商店某月规划完成销售额为 400 万元，实际完成 450 万元，则规划完成情况相对数为：$\frac{450}{400} \times 100\% = 112.5\%$。即超额 12.5% 完成任务。

2. 规划任务数为平均数时，规划完成情况相对数的计算公式为：

$$规划任务完成情况相对数\% = \frac{实际平均水平}{规划平均水平} \times 100\%$$

例 4－2，某村某年规划粮食平均亩产达到 480 公斤，实际达到亩产 450 公斤。该规划完成情况相对数为：$\frac{450}{480} \times 100\% = 93.75\%$，即还差 6.25% 才能完成任务。

3. 规划任务数是相对数时，规划完成情况相对数的计算公式为：

$$\begin{array}{c}规划完成情况\\相对数（\%）\end{array} = \frac{实际完成数（\%）}{规划任务数（\%）}$$

$$= \frac{\text{考虑基数在内的实际完成数（\%）}}{\text{考虑基数在内的规划任务数（\%）}} \times 100\%$$

例 4－3，某企业规划 2008 年劳动生产率比 2007 年提高 5%，实际执行结果 2008 年劳动生产率提高 6%。故该企业劳动生产率规划完成相对数为：$\frac{(100+6)\%}{(100+5)\%} \times 100\% = 100.96\%$，即超额 0.96% 完成规划。

例 4－4，某企业规划 2008 年可比产品的原材料消耗量比 2007 年降低 8%，实际执行结果降低 7%，则该企业可比产品原材料消耗量规划完成情况相对数为 $\frac{(100-7)\%}{(100-8)\%} = \frac{93\%}{92\%} \times 100\% = 101.09\%$，即尚差 1.09% 才能完成任务。

实际工作中，规划任务数是相对数时，也常用差率来检查规划完成情况。这种方法是直接用实际提高率（或降低率）减去规划提高率（或降低率），然后换算成百分点表示。如上例 4－3 可以用 6% －5% =1%，它表明实际劳动生产率比规划多提高了一个百分点，或多提高了 1%。又如例 4－4 可以用 7% －8% = －1%，它表明可比产品原材料消耗量实际比规划少降低了 1 个百分点，或少降低了 1% 。

4. 规划执行进度。它是采用规划期中某一段时期的累计实际完成数与全时期规划任务数之比来表示。计算公式为：

$$\text{规划执行进度\%} = \frac{\text{期初至报告期止累计实际完成数}}{\text{全时期规划任务数}} \times 100\%$$

例 4－5，某企业 2009 年规划某产品年产 2500 吨，实际统计结果，该年第一、二、三季度完成的产品产量分别为 650 吨、720 吨、800 吨。则每季度产品产量的规划执行进度为：

$$\text{第一季度\%} = \frac{650}{2500} \times 100\% = 26\%$$

$$第二季度\% = \frac{650+720}{2500} \times 100\% = 54.8\%$$

$$第三季度\% = \frac{650+720+800}{2500} \times 100\% = 86.8\%$$

（二）结构相对数

结构相对数是在统计分组的基础上，将构成总体的部分数值与总体全部数值对比，而求得的比重，用来反映总体内部构成状况的相对数。其计算公式为：

$$结构相对数\% = \frac{构成总体的部分数值}{总体的全部数值} \times 100\%$$

结构相对数一般用百分数表示。其分子可以是总体总量的一部分，也可以是标志总量的一部分。分母可以是总体总量也可以是标志总量。由于结构相对数是总体的部分数值与总体的全部数值对比，故总体中各个结构相对必须大于0；总体中各个结构相对数之和必须等于100%；分子分母的数值不能互换计算。

例4-6，某地区某年国民生产总值1686亿元，其中第一产业480亿元，第二产业747亿元，第三产业459亿元。各产业所占的比重为：

$$第一产业所占比重\% = \frac{480}{1686} \times 100\% = 28.47\%$$

$$第二产业所占比重\% = \frac{747}{1686} \times 100\% = 44.31\%$$

$$第三产业所占比重\% = \frac{459}{1686} \times 100\% = 27.22\%$$

社会经济现象是一个有机联系的总体，它由许多部分组成，总体内部的组成状况叫做结构。人们认识总体，不仅要了解总体的总量情况，更重要的是从总体内部构成上进行定量分析，就需要计算结构相对数。

在社会经济统计分析中，结构相对数被广泛地应用着。如，研究国民经济产业结构的变化；人口年龄构成及人口老年化进程；工作质量状况；产品质量状况；国民的文化素质的构成、民族构成等都可以计算结构相对数。

（三）比例相对数

比例相对数是在统计分组的基础上，将构成总体的一部分数值与同一总体的另一部分对比，用于反映总体内部各部分之间的联系程度和比例关系的相对数。其计算公式为：

$$比例相对数=\frac{构成总体的部分数值}{同一总体的另一部分数值}$$

如人口性别比例；国民收入分配中的积累与消费的比例；国民经济中第一、第二、第三产业的比例；工业产值与农业产值的比例；生产资料的生产与消费资料生产比例等等都是重要比例相对数。

例4－7，某地区某年人口普查的结果男性人口355万人，女性人口328万人：

$$男女性比例=\frac{男性人口数}{女性人口数}=\frac{355}{328}=108.23:100$$

比例相对数的分子分母的数据可以互换计算，但互换后都把对比基数（分母数据）化整为100或1；比例相对数也可以是结构性的比例。如上例中男性人数为51.98%，女性人数48.02%。男女的性比例为51.98:48.02。比例相对数也可以是连比关系。如例4－6，某地区某年国民生产总值中三个产业的比例关系为480亿元:747亿元:459亿元。以第三产业为对比基数化整为100。那么三个产业的比例相对数为104.57:162.74:100。

客观事物的联系不仅表现在不同总体之间，而且总体内部各组成部分之间也存在着一定的联系和数量比例关系。而运用比例相对数就可以反映现象总体中各部分之间存在的相互联系和相互制约关系，揭示社会经济发展是否协调，是否失衡，为社会经济管理提供数量依据。

（四）比较相对数

比较相对数是将同时期同类统计数值在不同空间对比，用来说明某社会经济现象发展的差异程度的相对数。其计算公式为：

$$\text{比较相对数}=\frac{\text{某时期某类现象的数值}}{\text{同时期不同空间同类现象的数值}}$$

例 4-8，2008 年甲地区进出口贸易额为 409.4 亿美元，乙地区为 415.3 亿美元

$$\text{比较相对数为：}\frac{409.4\text{ 亿美元}}{415.3\text{ 亿美元}}=0.986$$

它表明 2008 年甲地区进出口贸易额只是乙地区进出口贸易额 0.986 倍，两地区的差距仅为 1.4%。

比较相对数的分子、分母数值可以互换对比，互换后计算的不同数值，则从不同角度说明同样问题。如：

$$\frac{415.3\text{ 亿美元}}{409.4\text{ 亿美元}}=1.0144\text{ 倍}$$

它也表明 2008 年乙地区进出口贸易额是甲地区进出口贸易额的 1.0144 倍，两地区的差距仍为 1.4%。

比较相对数所对比的数据可以是绝对数，但由于绝对数受总体范围和规模的影响，难以准确反映企业或地区的经济效益，所以，比较相对数多采用同类的相对数和平均数在不同空间对比，以便更好地揭示事物发展的不平衡程度。

（五）强度相对数

强度相对数是两个性质不同，但有着密切联系的总体统计数据互相对比，用来反映社会经济现象的联系程度、强度、密度和普及程度的相对数。其计算公式为：

$$强度相对数=\frac{某一总体统计数据}{另一有联系总体统计数据}$$

例4－9，2000年第五次全国人口普查，中国大陆31个省、自治区、直辖市（不包括福建省的金门、马祖等岛屿）和现役军人的人口126583万人，国土面积为960万平方公里，强度相对数（人口密度）为：

$$人口密度=\frac{126583\text{ 万人}}{960\text{ 万平方公里}}=132\text{ 人/平方公里}$$

强度相对数的表现形式大多数用有名数，即由对比的分子分母原有的单位组成。如人均国民收入用“元/人”，人均粮食产量用“公斤/人”等等。但也有千分数或百分数表示的。如人口出生率、人口死亡率即用千分数表示；商品流通费用率、资金利润率等就是用百分数表示的。

强度相对数的分子分母数值有很多可以互换计算，互换计算的结果就有正指标和逆指标之分。

例4－10，若某市某年有医院、卫生院935个，人口909万人，求强度相对数的正指标和逆指标。

正指标（每万人拥有的医院、卫生院）为

$$\frac{935\text{ 个}}{909\text{ 万人}}=1.028\text{ 个/万人}$$

逆指标（每个医院、卫生院服务人口数）为

$$\frac{909\text{ 万人}}{935\text{ 个}}=9722\text{ 人/个}$$

正指标，即指标数值越大，说明现象的强度、密度或普及程度越高。上例中每万人拥有的医院、卫生院越多，医疗保证程度越高，故为正指标。

逆指标（反指标），即指标数值越小，说明现象的强度、密度或普及程度越高。上例每个医院、卫生院服务的人数越少，医疗保证程度就越高，故为逆指标。

强度相对数是用途最为广泛的一种。它广泛地用于反映一个国家或地区经济实力。如“人均国民生产总值”、“人均国民收入”、“人均粮食产量”、“人均财政收入”等等。这些强度相对数数值愈大，表明一个国家或地区经济实力愈强、经济发展程度愈高；强度相对数还可以用来反映现象的密度或普及程度。如人口密度、商业网点密度、每千人拥有的绿化面积等；强度相对数还可以反映社会生产的条件或社会经济效益。如：某企业每位职工拥有的固定资产额、每万公顷耕地拥有的拖拉机台数、资金利润率、产值利润率、流动资金周转次数等。

计算强度相对数还需注意两点：一是注意它与平均数的区别。平均数是同一总体内的总体标志总量与总体单位总量之比（参见统计平均数一章）。强度相对数是两个不同总体有联系的数值之比。二是注意强度相对数分子分母数值内在本质联系，如果用两个没有内在联系的总体指标对比就失去经济意义。如用我国钢材产量与土地面积相比，钢材产量与粮食产量对比等就没有多大意义。

（六）动态相对数

动态相对数是同空间同类现象在不同时期的统计数据对比，用于反映社会经济现象在一段时间内发展变化的方向和程度的相对数。又称发展速度。其计算公式为：

$$动态相对数\% = \frac{报告期数值}{基期数值} \times 100\%$$

例 4－11，某地 2008 年社会总产值为 9687 亿元，2007 年的社会总产值为 8887 亿元。则动态相对数% $= \frac{9687\text{ 亿元}}{8887\text{ 亿元}} \times 100\% = 109\%$，这表明该地区社会总产值 2008 年比 2007 年增长 9%。

动态相对数的报告期和基期要根据不同研究任务来选定。通常把用作比较标准的时期称基期，把和基期对比的时期为报告期。基期与报告期相比而言，基期为远期，报告期为近期。

动态相对数在统计分析中应用广泛，本书将在时间序列分析一章中详细讨论，这里不再详述。

五、相对数的应用原则

在统计工作和统计研究分析中，应用相对数时要掌握各自的特点和应用条件，以便更好地反映总体的数量关系和统计数据的内在联系和规律。因此，在应用相对数时，要注意以下几个原则：

（一）可比性原则

在使用相对数时，要注意计算相对数所选用的分子分母的数据是否具有可比性。即分子分母所包含的经济内容是否一致，计算范围是否相同，计算方法和计量单位是否可比。例如，我国的国民收入和国民生产总值与发达国家的国民收入和国民生产总值，就不能直接进行比较，因为它们不仅计算方法不同，而且包含的内容也不一样。如果简单对比，就会造成误解，得出错误的结论。

对比指标的可比性是一个相当复杂的问题，确定指标是否可比，必须结合统计研究任务进行具体分析。有些指标，在一种场合是不可比的，但在另一种条件下又是可比的。例如，在一般情况下，工人劳动生产率与全员劳动生产率是不可比的，因为它们的计算方法与内容都不相同，但如果统计研究目的在于了解同一个企业内这两种劳动生产率指标之间的关系与差别，就可以进行比较了。总之，判断两个指标的可比性，不能绝对化，强调一切条件必须完全相同或不顾各种客观条件，强求可比都是不对的。一般而言，如果对比符合研究目的，对比的结果能够确切说明所要研究的问题，就认为是可比的，否则，就是不可比的。

（二）注意相对数和绝对数的结合运用

相对数反映了社会经济现象之间的数量关系和差异程度，却又将现象的具体规模和水平抽象化了，掩盖了现象之间绝对量上的差异程度。因此，将相对数和绝对数结合起来使用，才能克服认识上的片面性，达到对客观事物全面正确的认识。

例如，在研究企业生产经营状况时，我们不仅要用总产值、增加值、产品产量、销售收入、利润总额等绝对数描述企业生产经营的规模和水平，还要结合企业的投入，分析产值利润率、增加值利润率、资金利润率、资金产值率等相对数分析企业的经济效益。

（三）各种相对数有机结合运用

不同种类的相对数，说明不同的问题，各自从不同侧面反映社会经济现象的数量关系。为了比较深入地、全面地分析问题，在统计分析中往往是将有关的相对数结合起来运用。例如，为了全面考核一个企业的工作成果和经济效益，不仅要掌握该企业的产品产量、总产值、净产值等绝对数，而且还要结合运用多种相对数。如将实际总产值与规划总产值比较计算规划完成程度相对数来说明是否完成规划；将本期的实际总产值与去年同期的总产值对比（动态相对数）说明总产值的发展速度；将有关的经济指标如品种、质量、劳动生产率、单耗、成本、利润等与国内外先进企业对比（比较相对数）就可以找到本企业的差距；将本企业创造的利润与固定资金和定额流动资金比较用资金利润率（强度相对数）来反映企业资金的利用状况，若资金利用越充分，则每百元资金提供的利润越多。可见，把有关的相对数联系起来分析，就可以较全面地反映该企业生产经营活动各方面的情况。

第二节

集中趋势的测定与分析

集中趋势是次数分布的一个也是最为重要的数量特征，它能够揭示总体中众多个观察值所围绕与集中的中心，是总体中的共性特征的反映。所以，人们通常使用集中趋势去代表总体中各单位一般水平，也使用集中趋势进行不同总体的比较。集中趋势是指一组统计数据向某一点集中的情况。测定集中趋势也就是寻找统计数据一般水平的代表值，即统计平均数。常用的测定和分析集中趋势的特征量有数值平均数（如算术平均数、调和平均数、几何平均数等）和位置平均数（如众数、中位数、四分位数、十分位数等）。所谓数值平均数，就是根据总体各单位所有变量值计算的平均值，总体中任何一项数据的变动，都将一定程度影响到平均数的结果。所谓位置平均数，就不是根据总体各单位所有的变量值进行计算的结果，而是根据总体中处于特殊位置上的个别单位或部分单位的变量值来确定的代表值，因此，某些数据的变动，不一定影响到位置平均数的水平。

一、算术平均数

（一）算术平均数的涵义

算术平均数是将总体中各单位的变量值汇总，然后除以所有总体单位之和所获得的一种平均数，也称均值。算术平均数是最有普遍意义的一种平均数。如平均亩产量、平均工资、平均成绩、平均成本等。算术平均数的基本公式是：

$$算术平均数=\frac{总体标志总量}{总体单位总量}$$

由于算术平均数表明总体各单位某一数量标志值的一般水平，所以具有有名数，即与标志值相同的计量单位。

算术平均数基本公式中的分子、分母统计数据，即总体标志总量和总体单位总量必须来自同一总体，要求总体中的各个单位必须具有某一共同特征，即同质。这一点同强度相对数具有根本的区别。在统计数据分析时，由于所掌握的统计资料不同，算术平均数又分为简单算术平均数和加权算术平均数。

（二）简单算术平均数

如果掌握的统计数据是总体各单位的标志值，且未经过分组和整理，这时就可以将总体各单位的标志值简单相加求得总体标志总量，然后除以总体单位总量，求出平均数。这种方法称为简单算术平均法，所得的平均数称为简单算术平均数。

公式用符号表示为：

$$\overline{X}=\frac{x_1+x_2+x_3+\cdots\cdots+x_n}{n}=\frac{\sum X}{n}$$

式中$\overline{X}$为平均数；$x_1x_2\cdots\cdots x_n$ 为变量值，即总体各单位的标志值；n 为次数，即总体单位；$\sum$ 为总和符号。

例 4－12，若某班级 10 名同学《统计学》期末卷面成绩分别为 63 分、65 分、78 分、69 分、72 分、83 分、92 分、86 分、94 分、95 分。则 10 名同学《统计学》卷面平均成绩为：

$$\overline{X}=\frac{\sum X}{n}$$

$$=\frac{63+65+78+69+72+83+92+86+94+95}{10}$$

$$=\frac{797}{10}=79.7\text{ 分}$$

（三）加权算术平均数

在计算算术平均数时，如果统计数据已经过加工整理，进行分组编制成了变量分布数列，则就不能简单地将各组变量值直接相加作为标志总量，而是将各组变量值乘以相应的各组单位数或权数求出各组标志总量，然后将其求和得总体标志总量，同时把各组单位数或权数相加求出总体单位总量，最后用总体标志总量除以总体单位总量。用这种方法计算的算术平均数称之加权算术平均数。

公式用符号表示为：

$$\overline{X}=\frac{x_1f_1+x_2f_2+x_3f_3+\cdots\cdots+x_nf_n}{f_1+f_2+f_3+\cdots\cdots+f_n}=\frac{\sum Xf}{\sum f}$$

式中 f 为各组单位数或权数，其他符号同前。

变量分布数列有单项变量数列和组距变量数列。下面分别举例加权算术平均的计算方法。

例 4－13，某合资企业有 50 名工人，各组工人月收入和工人人数资料如表（见表 4－1）

表 4 - 1　　某合资企业 50 名工人平均月收入计算表

月收入（元）x	工人人数（人）f	各组月收入（元）xf
850	5	4250
1100	15	16500
1250	18	22500
1300	10	13000
1480	2	2960
合　计	50	59210

$$\text{工人平均月收入}\ \overline{X}=\frac{\sum xf}{\sum f}=\frac{59210}{50}=1184.2\ \text{元}$$

从以上计算算式可见，工人平均月收入（平均数）的高低，不仅受各组工人月收入水平（x）高低影响，而且也受各组工人人数（f）多少的影响。人数多的组，其变量值对平均数的影响大，人数少的组，其变量值对平均数的影响小。换言之，当变量值高的组的次数多，平均数就靠近变量值高的一方；当变量值低的组的次数多，平均数就靠近变量值低的一方。可见，变量值的次数多少对平均数的高低影响具有权衡轻重的作用。故又称权数。在计算算术平均数，把每组的变量值乘以权数的过程叫加权过程，这样计算出来的算术平均数叫加权算术平均数。

必须指出，权数对算术平均数的影响作用，就其实质而言，不是决定各组单位（次数或频数）的多少，而决定各组单位数占总体单位总量的比重（频率或权重系数）大小。哪一组单位数所占比重大，哪一组变量值对平均数的影响就大。因而，加权算术平均数也可以用频率或权重系数加权计算。

例 4 - 14，某合资企业全体工人的月收入和各组工人的比重资料如表 4 - 2。

表 4-2　　某合资企业工人平均月收入计算表

月收入（元） x	各组工人的比重 $\frac{f}{\sum f}$(%)	$x \cdot \frac{f}{\sum f}$(%)
850	10	8500
1100	30	33000
1250	36	45000
1300	20	26000
1480	4	5920
合　计	100	118420

$$\overline{X} = \frac{\sum xf}{\sum f} = \sum x \cdot \frac{f}{\sum f} \Big/ 100 = \frac{118420}{100} = 1184.2 \text{ 元}$$

计算结果和前例的计算结果完全相同。可见，总体单位次数对平均数的影响，不是取决于次数的绝对量，而是取决于各组变量值对应的次数占总体全部次数的比重（频率或权重系数）。所以用次数加权实质上是用权重系数加权。当各组的单位数相等时，各组单位数所占的比重也相等，权数的作用的影响就一样，也可谓权数作用消失，加权算术平均数就等于简单算术平均数。

$$\overline{X} = \sum x \cdot \frac{f}{\sum f} = x_1 \frac{f_1}{\sum f} + x_2 \frac{f_2}{\sum f} + x_3 \frac{f_3}{\sum f} + \cdots\cdots + x_n \frac{f_n}{\sum f}$$

当

$$\frac{f_1}{\sum f} = \frac{f_2}{\sum f} = \frac{f_3}{\sum f} = \cdots\cdots = \frac{f_n}{\sum f} = A$$

则

$$\overline{X} = \sum X \cdot \frac{f}{\sum f} = \frac{A(x_1 + x_2 + x_3 + \cdots\cdots + x_n)}{\underbrace{A + A + A + \cdots\cdots + A}_{n\text{个}}}$$

$$= \frac{A\sum X}{An} = \frac{\sum X}{n}$$

上面所举的例子，是根据单项变量数列来计算的算术平均数。如果我们掌握的统计数据是组距变量数列，其计算算术平均数的方法基本上相同。只要先计算出各组的组中值，作为各组变量值的代表值，再用加权算术平均数的公式计算即可。

例 4 –15，现某公司有 500 个营业门市部，其年销售收入分组如表 4 –3 所示，试计算该公司年平均销售收入。

表 4 –3 某公司 500 个营业门市部平均销售收入计算表

销售收入（万元）	组中值 x	门市部 f	各组销售收入（万元）xf
500 以下	250	143	35750
500—1000	750	260	195000
1000—1500	1250	54	67500
1500—2000	1750	26	45500
2000—2500	2250	13	29250
2500—3000	2750	4	11000
合　计	—	500	384000

全公司平均年销售收入 $\overline{X} = \frac{\sum xf}{\sum f} = \frac{384000}{500} = 768$ 万元

二、调和平均数

调和平均数是总体各单位变量值的倒数的算术平均数的倒数，又称倒数平均数。在社会经济统计中，往往由于缺乏总体单位数的资料，不能采用算术平均法计算平均数，这时，就需要把算术平均法的形式加以改变，而采用另一种计算方法。即需要按照平均数基本算式的需要，算出所需要的总体单位数，或相当于总体单位数的数字，这时所使用的方法，就是调和平均数的方法。同算术平均数一样，由于所掌握的统计资料不同，调和平均数也分简单调和平均数和加权调和平均数。

（一）简单调和平均数

假设某居民根据市场行情，分早、中、晚三次购买同一种商品（如蔬菜），早上每公斤价格为5元，中午每公斤为4元，晚上每公斤为2元。如早、中、晚各买10元，那么平均每公斤的价格为多少？

在这种情况下，就先要计算出购买此种商品（蔬菜）的数量，即总体单位总量。即$\frac{10}{5}+\frac{10}{4}+\frac{10}{2}=2+2.5+5=9.5$公斤，再计算9.5公斤蔬菜的平均价格，因为权数相等（早、中、晚均为10元）就可以采取简单调和平均数的形式计算。

$$\text{平均价格}=\frac{10+10+10}{\frac{10}{5}+\frac{10}{4}+\frac{10}{2}}=\frac{30\text{ 元}}{9.5\text{ 公斤}}=3.16\text{ 元/公斤}$$

$$\text{或}\quad=\frac{1+1+1}{\frac{1}{5}+\frac{1}{4}+\frac{1}{2}}=\frac{3\text{ 元}}{0.2+0.25+0.5}$$

$$=\frac{3\text{ 元}}{0.95\text{ 公斤}}=3.16\text{ 元/公斤}$$

公式用符号表示为：

$$H=\frac{n}{\frac{1}{x_1}+\frac{1}{x_2}+\frac{1}{x_3}+\cdots\cdots+\frac{1}{x_n}}=\frac{n}{\sum\frac{1}{x}}$$

式中：H 为调和平均数，其他符号同前。

（二）加权调和平均数

假如某居民购买同一种商品，早、中、晚使用的费用不相等，这时就需要利用加权调和平均数的公式计算平均数。其公式用符号表示为：

$$H=\frac{m_1+m_2+m_3+\cdots\cdots+m_n}{\frac{m_1}{x}+\frac{m_2}{x_2}+\frac{m_3}{x_3}+\cdots\cdots+\frac{m_n}{x_n}}=\frac{\sum m}{\sum\frac{m}{x}}$$

式中：m 为权数，且 $m_1\neq m_2\neq m_3\neq\cdots\cdots\neq m_n$

例 4－16，某农副产品采购站，某月购进三批同种产品，每批价格及采购金额如表 4－4 所示，求三批农副产品的平均采购价格。

表 4－4　　某农副产品平均采购价格计算表

批　次	价格（元/公斤）x	采购金额（元）m	采购量（公斤）$\frac{m}{x}$
第一批	50	11000	220
第二批	55	27500	500
第三批	60	18000	300
合　计	—	56500	1020
资料栏			计算栏

$$平均每公斤价格 H = \frac{\sum m}{\sum \frac{m}{x}} = \frac{56500}{1020} = 55.39 元$$

式中：m 为采购金额，即权数，价格 x 为变量值，分子是采购总金额，即为总体标志总量，分母为采购量之和，即总体单位总量。所以，调和平均数仍然是以总体标志总量除以总体单位总量计算的。它在经济内容和计算结果上与算术平均数一致，只是由于计算时依据的统计数据不同，而在计算公式和计算过程方面有别于算术平均。如设 $m = xf$，则 $f = \frac{m}{x}$代入加权算术平均数公式得：

$$加权算术平均数 \bar{X} = \frac{\sum xf}{\sum f} = \frac{\sum m}{\sum \frac{m}{x}} = H 加权调和平均数$$

可见，加权调和平均数实际上是加权算术平均数的变形。作为变形式使用时，多用于由组平均数计算总平均数或组相对数计算总相对数。

1. 由组平均数计算总平均数。

例 4－17，某车间奖金收入的分配数列如表 4－5 所示，要计算平均奖金额。

表 4－5　　　　某车间平均奖金额计算表

等　级	平均奖金额（元）	奖金总额（元）	获奖人数
	x	m	$\frac{m}{x}$
一等	450	6750	15
二等	320	8960	28
三等	200	2000	10
合　计		17710	53

$$平均奖金额\ H=\frac{\sum m}{\sum \frac{m}{x}}=\frac{17710}{53}=334.15\ 元$$

2. 由组相对数计算总相对数。

例 4－18，设某公司下属各企业的销售资料如表 4－6，试求，该公司平均销售利润率。

表 4－6　　某公司平均销售利润计算表

销售利润率（%）x	企业数	利润额（万元）m	销售额（万元）$\frac{m}{x}$
12	2	120	1000
10	3	200	2000
7	1	105	1500
合　计	6	425	4500

$$平均销售利润率\ H=\frac{\sum m}{\sum \frac{m}{x}}=\frac{425}{4500}=9.44\%$$

三、几何平均数

（一）几何平均数的涵义

几何平均数不同于算术平均数和调和平均数，它是总体各单位变量的乘积的方根。在社会经济现象中，有些现象是按照类似几何级数（等比级数）的形式变化的。例如人口的自然变动；有些现象是按照一定比率变动的，例如，在复利条件下本利和的变动；我国国民经济发展速度变动等。在所有这些情况下，计算等比级数的平均数，或平均比率和平均速度等，就要采用几何平均数方法。所以凡是变量值的连乘积等于总比率或总速度的现象都可以用几何平均法计算平均数。

（二）几何平均数的计算方法

由于掌握资料的不同，几何平均数也分简单几何平均数和加权几何平均数两种。

1. 简单几何平均数。它是总体各单位中 n 个变量值连乘积的 n 次方根。用符号表示为：

$$G=\sqrt[n]{x_1\cdot x_2\cdot x_3\cdot\cdots\cdots\cdot x_n}=\sqrt[n]{\pi x}$$

式中 G 为几何平均数，x 为变量值，n 为变量的个数，π 为连乘符号。

例 4－19，某机械厂生产某种机床，需要经过四个车间，即铸造车间、粗加工车间、精加工车间和总装车间连续作业才能完成。第一车间制品合格率为 98%，第二车间制品合格率为 93%，第三车间制品合格率为 96%，第四车间产品合格率为 97%，求全厂该产品的平均合格率。

因为四个车间产品的总合格率不等于 98% ＋93% ＋96% ＋97%。所以不能用简单算术平均法和简单调和平均法计算平均合格率。而只能用几何平均法计算。即

$$G=\sqrt[n]{\pi x}=\sqrt[4]{98\%\times 93\%\times 96\%\times 97\%}$$
$$=\sqrt[4]{84.87\%}=95.98\%$$

2. 加权几何平均数。当计算几何平均数的每个变量值的次数不相同时，则应用加权几何平均法，其计算公式为：

$$G=\sqrt[f_1+f_2+\cdots\cdots+f_n]{x_1^{f_1}\cdot x_2^{f_2}\cdot x_3^{f_3}\cdot\cdots\cdots\cdot x_n^{f_n}}=\sqrt[\Sigma f]{\pi x^f}$$

式中：f 为变量值的次数；$\sum f$ 为次数的总和；其他符号同前。

例 4－20，某建设银行某投资的贷款利率是按复利计算的，25 年间年贷款利率分别为：第 1 年为 8%，2—5 年为 9%，6—13年为 10%，14—23 年为 12%，24—25 年为 14%，求 25 年间平均年利率。

计算平均年利率，必须先将各年的利率加上 100%，换算成各年的本利率；然后采用加权几何平均数的方法，计算平均年本利率，再减去 100%，求得平均年利率。计算如下：

$$G=\sqrt[25]{1.08^{1}\times 1.09^{4}\times 1.10^{8}\times 1.12^{10}\times 1.14^{2}}$$

$$=1.1087 \text{ 或 } 110.87\%$$

这就是说，25 年间平均本利率为 110.87%。因而，年平均利率为 10.87%。

四、众　数

（一）众数的涵义

众数是指总体中出现次数最多的变量值。它表示被研究的社会经济现象中最普遍、最常见的变量值。因此，可以用来反映社会经济现象的一般水平。

在实际工作中，众数被广泛运用。例如，说明消费者需要的鞋、袜等最普遍的尺码，集市贸易市场某种商品最普遍的价格水平，企业职工最普遍的工资，某班级学生统计学最普遍的考试成绩，等等，常用它们来说明总体各单位某一数量标志值的一般水平。

一般地说，众数的确定比较简单，不需要进行复杂的计算，只需大量观察就可以得知。

（二）众数的计算方法

众数的计算方法，要根据所掌握的统计资料而定。未分组的原始数据，只要直接观察各变量值，指出出现次数最多的那个变量值就是众数。例如：有 8 个人的年龄分别为 30 岁、28 岁、30 岁、32 岁、30 岁、29 岁、30 岁、30 岁，这 8 个人的年龄的众数就是 30 岁。

利用分组的变量数列资料计算众数的方法一般有两种。一是根据单项变量数列确定众数；二是根据组距变量数列计算众数的近似值。

1. 由单项式变量数列确定众数。单项式数列确定众数比较简单，只需找出次数最多的标志值即为众数。如表 4 - 7 所示。

表 4 - 7　　某车间工人日生产情况

日产量（件）	人　数
11	50
12	60
13	90
14	25
15	15
合　计	240

表 4 - 7 中共有 5 组，次数最多的是第三组即 90 人，它所对应的标志值是 13 件，所以，工人日产量的众数为 13 件。

2. 由组距数列计算。首先确定次数最多的组即众数组，然后用下列公式计算。

下限公式：$M_0 = L + \frac{\Delta_1}{\Delta_1 + \Delta_2} d$

上限公式：$M_0 = U - \frac{\Delta_2}{\Delta_1 + \Delta_2} d$

式中：M_0——众数；

L——众数组的下限；

U——众数组的上限；

Δ_1——众数组的次数与前一组次数之差；

Δ_2——众数组的次数与后一组次数之差；

d——众数组的组距。

例 4－21，某地城镇居民家庭收入情况，如表 4－8 所示。试计算该城镇居民家庭收入的众数。

表 4－8　某地城镇居民家庭收入情况

家庭收入（元）	调查户数
1000 以下	87
1000—1500	307
1500—2000	803
2000—2500	1734
2500—3000	2559
3000—3500	2450
3500—4000	1776
4000—4500	1236
4500—5000	734
5000—5500	534
5500—6000	357
6000 以上	723
合　计	13300

解：根据表 4－8，众数组为第 5 组。

$$\triangle_1 = 2559 - 1734 = 825$$

$$\triangle_2 = 2559 - 2450 = 109$$

$$L = 2500$$

$$U = 3000$$

$$d = 500$$

按上限公式计算时：

$$M_0 = U - \frac{\triangle_2}{\triangle_1 + \triangle_2} d$$

$$= 3000 - \frac{109}{109 + 825} \times 500$$

$$= 2941.65 \text{（元）}$$

按下限公式计算时：

$$M_0 = L + \frac{\triangle_1}{\triangle_1 + \triangle_2} d$$

$$= 2500 + \frac{825}{109 + 825} \times 500$$

$$= 2941.65 \text{（元）}$$

由此可见，调查 13300 户的结果，平均每户收入为 2941.65 元。

众数是由标志值出现的次数多少来确定的，不受极端值的影响。但只有在总体单位充分多，而且有明显的集中趋势时，计算众数才有意义。

五、中位数

（一）中位数的涵义

将总体各单位的变量值按大小顺序排列，居中间那个单位的变量值就是中位数。如果总体单位数是偶数，则居中间的两个单位变量值的算术平均数，则为中位数。显然中位数是居中间位置的变量值，把大于和小于这个变量值的各分为一半，中位数居于正中间，因而可用来说明社会经济现象各单位数量标志值的一般水平。

（二）中位数的计算方法

中位数的计算方法，也要根据所掌握的资料而定。

1. 由未分组的资料确定中位数。如资料未分组，确定中位数的方法是：将各变量值按大小顺序排列，用$\frac{n+1}{2}$确定中位数在有序数列中所在位次。如果资料是奇数项，则$\frac{n+1}{2}$所对应的标志值即为中位数。例如，某班组有 5 名工人，年龄分别为 34、35、36、37、38（岁），则$\frac{n+1}{2}=\frac{5+1}{2}=3$，中位数即为第三个变量值——36 岁。如果资料是偶数项，则中位数是中间两个变量值的平均数。例如，某班组有 6 名工人，年龄分别为 34、35、36、37、38、39（岁），则$\frac{n+1}{2}=\frac{6+1}{2}=3.5$，中位数就是第 3 项和第 4 项的平均数，中位数值等于 36.5（岁）[（36 + 37）÷ 2]。

2. 单项式分组资料确定中位数。单项式分组资料确定中位数时，因资料经过整理已编制成标志值按大小顺序排列的变量数列，因此可直接用公式$\frac{\sum f}{2}$确定中位数的位次，再根据位次用较小制累计次数或较大制累计次数的方法将累计次数刚超过中位数位次的组确定为中位数组，该组的标志值即为中位数。

例 4 - 22，某车间工人日产某种产品，资料如表 4 - 9 所示，试计算工人日产量的中位数。

表 4－9　　　　某车间工人日产情况

日产量（件）	人　数	人数累计	
		较小制累计	较小制累计
11	50	50	240
12	60	110	190
13	100	210	130
14	20	230	30
15	10	240	10
合　计	240	—	—

解：中点位置 $= \frac{\sum f}{2} = \frac{240}{2} = 120$

从累计数看，中位数在第 3 组，它所对应的变量值即中位数为 13（件）。

3. 由组距数列确定中位数。由组距变量数列确定中位数情况则要复杂一些。首先按较大制累计或较小制累计，用 $\frac{\sum f}{2}$ 确定中位数组，再用插值法求中位数的近似值。

公式如下：

下限公式：$M_e = L + \dfrac{\dfrac{\sum f}{2} - S_{m-1}}{f_m} d$

上限公式：$M_e = U - \dfrac{\dfrac{\sum f}{2} - S_{m+1}}{f_m} d$

式中：M_e——中位数；

　　L——中位数组的下限；

U——中位数组的上限；

S_{m+1}——中位数组以后各组次数的累计数；

S_{m-1}——中位数组以前各组次数的累计数；

f_m——中位数组的次数；

d——中位数组的组距；

$\sum f$——各组次数的累计数。

例4－23，仍用表4－8的资料，试计算该城镇居民家庭收入的中位数。

解：将计算所需资料列表如表4－10。

表4－10　某地城镇居民家庭收入的中位数计算表

收入水平分组（元）	调查户数	调查户数累计数	
		较小累计	较大累计
1000以下	87	87	13300
1000—1500	307	394	13213
1500—2000	803	1197	12906
2000—2500	1734	2931	12103
2500—3000	2559	5490	10369
3000—3500	2450	7940	7810
3500—4000	1776	9716	5360
4000—4500	1236	10952	3584
4500—5000	734	11686	2348
5000—5500	534	12220	1614
5500—6000	357	12577	1080
6000以上	723	13300	723
合　计	13300	—	—

$$中点位置 = \frac{\sum f}{2} = \frac{13300}{2} = 6650(户)$$

中位数组为第 6 组。

$$f_m = 2450 \qquad d = 500 \qquad S_{m-1} = 5490$$

$$S_{m+1} = 5360 \qquad L = 3000 \qquad U = 3500$$

按上限公式计算：

$$M_e = U - \frac{\frac{\sum f}{2} - S_{m+1}}{f_m} d = 3500 - \frac{\frac{13300}{2} - 5360}{2450} \times 500$$

$$= 3236.73 (元)$$

按下限公式计算：

$$M_e = L + \frac{\frac{\sum f}{2} - S_{m-1}}{f_m} d$$

$$= 3000 + \frac{\frac{13300}{2} - 5490}{2450} \times 500$$

$$= 3236.73\ (元)$$

六、众数、中位数、算术平均数的区别与关系

算术平均数、众数、中位数都是反映总体分布的集中趋势的测定与分析的综合数据。都是代表总体中各单位的一般水平。但是，这三种平均数也存在着许多不同之处，从而使它们可以应用于不同场合。为了更加适当地、正确地使用平均数，还要认识它们的区别，了解它们的特点和关系。

（一）三种平均数的涵义不同

算术平均数是应用最广泛的一种平均数，它的数值是整个总体次数分布的中心或重心，这个中心点的两边具有相等的标志值

之和，即相等的 $\sum xf$。由于它反映了整个总体的次数分布，所以既体现了各变量值 x 的作用，也反映了各变量值对应的次数 f 的影响。众数只反映次数分布曲线峰顶下的变量值的影响，即为变量出现次数最多的变量值。中位数，它是从变量值大小顺序出发，将所有的变量值分成相等的两部分，一部分数值比它大，一部分数值比它小。即为中间位置的变量值。因此，通常称算术平均（含调和平均数、几何平均数）数为数值平均数；众数、中位数为位置平均数。

（二）三种平均数受极端影响不同

当总体中出现极大值或极小值时，算术平均数所受影响最大，中位数次之，而众数不受影响。

例 4－24，某小组有 8 名硕士研究生，他（她）们的年龄分别为：（岁）

22　25　25　25　26　28　29　34

算术平均数$\overline{X} = \frac{\sum x}{n} = \frac{214}{8} = 26.75$（岁）

中位置位置 $Q = \frac{n+1}{2} = \frac{8+1}{2} = 4.5$

中位数 $M_e = \frac{25+26}{2} = \frac{51}{2} = 25.5$（岁）

众数，25 出现次数最多，众数 $M_e = 25$（岁）

由上例可知，由于 8 名研究生中出现了一个 34 岁，所以平均年龄，算术平均数影响最大，而中位数只考虑变量值的位置，即中位数与单位数多少有关，与极值无关，而众数则不受极值的影响。所以，在有极值出现的情况下，算术平均数并不是一个理想的平均数，而中位数和众数则可以用来代表总体一般水平。

（三）三种平均数受非对称分布的影响程度不同

在非对称的钟形分布情况下，算术平均数、众数、中位数三者的差别取决于非对称的程度。非对称的程度越大，它们之间的差别愈大；非对称程度愈小，它们之间的差别愈小。

当变量的次数分布完全对称时，即变量次数的分布是以算术平均数为对称轴，两边次数分配完全相等时，众数、中位数、算术平均数三者相等。如果变量值的次数分布是偏斜的，众数、中位数、算术平均数就存在差别。当变量的次数分布右偏时有：$M_0 < M_e < \overline{X}$；当变量次数的分布左偏时有：$\overline{X} < M_e < M_0$。关系见图 4－1 所示。

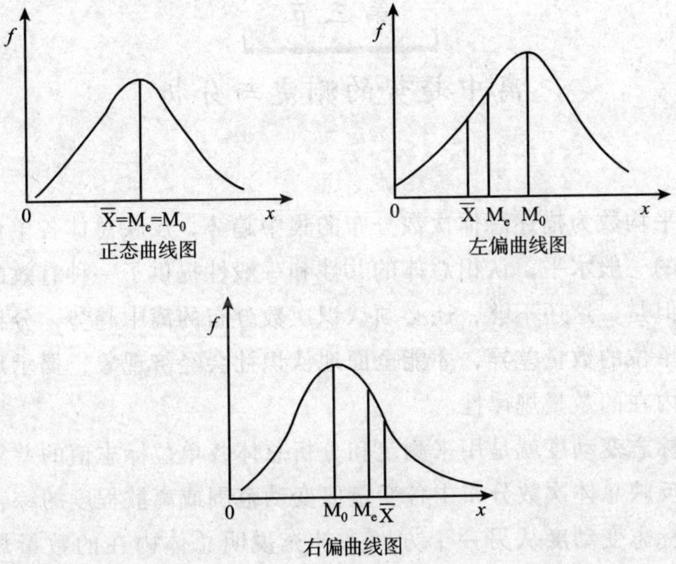

图 4－1

根据大量经验数据表明，当变量的次数分布是斜偏时，中位数与算术平均数的距离等于众数与算术平均数的距离的 1/3。

用公式表示：

$$M_e - \overline{X} = \frac{1}{3}(M_0 - \overline{X})$$

$$M_0 = 3M_e - 2\overline{X}$$

根据这一关系，只要知道三者中的二者，就可推算出另一个平均指标。

例如，已知职工工资$\overline{X} = 700$（元），$M_e = 710$（元），则有：$M_0 = 3M_e - 2\overline{X} = 3 \times 710 - 2 \times 700 = 730$（元）

因为$\overline{X} = 700 < M_e = 710 < M_0 = 730$，根据三者关系，可判断职工工资分布属于左偏。

第三节

离中趋势的测定与分析

平均数为描述总体次数分布的集中趋势，反映总体各单位标志值的一般水平，认识总体的共性和一般性提供了一种有效的方法。但是，这还不够，还必须认识次数分布的离中趋势，分析总体各单位的数量差异，才能全面地认识社会经济现象，揭示现象总体内在的数量规律性。

标志变动度就是用来测定和分析总体各单位标志值的差异程度，反映总体次数分布中各变量值变动范围或离散程度的综合数据。标志变动度从另一个方面来补充说明总体内在的数量规律性，以全面描述总体次数分布的数量特征。所以，标志变动度也是总体次数分布的一个重要的数量特征值。

一、标志变动度的作用

(一) 标志变动度可以衡量平均数的代表性

平均数描述和反映总体次数分布的集中趋势，但它把总体各单位的标志值的差异抽象化了，即使是同质总体，其内部各单位的差异性可能很大。平均数作为总体各单位某数量标志的代表值，其代表性决定于总体中各单位标志值的差异程度。标志变动度可以说明平均数的代表性大小。标志变动度愈大，说明总体单位标志值差异程度也愈大，次数分布愈分散，从而平均数的代表性就愈小；反之，标志变动度愈小，则平均数代表性就愈大。

例 4－25，某车间有甲、乙两个生产小组，每组各有 10 名工人，每个工人的日产量如下（件）：

甲组	28	30	31	32	33	35	35	36	36	38
乙组	22	24	26	28	30	36	38	40	42	48

从例 4－25 中可以看出，甲、乙两个小组总产量都是 334 件，平均每个工人日产量为 33.4 件。第甲组工人日产量比较接近，而乙组每个工人日产量差异较大。因此，平均日产量虽然两组相同，但甲组平均日产量代表性要比乙组平均日产量代表性大。由此可见，将平均数与标志变动度结合起来运用，有助于反映平均数对总体各单位变量值一般水平的代表性。

(二) 标志变动度可以反映社会经济活动过程的均衡性、协调性和节奏性

为了保证国民经济的协调、可持续发展，可以计算标志变动度检查国民经济发展是否有大起大落现象；在国民经济发展规划执行过程中，为了避免出现时松时紧现象，也可以计算标志变动

度，来说明规划执行中的节奏性及均衡性。在产品质量控制中，测定有关标志变动度，观测产品质量的稳定性等。

（三）标志变动度可以反映投资的风险性

一般说来，标志变动度越小，投资风险越小，如股票、风险投资、保险等，反之，如果标志变动越大，说明这些投资的变化越不稳定，风险便越大。

（四）标志变动度在抽样调查中有重要的作用

在抽样调查中，常常需要根据总体各单位的差异程度，科学地确定必要的抽样数目或根据标志变动度来计算抽样误差等。

二、离中趋势的测定方法

（一）全距

全距是总体各单位变量值中的最大值与最小值之差，故也称极差。它主要用来测定总体各单位变量值的差异范围或变量值变动幅度。全距常用符号 R 表示，其公式计算为：

$$R = 最大变量值 - 最小变量值$$

如例 4－25 中，甲组工人日产量的全距 R＝38－28＝10 件；乙组工人日产量的全距 R＝48－22＝26 件。

从计算结果可以看出，虽然甲、乙两组工人日产量的算术平均数相同，都为 33.4 件。但两组数据的变动范围是不一样的，其中甲组数据之间的差异远远小于乙组。这说明乙组数据的标志变动度远远大于甲组，因而，甲组平均数的代表性要大于乙组。

如果统计数据经过整理，并形成了组距变量数列，则全距的计算公式为：

$$R = 最大组的上限 - 最小组的下限$$

在组距变量数列中，最大变量值与最小变量值不是很准确的，按上述公式计算 R 有一定的假定性，而且往往比实际要大。如遇开口组就无法计算全距。

全距计算简单，且容易理解，因此在很多场合采用全距来粗略地说明某些现象的标志变动程度，特别是现代化高速生产的工艺过程中，常用全距检查产品质量的好坏和进行产品质量控制。但由于全距不是根据全部变量值计算的，不考虑中间数据的变动程度，很容易受极端变量值的影响，其结果不能充分、准确地反映现象的实际离中趋势，因而在应用方面有一定的局限性。

（二）平均差

平均差是总体各单位所有变量与其算术平均数的绝对值的平均数。由于各个变量值对算术平均数的离差总和恒等于 0，因而各项离差的平均数也恒等于 0，为此，在计算平均差时，采取离差的绝对值，即 $|x-\bar{x}|$ 来计算。所以平均差实质是以算术平均数为中心，各变量值与平均数的平均距离。

计算平均差，根据所掌握统计数据不同，可以采用简单平均式和加权平均式两种方法。

1. 简单平均式。如果掌握的未分组资料时，采用简单平均式计算平均差。公式用符号表示为：

$$A \cdot D = \frac{\sum |x-\bar{x}|}{n}$$

式中：A · D 为平均差，其他符号同前。

例 4-26，如果甲、乙两组各 5 个人的年龄统计数据如下：试计算甲、乙两组年龄（岁）的平均差。

甲组：	48	49	50	51	52	$\bar{x}=50$ 岁
乙组：	20	40	50	60	80	$\bar{x}=50$ 岁

甲组：

$$A \cdot D = \frac{|48-50|+|49-50|+|50-50|+|51-50|+|52-50|}{5}$$

$$= \frac{2+1+0+1+2}{5} = \frac{6}{5} = 1.2\text{ 岁}$$

乙组：

$$A \cdot D = \frac{|20-50|+|40-50|+|50-50|+|60-50|+|80-50|}{5}$$

$$= \frac{30+10+0+10+30}{5} = \frac{80}{5} = 16\text{ 岁}$$

上述计算结果表明，甲组和乙组的平均年龄虽然都是50岁，但是，因为甲组的平均差（1.2岁）比乙组的平均差（16岁）小，所以，甲组的平均年龄代表性大于乙组平均年龄的代表性。

2. 加权平均式。如果掌握的统计数据是分组变量数列，则应采用加权平均式，其计算公式用符号表示为：

$$A \cdot D = \frac{\sum \left| x - \bar{x} \right| f}{\sum f}$$

例4－27，已知某车间工人日产某种零件分组资料，见表4－11，试求该车间工人日产量的平均差。

表4－11　　某车间工人日产某零件平均差计算表

日产量(件)x	人数(人)f	xf	$x-\bar{x}$	$\|x-\bar{x}\|$	$\|x-\bar{x}\|f$
10	5	50	－2.8	2.8	14
11	10	110	－1.8	1.8	18
12	25	300	－0.8	0.8	20
13	30	390	0.2	0.2	6
14	20	280	1.2	1.2	24
15	10	150	2.2	2.2	22
合　计	100	1280	—	—	104

解：$\bar{x}=\dfrac{\sum xf}{\sum f}=\dfrac{1280}{100}=12.8$（件）

依平均差的计算公式列计算栏求得：

$$A\cdot D=\frac{\sum|x-\bar{x}|f}{\sum f}=\frac{104}{100}=1.04\text{（件）}$$

计算结果表明，某车间工人日产量数与全车间工人平均日产量的平均差为1.04件。平均差的数值愈小，其平均数的代表性愈大。

当掌握的组距变量分布数列时，基本上与上面单项变量分布数列的计算方法相同，所不同的只是以组中值代表各组的变量值，算例从略。

平均差的意义明确，它包括了研究总体中所有单位变量值的差异情况，能够准确地综合反映总体各单位变量值离差大小。但因各变量值与算术平均数的离差之和为零，为了避免这一问题需取绝对值计算。用绝对值运算，不适于用代数形式处理，在实际应用上受到很大限制。

（三）标准差

标准差是总体各单位变量值与其算术平均数的离差的平方的算术平均数的平方根，因此又称“均方差”。它的意义与平均差基本相同，也是根据总体各单位所有的变量值进行计算的。不同之处是计算标准差是采用平方的方法来消除离差的正、负号，即先求出各个变量值对算术平均数的离差，再把各项离差加以平方，然后计算这些离差平方的算术平均数，最后求这个平均数的平方根，即可求得标准差。标准差的平方称为方差。由于标准差在数学处理上优于平均差，所以它是标志变动度使用最为广泛的一种。

根据所掌握统计数据不同，标准差也有简单平均式和加权平均式两种方法。

1. 简单平均式。如果掌握的是未分组资料时，采用简单平均式计算标准差。公式用符号表示为：

$$\sigma = \sqrt{\frac{\sum (x - \bar{x})^2}{n}}$$

式中：σ 为标准差，其他符号同前。

例 4 - 28，某生产小组日产某种产品的产量资料，见表 4 - 12，试求该生产小组日产量的标准差。

表 4 - 12　　某生产小组日产量标准差计算表

日产量（件）		$x - \bar{x}$	$(x - \bar{x})^2$
	90	-38	1444
	100	-28	784
	110	-18	324
	120	-8	64
	128	0	0
	148	20	400
	200	72	5184
合 计	896	—	8200

$$\bar{x} = \frac{\sum x}{n} = \frac{896}{7} = 128 \text{ 件}$$

$$\sigma = \sqrt{\frac{\sum (x - \bar{x})^2}{n}} = \sqrt{\frac{8200}{7}} = 34.23 \text{ 件}$$

2. 加权平均式。如果掌握的统计数据是经过整理加工的分组变量数列，计算标准应采用加权平均式。公式用符号表示为：

$$\sigma = \sqrt{\frac{\sum (x-\overline{x})^2 f}{\sum f}}$$

式中符号与前相同。

例 4 - 29，某车间生产工人日产量分组资料，见表 4 - 13，试求该车间 100 名工人日产量的标准差。

表 4 - 13　　某车间工人日产量的标准差计算表

日产量（件）	组中值 x	人数 f	xf	$x-\overline{x}$	$(x-\overline{x})^2$	$(x-\overline{x})^2 f$
10—20	15	5	75	-28	784	3920
20—30	25	10	250	-18	324	3240
30—40	35	25	875	-8	64	1600
40—50	45	30	1350	2	4	120
50—60	55	20	1100	12	144	2880
60—70	65	10	650	22	484	4840
合　计	—	100	4300	—	—	16600

$$\overline{x} = \frac{\sum xf}{\sum f} = \frac{4300}{100} = 43 \text{ 件}$$

$$\sigma = \sqrt{\frac{\sum (x-\overline{x})^2 f}{\sum f}} = \sqrt{\frac{16600}{100}} = 12.88 \text{ 件}$$

例 4 - 29，计算结果表明某车间 100 名工人平均日产量的标准差为 12.88 件，标准差越大，说明工人日产量之间差异程度愈大，平均日产量代表性愈小，反之，工人日产量之间差异程度愈小，平均日产量代表性则愈大。

实践中为了方便计算，可以将加权平均式的 σ 加以简化。简化公式指导过程为：

$$\sigma = \sqrt{\frac{\sum (x-\bar{x})^2 f}{\sum f}} = \sqrt{\frac{\sum (x^2 - 2\bar{x}x + \bar{x}^2) f}{\sum f}}$$

$$= \sqrt{\frac{\sum x^2 f - 2\bar{x}\sum xf + \bar{x}^2 \sum f}{\sum f}}$$

$$= \sqrt{\frac{\sum x^2 f}{\sum f} - 2\bar{x}\frac{\sum xf}{\sum f} + \frac{\bar{x}^2 \sum f}{\sum f}}$$

$$= \sqrt{\frac{\sum x^2 f}{\sum f} - 2\bar{x}^2 + \bar{x}^2} = \sqrt{\frac{\sum x^2 f}{\sum f} - \bar{x}^2}$$

$$= \sqrt{\frac{\sum x^2 f}{\sum f} - \left(\frac{\sum xf}{\sum f}\right)^2}$$

$$= \sqrt{\overline{x^2} - \bar{x}^2}$$

现仍以例 4－29 为例，用简捷法计算标准差（见表 4－14）。

表 4－14　　　　日产量标准差计算表

日产量（件）	组中值（x）	人　数 f	xf	x^2f
10—20	15	5	75	1125
20—30	25	10	250	6250
30—40	35	25	875	30625
40—50	45	30	1350	60750
50—60	55	20	1100	60500
60—70	65	10	650	42250
合　计	—	100	4300	201500

这里 $\bar{x}=\frac{\sum xf}{\sum f}=\frac{4300}{100}=43$(件)

$$\sigma=\sqrt{\frac{\sum x^2f}{\sum f}-\left(\frac{\sum xf}{\sum f}\right)^2}$$

$$=\sqrt{\frac{201500}{100}-(43)^2}$$

$$=\sqrt{2015-1849}$$

$$=\sqrt{166}=12.88\text{(件)}$$

可见，计算结果相同。

（四）是非标志的平均数与标准差

在社会经济统计中，有时可把某社会经济现象的全部单位分为具有某种特征的单位数和不具有某种特征的单位数两组。比如，全部产品中，分为合格品和不合格品两组；将全部农作物播种面积分为受灾面积与非受灾面积两组；将人口分为男性人口与女性人口两组，等等。这种用“是”、“否”或“有”、“无”回答的标志，叫做是非标志，又称交替标志。

交替标志不是数量标志，要测定其平均数和标准差，须将标志表现间质的差异转化为以数量表现的差异。统计上将具有某特征或性质的单位以标志值 1 表示，将不具有某特征或性质的单位以标志值 0 表示；例如，将“合格品”用标志值 1 表示，则“不合格品”用标志值 0 表示。通过转化后，即可计算交替标志的平均数和标准差。

设总体单位总量为 N，具有某特征的单位数为 N_1，其在 N 中所占比重为 P，即 $P=N_1/N$，那么，不具有某特征的单位数为 N_0，其在 N 中所占比重为 q，即 $q=N_0/N$，亦即 $q=1-P$，这样，交替标志值 1、0 的平均数、标准差的计算过程如下（见表 4－15）：

表 4－15

交替标志取值 x	权　数 f	xf	x^2f
1	P	P	P
0	1－P	0	0
合　计	1	P	P

由$\bar{x}=\frac{\sum xf}{\sum f}$得：　　$\bar{x}=P/1=P$

由$\sigma=\sqrt{\frac{\sum x^2f}{\sum f}-\left(\frac{\sum xf}{\sum f}\right)^2}$，得：

$$\sigma=\sqrt{P-P^2}$$
$$=\sqrt{P(1-P)}$$

故：交替标志的平均数为 P

交替标志的标准差为 $\sqrt{P(1-P)}$

例 4－30，某电子元件厂对 10000 只电子元件进行质量检验，发现不合格品 200 只，试求该批电子元件的平均合格率和标准差。

平均合格率：$P=\frac{10000-200}{10000}=98\%$

标准差：$\sigma=\sqrt{P(1-P)}$

$$=\sqrt{0.98\times(1-0.98)}$$

$$=14\%$$

（五）变异系数

前面所介绍的标志变动度测定和分析的方法只能说明总体本

身的标志值变动范围的大小，不能用于比较不同总体平均数的代表性的大小。即使是同一总体，其中平均差和标准差数值的大小还受变量数列水平高低的影响，其变量数列水平的高低是由算术平均数大小来代表的。因此，只有在两个总体的平均数相同、且计量单位也完全相同的条件下，才可以用平均差或标准差比较相同总体各变量值的差异程度及总体平均数的代表性好坏。除此之外，就不能直接用平均差或标准差对同一总体和不同总体，不同数列的差异程度进行比较判断。这时就需要计算标志变动度的相对数，即变异系数去剔除变量数列水平及其计量单位的影响，以便能够独立地显示标志变动的差异程度，进行比较。其中标准差系数是最常用的。标准差系数的计算公式用符号表示为：

$$V_{\sigma} = \frac{\sigma}{\bar{x}} \times 100\%$$

式中 V_{σ} 为标准差系数，其他符号同前。

例 4－31，某乡甲、乙两村某种农作物的平均亩产量和标准差统计数据如下：（见表 4－16），试计算标准差系数，比较两村某种农作物平均亩产量的稳定性。

表 4－16　　某种农作物亩产量和标准差

	甲　村	乙　村
平均亩产量（斤/亩）	1300	1500
标准差（斤/亩）	23	25

甲村：$V_{\sigma} = \frac{\sigma}{\bar{x}} = \frac{23}{1300} \times 100\% = 1.77\%$

乙村：$V_{\sigma} = \frac{\sigma}{\bar{x}} = \frac{25}{1500} \times 100\% = 1.67\%$

如果直接根据表 4－16 的统计数据判断比较认为甲村标准

差小于乙村标准差，从而认定甲村某农作物亩产量比较稳定，其平均亩产量代表性高于乙村，则这一结论就是错误的。因为两村同种农作物平均亩产量水平不同，标准差受到了变量值水平的影响，此时应计算变异系数。将反映离中趋势的绝对量形式转化为相对数形式，然后以此为依据判断平均数的代表性程度的高低。

用变异系数判断平均数代表性程度的高低，其判定原则与其他标志变动度是一样的，即变异系数越大，平均数代表性越低；变异系数越小，平均数代表性越高。因此，就甲、乙两村某农作物平均亩产量而言，由于乙村的标准差系数小于甲村标准差系数。所以，乙村某农作物平均亩产量代表性高于甲村，乙村的农作物产量比甲村高产、稳产。

思考与练习

思考题：

1. 什么是统计绝对数？试举例说明时期数和时点数的各自特点。

2. 简述相对数的应用原则。

3. 常用来测定集中趋势的特征量有哪些？何谓数值平均数和位置平均数？

4. 简述众数、中位数和算术平均数的区别与关系。

5. 什么是标志变动度？标志变动度有哪些方面的作用？

练习题：

1. 三个商店 2006 年上半年零售情况统计资料如下：

单位：万元

	第一季实际零售额	第二季度					第二季度零售额为上季的%
		规划		实际		规划完成（%）	
		零售额	比重（%）	零售额	比重（%）		
甲商店	90	100.0		110.0			
乙商店	130	150.0				100.0	
丙商店	230			237.5		95.0	
合计	450		100.0		100.0		

要求：计算空格中的指标。

2. 某百货公司6月份各天的销售额数据如下（单位：万元）：

257	276	297	252	238	310	240	236	265	278
271	292	261	281	301	274	267	280	258	291
272	284	268	303	273	263	322	249	269	295

（1）计算该百货公司日销售额的均值、中位数；

（2）计算日销售额的全距、平均差。

3. 甲、乙两个企业生产三种产品的单位成本和总成本资料如下：

产品名称	单位成本（元）	总成本（元）	
		甲企业	乙企业
A	15	2100	3255
B	20	3000	1500
C	30	1500	1500

比较哪个企业的总平均成本高并分析其原因。

4. 某公司所属甲、乙两企业职工的月工资水平如下：

月工资（元）	甲企业	乙企业
	工人数（人）	工人结构（%）
850—900	50	5
900—950	80	12
950—1000	100	10
1000—1050	120	20
1050—1100	200	35
1100 以上	80	18
合　计	630	100

要求：① 计算甲企业职工的平均工资；

② 计算乙企业职工的平均工资。

5. 某企业工人劳动生产率资料如下：

劳动生产率（件/人）	生产总件数（件）
30—40	350
40—50	480
50—60	800
60—70	650
70—80	500

要求：计算该企业工人的平均劳动生产率。

6. 农贸公司四个收购点收购某种土产品的资料如下：

收购点	收购单价（元/公斤）	收购金额（万元）
甲	12	50
乙	11	54
丙	10	60
丁	13	48

要求：计算该种土产品的平均收购价格。

7. 某集团公司所属 22 个企业利润额规划完成情况资料如下：

规划完成（%）	企业数（个）	实际完成利润额（万元）
90—100	2	100
100—110	10	500
110—120	8	540
120 以上	2	200
合　计	22	1340

要求：计算该公司所属企业利润额的平均规划完成程度。

8. 已知甲乙两车间各 10 名工人的工龄情况，资料如下：

单位：年

甲	19	22	23	25	30	31	33	37	38	40
乙	18	20	23	24	29	31	34	35	38	44

试计算甲、乙两车间工人的平均工龄，并比较其代表性大小。

9. 甲乙两工厂产量资料如下：

产量（件）	工人人数	
	甲　厂	乙　厂
10	100	80
11	150	140
12	170	150
13	190	180
14	120	100
15	80	40
合　计	810	690

要求：① 分别计算两厂工人的平均产量；

② 计算有关指标比较两厂工人平均产量的代表性。

10. 一批 200 件产品的加工需依次经过四道工序,资料如下:

工　序	1	2	3	4
投入数（件）	200	198	197	197
产品合格品数（件）	198	197	197	195

试计算四道工序的平均合格率及其合格率的标准差。

11. 某厂三个车间的废品率及产量资料如下:

	废品率（%）	产量（件）	产品制造总工时（小时）
甲车间	2	1000	2800
乙车间	4	1200	3200
丙车间	2	1200	3000

要求: ① 如果一个车间生产不同的产品,其平均废品率为多少?

② 如果三个车间生产同种产品,其平均废品率又为多少?

12. 对某地居民进行家计调查，得 3000 个农户的人均年收入资料如下:

年收入额（元）	农户数
1000 以下	100
1000—1500	150
1500—2000	300
2000—2500	500
2500—3000	650
3000—3500	540
3500—4000	200
4000—4500	280
4500—5000	180
5000 以上	100
合　计	3000

要求：①计算中位数 M_e 和众数 M_o。

②根据中位数、众数、算术平均数之间的关系，推算出算术平均数，并说明此变量的分布状态。

13. 某年级学生数学考试成绩资料如下：

成绩（分）	学生人数
50—60	5
60—70	25
70—80	30
80—90	40
90—100	20
合　计	120

要求分别计算某年级学生数学成绩的全距、平均差和标准差。

14. 某中学学生年龄的分组资料如下：

年龄（岁）	各年龄组学生所占比重（%）
12	8
13	10
14	22
15	25
16	15
17	10
18	10
合　计	100

要求计算该中学学生年龄的平均差、标准差。

15. 甲、乙两个品种的水稻在6块地上试种，有关资料如下：

田块编号	甲品种		乙品种	
	田块面积（亩）	总产量（公斤）	亩产（公斤/亩）	总产量（公斤）
1	1.2	420	360	720
2	2.0	760	380	570
3	1.0	400	400	840
4	0.8	380	350	740
5	1.0	360	386	772
6	2.0	800	405	810

要求：比较两个品种水稻产量的稳定性。

16. 生产同种产品的甲、乙两车间产量资料如下：

月产量（件）	工人数（人）	
	甲车间	乙车间
70—80	8	6
80—90	10	12
90—100	14	12
100—110	10	8
110以上	8	10

要求：比较甲、乙两车间职工平均产量的代表性。

17. 一种产品需要人工组装，现有三种可供选择的组装方法。为检验哪种方法更好，随机抽取15个工人，让他们分别用

三种方法组装。下面是15个工人分别用三种方法在相同的时间内组装的产品数量（单位:个）:

方法 A	164	167	168	165	170	165	164	168	164	162	163	166	167	166	165
方法 B	129	130	129	130	131	130	129	127	128	128	127	128	128	125	132
方法 C	125	126	126	127	126	128	127	126	127	127	125	126	116	126	125

（1）你准备采用什么方法评价组装方法的优劣?

（2）如果让你选择一种方法，你会作出怎样的选择？试说明理由。

第五章

时间序列分析与预测

第一节

时间序列概述

一、时间序列的概念与构成要素

（一）时间序列的概念

时间序列是将同一现象在不同时间的统计数据按照时间顺序排列而成的序列，又称时间数列，见表 5－1。

表 5－1 给出了我国经济和人口发展变化的几个主要的时间序列。即国内生产总值（GDP）、年末总人口、城市人口比重、职工平均工资等四个时间序列。

时间序列是统计分析的一种重要方法。研究时间序列具有重要的意义。首先，时间序列可以描述社会经济现象发展过程和结果。其次，借助时间序列可以分析社会经济现象的发展方向、水平、速度。第三，通过对时间序列的分析可以掌握社会经济现象的发展趋势，并根据有关趋势对其未来发展进行预测。

表 5-1 我国经济和人口发展资料

年份	国内生产总值（亿元）	年末人口总数（万人）	城市人口比重（%）	职工平均工资（元）
1994	46670.0	119850	28.62	4538
1995	57494.9	121121	29.04	5500
1996	66850.5	122389	30.48	6210
1997	73142.7	123626	31.91	6470
1998	76967.2	124761	33.35	7479
1999	80579.4	125786	34.78	8346
2000	88254.0	126743	36.22	9371
2001	95727.9	127627	37.66	10870
2002	103935.3	128453	39.09	12422
2003	116603.2	129227	40.53	14040

资料来源：《中国统计年鉴 2004 年》，中国统计出版社 2004 年版。

（二）时间序列的构成要素

由时间序列的概念可知，时间序列由两部分组成：一个是社会经济现象所属的时间。根据观察时间不同，时间序列中的时间可以是年份、季度、月份或其他任何时间形式。时间的间距可以相等，也可以不相等。为便于表述，本书中我们用 t 表示所观察的时间，则 t_i（$i=1, 2, 3\cdots\cdots, n$）。另一个是各时间上所对应的观察值，用符号 y 表示，则 y_i（$i=1, 2, 3\cdots\cdots, n$）。观察值可以是统计绝对数、统计相对数、统计平均数或其他任何经整理后的统计数据。观察值在时间序列中又称发展水平，其中 y_0 表示期初水平，y_1、y_2、$y_3\cdots\cdots y_{n-1}$ 表示中间水平，

y_n 表示期末水平。这样时间序列的一般形式可以用表 5－2 表示。

表 5－2　　时间序列的基本形式

时间 t_i	t_1	t_2	t_3	t_4	……	……	……	t_{n-1}	t_n
发展水平 y_i	y_1	y_2	y_3	y_4	……	……	……	y_{n-1}	y_n

二、时间序列的类型和种类

（一）时间序列的类型

时间序列可以分为平稳序列和非平稳序列两大类。平稳序列是指时间序列中各观察值基本上不存在趋势的序列。也就是平稳序列中的各观察值基本上在某个固定的水平上波动，虽然不同的时间段波动程度不同，但并不存在某种发展趋势或规律，而其波动可以看成是随机的。

非平稳序列是指时间序列中各观察值包含趋势性、季节性或周期性的序列。它可能只含有其中的一种成分，也可能是几种成分的组合。如果非平稳序列中只包含趋势性，称单一型序列；如果包含几种成分，称复合型序列（第四节详细讨论）。

（二）时间序列的种类

时间序列按时间上所对应的观察值的表现形式不同可分为绝对数时间序列、相对数时间序列和平均数时间序列等。其中：绝对数时间序列是基本数列，其余是派生数列。

1. 绝对数时间序列。由一系列同类的统计绝对数按时间顺序排列而成的数列称绝对数时间序列。如表 5－1 中的国内生产总值、年末人口总数两个时间序列，就是绝对数时间序列。统计绝对数如第二章所述，按其反映事物的时间状况不同分时期数和时点数，所以绝对数时间序列又分为时期数列和时点数列。

(1) 时期数列。将统计绝对数的时期数按时间顺序排列，形成时期数列。表 5－1 中的国内生产总值序列即是时期数列。

时期数的特点决定了时期数列的特点。其表现为：

①数列中各期数值可以直接累计相加，其结果可以表明现象在更长一段时期内发展的总量。例如，将表 5－1 中各年国内生产总值直接相加，结果为 806225.1 亿元。它表明：1994—2003年 10 年内，我国创造的国内生产总值共计 806225.1 亿元。

②数列中各期数值的大小与其对应的时期长短有直接的关系。上例中，国内生产总值是按年度统计的，时期是一年。其实，时期也可以是半年、季或者月等等，这要根据研究的需要而定。一般而言，时期越长，绝对数值越大，数值的大小随时期长短的变化而变化。

③数列中各期数值往往是通过连续登记的办法获取的。

(2) 时点数列。时点数列是由同一现象在不同时点上的统计绝对数的时点数按时间顺序排列所形成的数列。数列中各个数值描述的是现象在某一瞬间或特定的时点上所处的状况或水平。例如，表 5－1 中年末人口数时间序列就是一个时点数列。

与时期数列相比，时点数列也有三个特点：

①数列中各个统计数值一般不能直接相加。因为数列中各数值描述的是现象的瞬间状态，并无明确的时间区间，若将其简单相加没有实际意义。

②数列中各个统计数值的大小与时间间隔的长短没有直接的关系。因为数列中各个数值反映的是现象在特定时点上的状况，它的变化只与现象本身的影响因素的消涨有关，并不直接随时间间隔的长短而改变。例如，商品库存量只受进货量、销售量等因

素的影响，并不直接随时间间隔的长短的变化而变化，不能说月末的库存量一定比月初的多。

③数列中各统计数值往往是采用一次性调查获取的。

2. 相对数时间序列。由一系列相对数按时间顺序排列而形成的数列称相对数时间序列。如表5-1中的城市人口比重数列，就是相对数时间序列。相对数时间序列中各相对数通常是不能直接相加的。

3. 平均数时间序列。由一系列平均数按时间顺序排列而形成的数列称平均数时间序列。如表5-1中的职工平均工资时间序列，就是平均数时间序列。该数列中各平均数也是不能直接相加的。

三、时间序列的编制原则

编制时间序列的目的，是为了依据数列中统计数据所提供的信息分析研究社会经济现象的发展过程、发展趋势和规律。因此，编制科学的时间序列，是得到正确的分析结论的基础和前提。如果时间序列编制不当，我们在此基础上展开分析所得到的结果无疑是错误的。为此，在编制时间序列时，应注意以下几方面的问题：

（一）总体范围应一致

时间序列中各期同类观察值的大小与总体范围有着密切的关系。若各期统计数值的总体范围不一致，同样，它们彼此之间也缺乏可比性。所以，编制时间序列时，为了保证数列中各期发展水平的可比性、连续性，当观察值的总体范围前后不一时，应当将它调整一致。

（二）统计数据的内容应相同

同一统计数据的大小，与它包含的经济内容有密切关系。当统计数据所反映现象的性质发生了变化，数据的名称虽然依旧，然而它的核算与统计的内容却与以前有很大不同。在编制时间序列时就应当使统计数据在各时期内容上一致。

(三) 统计数据的计算方法应一致

同类统计数据的计算方法是影响数据结果大小的直接原因。即同一统计数据由于所运用的计算方法不同，结果会有很大的差异。例如劳动生产率，有按全部职工计算的，也有按生产工人计算的；社会总产值的计算价格有按现行价格，也有按不变价格计算的。可见，一个时间序列中，各时期的同类观察值的计算方法、计算价格、计量单位若不相同，就不具有可比性。

(四) 时期长短一致

尤其是时期数列，它的数值的大小与时期的长短有直接的关系。因此，一般要求数列中包含的各期统计数据的时期长短相等，以利于对比分析。对于时点数列而言，虽然统计数值的大小与时间间隔没有直接关系，但若各数据间间隔相等，这有利于动态对比与分析。

第二节

时间序列动态分析

时间序列虽描述了社会经济现象的发展过程和结果，但它还不能直接反映现象各期的增减数量、变动速度等。为了进一步探讨社会经济现象在一段时间内的变动情况，需要对时间序列进行动态分析。常用的动态分析方法是：根据时间序列各期的发展水平，计算增减量、发展速度、增速度和增长 1% 的绝对量等。现举例说明动态分析方法（见表5－3）。

表5－3　某地区2003—2008年财政支出及其动态分析表

年　份		2003	2004	2005	2006	2007	2008
财政支出（亿元）		314	348	489	458	521	624
增减量（亿元）	逐期	—	34	141	－31	63	103
	累计	—	34	175	144	207	310
发展速度（%）	环比	—	110.83	140.52	93.66	113.76	119.77
	定基	100	110.83	155.73	145.86	165.92	198.73
增降速度（%）	环比	—	10.83	40.52	－6.34	13.76	19.77
	定基	—	10.83	55.73	45.86	65.92	98.73
增减1%的绝对值（亿元）		—	3.14	3.48	4.89	4.58	5.21

注：表中数据为假设值。

一、增减量

增减量是时间序列中各期发展水平之差，用于反映某社会经济现象在一段时间增加或减少的绝对量。计算公式为：

增减量＝报告期发展水平－基期发展水平

计算结果可正可负，正值表示增加的绝对量；负值表示减少的绝对量。

增减量根据计算时选择的基期不同，又分为逐期增减量和累计增减量。

（一）逐期增减量

逐期增减量是时间序列中各期发展水平与相应前期发展水平之差。用于反映某社会经济现象逐期增加或减少的绝对量。计算公式用符号表示为：

$$\Delta_i = y_i - y_{i-1}$$

式中：Δ_i 为逐期增减量；y_i 为 1，2，3，…n 期发展水平；y_{i-1}为相应前期发展水平。

（二）累计增减量

累计增减量是时间序列中各期发展水平与期初水平之差。用于反映某社会经济现象在更长一段时间内累计增加或减少的绝对量。计算公式用符号表示为：

$$\Delta_{0i} = y_i - y_0$$

式中：y_0 为期初发展水平；Δ_{0i}为累计增减量；其他符号同前。

在同一时间序列中，逐期增减量的代数和等于相应时期的累计增减量，即 $\Delta_{0i} = \sum \Delta_i$。如表 5－3 中的 310 亿元 =（34 + 141 − 31 + 63 + 103）亿元。

二、发展速度

发展速度是时间序列中各期发展水平与相应时间发展水平之比的相对数。用于反映某社会经济现象在一段时间发展变化的方向和程度。计算公式为：

$$\text{发展速度}\% = \frac{\text{报告期发展水平}}{\text{基期发展水平}} \times 100\%$$

发展速度大于 100%，方向为上升；发展速度小于 100%，方向为下降。

发展速度由于计算时所选用的对比基期不同，可分为环比发展速度和定基发展速度。

（一）环比发展速度

环比发展速度是时间序列中各期发展水平与相应前期发展水平之比的相对数。用于反映某社会经济现象逐期发展变化的方向和程度。公式用符号表示为：

$$x_i = \frac{y_i}{y_{i-1}} \times 100\%$$

式中 x_i 为环比发展速度，其他符号同前。

（二）定基发展速度

定基发展速度是时间序列中各期发展水平与期初发展水平之比的相对数。用于反映某社会经济现象在较长时期内的总发展方向和程度。

公式用符号表示为：

$$x_{0i} = \frac{y_i}{y_0} \times 100\%$$

式中 x_{0i} 为定基发展速度。

在同一时间序列中，各期环比发展速度的连乘积等于相应时期的定基发展速度。即 $\Pi x_i = x_{0i}$。如表 5－3 中的 198.73% = 110.83% ×140.52% ×93.66% ×113.76% ×119.77%。

三、增长速度

增长速度是时间序列中的增长量与发展水平之比的相对数。用以表明某社会经济现象在一段时间内上升或下降的程度。其一般公式为：

$$增长速度\% = \frac{增长量}{发展水平} \times 100\%$$

增长速度若大于零，表示上升速度；若计算结果小于零，表示下降的速度。

增长速度由于计算时选用的对比基期不同，又可分为环比增长速度和定基增长速度。

（一）环比增长速度

环比增长速度是时间序列中各逐期增长量与相应前期发展水平之比的相对数。用以表明某社会经济现象逐期上升或下降的程度。

公式用符号表示为：

$$S_i = \frac{y_i - y_{i-1}}{y_{i-1}} \times 100\% \qquad 或 = \frac{y_i}{y_{i-1}} - 100\%$$

式中 S_i 为环比增长速度；其他符号同前。

（二）定基增长速度

定基增长速度是时间序列中各累计增长量与期初发展水平之比的相对数。用以表明某社会经济现象在较长时间内上升或下降的程度。公式用符号表示为：

$$S_{0i} = \frac{y_i - y_0}{y_0} \times 100\% \qquad 或 = \frac{y_i}{y_0} - 100\%$$

式中 S_{0i} 为定基增长速度；其他符号同前。

由上述公式可知，发展速度与增长速度有着数学联系，即发展速度减 100% 等于增长速度。计算见表 5－3。

四、增降 1% 的绝对量

增降 1% 的绝对量是时间序列中各逐期增减量与相对应的环比增长速度之比，用以说明某社会经济现象每增长或降低一个百分点而增加或减少的绝对量。计算公式用符号表示为：

$$增降\ 1\%\ 的绝对量 = \frac{y_i - y_{i-1}}{\frac{y_i - y_{i-1}}{y_i} \times 100} = \frac{y_{i-1}}{100} = \frac{前期发展水平}{100}$$

表 5－3 中，2006 年的财政支出在 2005 年的基础上每降低 1% 而减少的财政支出为 4.89 亿元；2008 年的财政支出在 2007 年的基础上每增长一个百分点而增加的财政支出为 5.21 亿元。

第三节

时间序列平均分析

时间序列的动态分析，反映了社会经济现象在不同时期的增加或减少的绝对量、发展变化的方向和程度等。但还不能确切反映社会经济现象在一段较长时间内的一般发展水平、平均发展速度和平均增降速度。为了进一步研究现象在一段时间内的一般发展水平、一般发展速度等，需要将时间序列中不同时间的发展水平、发展速度的数量差异抽象化，概括地反映其一般水平和一般速度。常用的平均分析的方法是：根据时间序列的各期发展水平计算平均发展水平、平均增长量和平均发展速度和平均增降速度等。统计分析中统称为“序时平均数”。

不同的时间序列，其特点不同，计算序时平均数的方法也不相同。下面作详细的讨论：

一、平均发展水平

将时间序列中不同时期的发展水平加以平均而得到的平均数叫平均发展水平。用以概括说明某社会经济现象在一段时间内发展的一般水平，揭示现象的基本趋势。

（一）由时期数列计算平均发展水平

由于时期数列中的各期发展水平可以直接相加，因此平均发展水平的计算可以采用简单算术平均法。计算公式用符号表示为：

$$\bar{y} = \frac{\sum y_i}{n}$$

式中：$\bar{y}$ 为平均发展水平；n 为时期数列的项数，y_i 为各期发展水平；$\sum$ 为总和符号。

例如，根据表 5－3 中财政支出数列数据，计算 2003—2008 年内每年平均财政支出额。

$$\bar{y} = \frac{314 + 348 + 489 + 458 + 521 + 624}{6} = \frac{2754}{6} = 459 \text{（亿元）}$$

表明某地区 2003—2008 年期间平均每年的财政支出为 459 亿元。

（二）由时点数列计算平均发展水平

由于时点数列中的各时点发展水平的登记和排列方法不同。时点数列有连续时点数列和间断时点数列两种。统计计算规定，如果时点数列的资料是逐日记录，而又逐日排列的，称为连续时点数列。如果时点数列资料按月（季度、年度）记录，逐月（季度、年度）排列的，称为间断时点数列。

1. 由连续时点数计算平均发展水平。连续时点数列又根据间隔是否相等，分为等间隔连续时点数列和非等间隔连续时点数列。此时可按时期数列的公式计算平均发展水平。

等间隔时点连续数列用简单算术平均法计算平均发展水平。其公式用符号表示为：

$$\bar{y} = \frac{\sum y_i}{n}$$

式中：y_i 为等间隔连续时点数列中各时点的发展水平；n 为时点的个数。

例 5－1，已知某企业某月下旬每天出勤的职工人数时间序列资料如表 5－4，计算企业下旬每天平均出勤人数。

表 5－4

日　期	21	22	23	24	25	26	27	28	29	30
出勤人数（人）	300	300	300	310	310	308	308	308	308	308

$$\bar{y} = \frac{\sum y_i}{n} = \frac{300 + 300 + 300 + 310 + \cdots\cdots + 308}{10}$$

$$= \frac{3060}{10} = 306(\text{人})$$

非等间隔连续时点数列用加权算术平均法计算平均发展水平。其公式用符号表示为：

$$\bar{y} = \frac{\sum yf}{\sum f}$$

式中 f 为间隔时间。

例 5－2，某企业 2009 年 1 月份职工人数资料如下（见表 5－5），试计算该企业 1 月份的平均职工人数。

表 5－5　　某企业 1 月份职工人数

日期（日）	1—3	4—8	9—14	15—19	20—26	27—28	29—31
职工人数（人）	158	150	148	156	160	162	165

该企业 1 月份平均职工人数为：

$$\bar{y} = \frac{158 \times 3 + 150 \times 5 + 148 \times 6 + 156 \times 5 + 160 \times 7 + 162 \times 2 + 165 \times 3}{3 + 5 + 6 + 5 + 7 + 2 + 3}$$

$$= 156(\text{人})$$

2. 由间断时点数列计算平均发展水平。间断时点数列也有间隔相等和间隔不等之分。

间隔相等的间断时点数列计算平均发展水平，先假定相邻两期发展水平呈均匀变化，计算出各相邻两期发展水平的平均数，而后再对这些平均数用简单算术平均法求平均发展水平。这种方法叫做“简单序时平均法”，或“首末（尾）折半法”。计算公式用符号表示为：

$$\bar{y}=\frac{\frac{y_1}{2}+y_2+y_3+\cdots\cdots+y_{n-1}+\frac{y_n}{2}}{n-1}=\frac{\frac{y_1+y_n}{2}+\sum_{i=2}^{n-1}y_i}{n-1}$$

例 5-3，某国营商场 2006 年上半年各月月末售货员人数如表 5-6，计算该国营商场上半年平均售货员人数。

表 5-6　　某国营商场 2009 年各月末售货员人数

月　份	上年 12	1	2	3	4	5	6
月末售货员（人）	102	108	110	100	102	106	104

该国营商场上半年平均售货员人数为（计算过程如下）：

$$\bar{y}=\frac{\frac{102+108}{2}+\frac{108+110}{2}+\frac{110+100}{2}+\frac{100+102}{2}+\frac{102+106}{2}+\frac{106+104}{2}}{6}$$

$$=\frac{\frac{102}{2}+\frac{108}{2}+\frac{108}{2}+\frac{110}{2}+\frac{110}{2}+\frac{100}{2}+\frac{100}{2}+\frac{102}{2}+\frac{102}{2}+\frac{106}{2}+\frac{106}{2}+\frac{104}{2}}{6}$$

$$=\frac{\frac{102}{2}+108+110+100+102+106+\frac{104}{2}}{7-1}$$

$$=\frac{629}{6}\approx 105(\text{人})$$

可见，上述计算过程可归纳为前述公式直接计算：

$$\bar{y}=\frac{\frac{y_1+y_n}{2}+\sum_{i=2}^{n-1}y_i}{n-1}=\frac{\frac{102+104}{2}+108+110+100+102+106}{7-1}$$

$$=\frac{629}{6}\approx 105(\text{人})$$

间隔不等的间断时点数列计算平均发展水平，要以各间隔长度（f）为权数，应用加权序时平均法计算。用公式表示为：

$$\bar{y}=\frac{\frac{y_1+y_2}{2}f_1+\frac{y_2+y_3}{2}f_2+\frac{y_3+y_4}{2}f_3+\cdots\cdots+\frac{y_{n-1}+y_n}{2}f_{n-1}}{f_1+f_2+f_3+\cdots\cdots+f_{n-1}}$$

$$=\sum_{i=1}^{n-1}\frac{y_i+y_{i+1}}{2}f_i\Big/\sum_{i=1}^{n-1}f_i$$

例 5－4，某国营商场 2009 年商品库存额统计数据如表 5－7，计算该国营商场全年每月商品平均库存额。

表 5－7　　某国营商场商品库存额

时　　间	1月1日	3月1日	7月1日	8月1日	10月1日	12月31日
库存额（万元）	340	342	324	300	326	332

该国营商场 2005 年商品每月平均库存额为：

$$\bar{y}=\frac{\frac{340+342}{2}\times 2+\frac{342+324}{2}\times 4+\frac{324+300}{2}\times 1+\frac{300+326}{2}\times 2+\frac{326+332}{2}\times 3}{2+4+1+2+3}$$

$$=\frac{332\times 2+333\times 4+312\times 1+313\times 2+329\times 3}{12}$$

$$=\frac{3921}{12}=326.75\ (\text{万元})$$

（三）由相对数时间序列计算平均发展水平

相对数可分为静态相对数和动态相对数。这两类相对数的时间序列的性质不同。因而，它们的序时平均数的计算方法也大不一样。这里仅讨论静态相对数时间序列的平均发展水平的计算。

相对数通常是由两个绝对数对比而成，即 $y=\frac{a}{b}$。因此，相对数时间序列一般也是由两个绝对数时间序列对比而成的。所以，计算相对时间序列的平均发展水平的基本思路是：先分别求出 a 数列和 b 数列的平均发展水平，而后再进行对比，就是所求的相对数时间序列的平均发展水平。其基本公式为：

$$\bar{y}=\frac{\bar{a}}{\bar{b}}$$

式中：$\bar{a}$ 为分子数列的平均发展水平；$\bar{b}$ 为分母数列的平均发展水平。

$\bar{a}$ 和 $\bar{b}$ 可按相应的绝对数时间序列求平均发展水平的方法计算。下面举几个例子讨论。

例 5－5，已知某企业某年第四季度生产工人占全体职工比重的有关统计数据如表 5－8 所示：

表 5－8　某企业某年第四季度生产工人占全部职工的比重

时　间	9月30日	10月31日	11月30日	12月31日
生产工人数（人）a	350	380	400	410
全部职工人数（人）b	428	450	440	443
生产工人占全部职工的比重（%）y	81.78	84.44	90.91	92.55

计算该企业某年第四季度生产工人占全体职工的平均比重。

表中 a、b 数列均为间隔相等的间断时点数列，则可用前述的首末折半法分别计算平均发展水平。即：

$$\bar{a}=\frac{\frac{a_1}{2}+a_2+a_3+\cdots\cdots+a_{n-1}+\frac{a_n}{2}}{n-1}=\frac{\frac{350}{2}+380+400+\frac{410}{2}}{4-1}$$

$$=\frac{1160}{3}=386.67\text{（人）}$$

$$\bar{b}=\frac{\frac{b_1}{2}+b_2+b_3+\cdots\cdots+b_{n-1}+\frac{b_n}{2}}{n-1}=\frac{\frac{428}{2}+450+440+\frac{443}{2}}{4-1}$$

$$=\frac{1325.5}{3}=441.83\text{（人）}$$

所以，$\bar{y}=\frac{\bar{a}}{\bar{b}}=\frac{386.67}{441.83}\times100\%=87.52\%$

该企业某年第四季度生产工人占全体职工的平均比重为87.52%。

例5－6，某商场某年下半年的零售额、库存额及流通费用额资料如下（见表5－9），另已知12月末商品库存额为710万元，试计算该商场某年下半年商品平均流转次数和商品平均流通费用率。

表5－9　　某商场某年零售额、库存额及流通费用额资料

单位：万元

时　间	7月	8月	9月	10月	11月	12月
零售总额（a）	1107	1160	1150	1170	1200	1370
月初库存额（b）	680	675	670	650	670	690
流通费用	108	102	98	95	100	104

解：

$$\text{商品平均流转次数}=\frac{\text{平均商品零售额}}{\text{平均商品库存额}}$$

$$\bar{y}=\frac{\frac{\sum a}{n}}{\left(\frac{b_1}{2}+b_1+b_2+b_3+\cdots+b_{n-1}+\frac{b_n}{2}\right)\div(n-1)}$$

$$=\frac{(1107+1160+1150+1170+1200+1370)/6}{\left(\frac{680}{2}+675+670+650+670+690+\frac{710}{n}\right)/(7-1)}$$

$$=1.77\text{（次）}$$

$$\text{平均流通费用率}=\frac{\text{平均流通费用额}}{\text{平均商品零售额}}=\frac{\sum a/n}{\sum b/n}$$

$$\bar{y}=\frac{(108+102+98+95+100+104)/6}{(1107+1160+1150+1170+1200+1370)/6}$$

$$=8.48\%$$

（四）由平均数（静态平均数）时间序列计算平均发展水平

平均数时间序列与相对数时间序列一样，一般也是由两个绝对数时间序列相对比而形成。因此，计算平均发展水平的方法也与相对数时间序列的方法相同。下面举例说明。

例 5-7，某企业职工人数及月平均工资资料如下（见表 5-10），试计算该企业上半年的职工月平均工资。

表 5-10　　某企业职工人数与工资资料

时　间	1月	2月	3月	4月	5月	6月	7月
平均工资（元）(y)	1340	1300	1320	1350	1315	1300	1325
月初职工人数（人）(b)	650	670	680	730	650	710	690
工资总额（万元）(a)	88.44	87.75	93.06	93.15	89.42	92.75	—

$$\bar{y}=\frac{\bar{a}}{\bar{b}}=\frac{\sum a/n}{\frac{b_1}{2}+b_2+b_3+\cdots+b_{n-1}+\frac{b_n}{2}/(n-1)}$$

$$= \frac{88.44 + 87.75 + 93.06 + 93.15 + 89.42 + 92.75/6}{\frac{650}{2} + 670 + 680 + 730 + 650 + 710 + \frac{690}{2}/(7-1)}$$

$$= \frac{544.57/6}{4110/(7-1)} = \frac{544.57}{4110} \approx 1325(元)$$

二、平均增减量

平均增减量是时间序列中各逐期增减量的序时平均数，用以说明社会经济现象在一段时期内平均每期增加或减少的数量。一般用简单算术平均法计算。其公式为：

$$平均增减量 = \frac{逐期增减量之和}{逐期增减量个数}$$

如用符号表示为：

$$\overline{\Delta} = \frac{\sum(y_i - y_{i-1})}{n} = \frac{y_n - y_0}{n}$$

式中：n 表示逐期增减量的个数；$\overline{\Delta}$ 表示平均增减量。

例如，根据表 5－3 中的数据，计算某地区 2003—2008 年间财政支出额的年平均增长额为：

$$\overline{\Delta} = \frac{34 + 141 - 31 + 63 + 103}{5} = \frac{310}{5} = 62（亿元）。或者：$$

$$\overline{\Delta} = \frac{y_n - y_0}{n} = \frac{624 - 314}{5} = \frac{310}{5} = 62(亿元)。$$

三、平均发展速度和平均增降速度

（一）平均发展速度

平均发展速度是时间序列动态分析中的各期环比发展速度的

序时平均数，表明现象在一个较长时间中逐期平均发展变化的方向和程度。

平均发展速度在实际工作中应用很广泛。它可以用来对比不同阶段的不同发展情况，也可以用来对比不同的国家或地区同类社会经济现象发展变化情况，还是编制发展规划进行近期预测或推算的重要依据。

在统计实践中，根据社会经济现象的不同特点，计算平均发展速度通常有水平法（几何平均法）和累计法（高次方程法）两种。水平法由于使用方便，因而应用广泛。累计法因需要解高次方程，计算非常麻烦，计算时要借助事先编制计算好的《平均增长速度查对表》使用，因而受到限制。这里仅介绍水平法。

水平法，又称几何平均法。它的基本出发点是：从时间序列的基期水平 y_0 出发，假定每期以平均发展速度 $\bar{x}$ 发展，则按此假设推算的期末发展水平 y_n 应等于第 n 期的实际发展水平。即：

$y_0\bar{x} = y_1$，$y_1\bar{x} = y_2$，$y_2\bar{x} = y_3$，……，$y_{n-1}\bar{x} = y_n$。也即：

$y_0\bar{x} = y_1$，$y_0\bar{x}^2 = y_2$，$y_0\bar{x}^3 = y_3$，……，$y_0\bar{x}^n = y_n$

由 $y_0\bar{x}^n = y_n$　得：$\bar{x} = \sqrt[n]{\dfrac{y_n}{y_0}}$

式中：$\bar{x}$ 为平均发展速度

上式中，$\dfrac{y_n}{y_0}$实际上是第 n 期的定基发展速度。因为环比发展速度的连乘积等于定基发展速度，若已知时间序列中的各期环比发展速度 x_i（$i = 1, 2, 3, \cdots, n$）时，平均发展速度的计算公式也可以写成：

$$\bar{x} = \sqrt[n]{x_1 \cdot x_2 \cdot x_3 \cdots\cdots x_n} = \sqrt[n]{\Pi x}$$

式中：Π 为连乘符号

如令 $R=\frac{y_n}{y_0}$

上式平均发展速度的公式又可以写成：

$$\bar{x}=\sqrt[n]{R}$$

式中：R 为总发展速度，也即定基发展速度。

现以表 5－3 中的数据，用以上三种公式计算某地区 2004—2008 年 5 年期间财政支出额的年平均发展速度。

$$\bar{x}=\sqrt[n]{\frac{y_n}{y_0}}=\sqrt[5]{\frac{624}{314}}=114.7\%$$

$$\bar{x}=\sqrt[n]{\Pi x}=\sqrt[5]{1.1083\times1.4052\times0.9366\times1.1376\times1.1977}$$

$$=114.7\%$$

$$\bar{x}=\sqrt[n]{R}=\sqrt[5]{1.9873}=114.7\%$$

以上各式计算结果均为 114.7%，它表明自 2001 年以后五年内某地区财政支出年平均发展速度为 114.7%。

从计算公式可以看出，按几何平均法计算的平均发展速度，实际上只与基期水平 y_0 和期末水平 y_n 有关，而与其他时期水平无关。这一特点表明，用这种方法计算的平均发展速度旨在考察社会经济现象在最后一期所达到的水平，故又称水平法。我们还可以通过 $y_n=y_0\bar{x}^n$ 这一方法对未来社会经济现象达到的水平进行近期预测。

例如，某地区 2008 年财政支出额为 624 亿元，若今后按平均发展 114.7% 发展，到 2013 年，财政支出将达到多少？

$$y_n=y_0\bar{x}^n=624\times1.147^5=1238.8\text{ 亿元}$$

又如，我国 2003 年底人口数为 12.922 亿人，若今后人口自然增长率控制在 7‰以下，问 2008 年我国人口总数将达到什么水平？

$$y_n = y_0\bar{x}^n = 12.922 \times (1+7‰)^5 = 13.381 \text{ 亿人}$$

结果表明，如果从 2004 年开始，我国人口自然增长率如能控制在 7‰以下，也即按 107‰速度发展，我国 2008 年人口总数最多可达到 13.381 亿人。

需要指出的是，利用平均发展速度进行预测未来的发展水平，只能作近期预测，不可以作远期预测。因为这种预测方法只考虑了速度因素对现象发展的影响。而社会经济现象在长期发展变化中，要受到各种随机或非随机性因素的影响。因此，远期预测只考虑速度这一个因素的影响是远远不够的。

（二）平均增降速度

平均增降速度是时间序列分析指标中的各期环比增降速度的序时平均数，用以表明现象在较长时期内逐期递增或递减的平均速度。计算时，应先计算出平均发展速度，再将所得的结果减 1，即为平均增降速度。即：

$$\text{平均增降速度} = \text{平均发展速度} - 1$$

平均增降速度的计算结果有正负之分，正值表明现象在一定时期内逐期平均递减的程度，也称其为平均增长率；负值表明现象在一定时期内逐期平均递减的程度，也称为平均递减率。

如上例，某地区 2003—2008 年五年间财政支出额的平均增长率为：

$$114.7\% - 100\% = 14.7\%。$$

第四节

时间序列长期趋势分析与预测

一、时间序列类型的分解

如本章第一节所述，时间序列可以分解为平稳序列和非平稳序列两大类。非平稳序列包含趋势性、季节性或周期性序列。通常情况下，时间序列各项发展水平的变化同时受多种因素的影响，有些因素对事物的发展起着长期、决定性的作用，有些则起短期、非决定性的作用。不同性质的因素所引起的作用不同，它们的运动变化形式也不同。影响时间序列的因素大体可以分为四种，即长期趋势(T)、季节性变动（S)、周期性循环波动（C）和不规则波动（I)。

（一）长期趋势（T)

长期趋势是指社会经济现象在较长时期内受某些基本的、决定性因素影响，而持续发展变化的一种趋向或状态。根据表现形态不同，现象发展变动的趋势有线性趋势和非线性趋势。长期趋势是时间序列变动的基本形式。

（二）季节性变动（S)

季节性变动是指时间序列在一年内受自然季节变化和社会习俗等因素影响而发生的有规律的周期性波动。例如，农作物的生产受季节变化的影响有农闲、农忙之分，出现春耕、夏锄、秋收和冬储的规律；商业工作中有时令商品销售的淡季和旺季；铁路、公路、航空等客运量在一年中的长假或旅游旺季出现高峰等等。其周期长度可以是日、星期、月、季度等。

（三）循环波动（C）

循环波动是时间序列中呈现出来的围绕长期趋势的一种波浪式或振荡式变动。称为周期，也称循环波动。

周期性通常是由于商业和经济活动而引起的，它不同于趋势变动，不是朝着单一方向的持续运动，而是涨落相间的交替波动；它也不同于季节变动。季节变化有比较固定的规律，且变动周期大多为1年，而循环波动则无固定规律，变动周期多在1年以上，且周期长短不一。

（四）不规则波动（I）

不规则波动它是时间序列中除了上述三种变动之外，还有些偶然性因素对时间序列产生影响，如自然灾害、战争及无法预料的随机性因素等，致使时间序列呈现出某种随机波动。故不规则波动亦称剩余变动或随机变动。

这样，我们把这些影响因素同时间序列的关系用一定的数学关系式描述出来，就构成了时间序列的分解模型。按四种因素对时间序列的影响方式不同，时间序列可分解为多种模型，如乘法模型、加法模型、混合模型等。其中最常用的是乘法模型。

即：$y = T \times S \times C \times I$

乘法模型的基本假设是：假定这些因素是由不同原因影响的，但相互之间存在一定的关系，即它们对事物的发展的影响是相互的。因此，时间序列中各观察值表现为各种因素的乘积。利用乘法模型可以将四个因素很容易地分解出来。传统时间序列分析的一项主要内容就是把这些影响因素从时间序列中分离出来，并将它们之间的关系用一定的数学关系式给予表达，而后分别进行分析。

本节及以后各节介绍的时间序列构成分析方法，均以乘法模型为例。

本节主要介绍长期趋势分析与预测。

二、长期趋势的测定

长期趋势是时间序列的重要形态。通过测定与分析现象发展的长期趋势，可以掌握其活动的变动规律，其发展模式是线性趋势还是非线性趋势，并对其未来的发展趋向做出判断和预测。此外，测定长期趋势，可以将其从原时间序列中剔除，以便更好研究季节变动和循环波动。

测定长期趋势的方法很多，如随手画线法，时距扩大法、序时平均法、移动平均法、指数平滑法、模型拟合法等。因篇幅限制，这里仅介绍移动平均法、指数平滑法和数学模型拟合法。

（一）移动平均法

移动平均法，它是对原有时间序列按一定的时间跨度逐项移动，计算一系列的序时平均数，形成一个新的时间序列，以消除或削弱短期的、偶然的因素引起的变动，呈现出现象在较长时期内持续发展变化的基本态势。

例 5－8，现有某地某种产品产量统计资料如表 5－11。

由表 5－11 可以大致看出，原时间序列中，某地某种产品产量尽管在某些年份有下降情况，但总的趋势，通过五年移动平均所得的新的序列，就能够明显地看出是向上发展，逐年上升的趋势。

采用移动平均法测定长期趋势值，要注意以下几点：

1. 合理选择移动平均的项数。移动平均所取的项数越多，使用移动平均法对原数列修匀的效果越好；反之，越差。但移动平均的项数多少又直接影响计算的复杂程度和修匀后新数列的项数。移动平均的项数究竟多少为宜，应视研究现象本身的变化特点而定。一般说来，若现象本身存在自然变动周期，就以波动的长度为移动平均的长度；如按季度资料排列的时间序列，移动平均的时距以四项为宜；若时间序列各期水平无明显波动，则以奇数项移动平均为宜。

表 5－11　某地历年某种产品产量移动平均法计算表　　单位：吨

年份	产品产量	三年移动平均	五年移动平均	四年移动平均	
				第一次平均	第二次平均
1993	451	—	—	—	—
1994	485	480.67	—	—	—
1995	506	494.00	486.80	483.25	489.500
1996	491	499.33	502.20	495.75	501.125
1997	501	506.67	518.00	506.50	513.750
1998	528	531.00	544.80	521.00	539.625
1999	564	577.33	589.60	558.25	585.000
2000	640	639.67	626.2	611.75	631.250
2001	715	679.67	639.00	650.75	654.250
2002	684	663.67	654.20	657.75	656.125
2003	592	638.66	666.60	654.50	672.250
2004	640	644.67	688.80	690.00	723.625
2005	702	772.67	724.20	757.25	764.750
2006	826	796.33	745.80	772.25	—
2007	861	795.76	—	—	—
2008	700	—	—	—	—

2. 注意新数列指标值的排列。凡是采用奇数项移动平均，其平均值正好对准平均时期的中间时期，一次就得长期趋势值。

若采用偶数项移动平均，需进行两次移动平均，才能得长期趋势值。称之移正平均数，参见表 5－11 中的四年移动平均。

3. 注意移动平均的局限。移动平均法的作用主要在于修匀时间数列，呈现现象发展的总趋势。但移动平均所得的趋势值项数比原动态数列的项数少，奇数项移动平均时，首尾各少$\frac{n-1}{2}$

项；偶数项移动平均时，首尾各少$\frac{n}{2}$项。一般而言，移动时距越长，修匀的作用越大，所得到的新数列越平滑。但移动项数越多，首尾失掉的项数越多，原有数列的信息损失越多。因此，这种方法虽然操作简便，但考虑到它的局限性，当数据量不足够多时，不宜用这种方法。

4. 在使用移动平均法进行趋势预测时，由于移动平均后的新数列首尾两端缺一定项的资料，一般不宜用于外推预测。但对于平稳型的时间序列，也可以取最近期 n 项数据的移动平均数作为下期的预测值。即：

$$\hat{y}_t = \frac{y_{t-1} + y_{t-2} + \cdots\cdots + y_{t-n}}{n}$$

$$\hat{y}_{t+1} = \frac{y_t + y_{t-1} + y_{t-2} + \cdots\cdots + y_{t-n+1}}{n}$$

移动平均法只能预测近一期数值，逐期移动、逐期预测。这种方法只是对 n 期资料进行简单平均。因此，预测的准确性较差。

（二）指数平滑法

指数平滑法是在移动平均法的基础上发展起来的一种趋势分析与预测的方法。它就是通过计算指数平滑值来构建预测模型的一种预测方法。

指数平滑是加权移动平均的一种特殊形式，观察值时间越远，其权数也跟着呈现指数的下降，因而称指数平滑。指数平滑法有一次指数平滑、二次指数平滑、三次指数平滑等。本节主要介绍一次指数平滑和二次指数平滑法。

1. 一次指数平滑法。一次指数平滑法的预测公式是从移动平均预测法公式中推导出来的。移动平均预测法计算公式为：

$$\hat{y}_t = \frac{y_{t-1} + y_{t-2} + y_{t-3} + \cdots\cdots + y_{t-N+1} + y_{t-N}}{N}$$

$$\hat{y}_{t+1} = \hat{y}_t + \frac{y_t - y_{t-N}}{N}$$

将 $\hat{y}_t$ 作为 y_{t-N} 的最佳估计值，则上式可为：

$$\hat{y}_{t+1} = \hat{y}_t + \frac{y_t - \hat{y}_t}{N} = \frac{1}{N}y_t + (1 - \frac{1}{N})\hat{y}_t$$

设，$\frac{1}{N} = \alpha$，则上式可成为：

$$\hat{y}_{t+1} = \alpha y_t + (1-\alpha)\hat{y}_t$$

这便是指数平滑法的基本公式。

上式中，$\hat{y}_{t+1}$ 为 t+1 期的预测值；α 为平滑系数（或权数）；y_t 为 t 期的观察值；$\hat{y}_t$ 为 t 期的预测值。

例 5-9，下面以某钢铁集团公司钢材产量资料为（见表 5-12）说明一次指数平滑预测的应用。取 α = 0.7　初始值 =110，并预测 2009 年钢材产量。

表 5-12　　某钢铁集团公司钢材产量指数平滑计算表

年　份	钢材产量（万吨）t	指数平滑值 $\hat{y}_{t+1} = \alpha y_t + (1-\alpha)\hat{y}_t$
1997	100	0.7×100+（1-0.7）×110=103.3
1998	120	0.7×120+（1-0.7）×103.3=114.9
1999	130	0.7×130+0.3×103.3=122.5
2000	160	0.7×160+0.3×122.5=149.7
2001	190	0.7×190+0.3×149.7=177.9
2002	230	0.7×230+0.3×177.9=214.4
2003	260	0.7×260+0.3×214.4=246.3
2004	300	0.7×300+0.3×246.3=283.9
2005	280	0.7×280+0.3×283.9=281.2
2006	180	0.7×180+0.3×281.2=210.4
2007	160	0.7×160+0.3×210.4=175.1
2008	140	0.7×140+0.3×175.1=150.5

由表 5－12 计算结果，用一次指数平滑法预测 2009 年钢材产量为：

$$\hat{y}_{12+1}=\alpha y_t+(1-\alpha)\hat{y}_t=0.7\times140+(1-0.7)\times175.1$$
$$=150.5(\text{万吨})$$

这里需要说明的是使用一次指数平滑法进行预测时应注意以下几个问题：

（1）一次指数平滑法主要适用于无趋势变动的平稳序列的预测。对于呈现比较稳定的长期增长或长期下降的时间序列资料，并呈线性趋势情况下，可采用二次指数平滑法预测。

（2）恰当的选取平滑系数 α，α 的取值范围在（0，1）之间，即 $0<\alpha<1$。

平滑系数 α 的大小直接影响指数平滑值的大小和预测结果的准确程度，因此，平滑系数 α 的选取，是运用一次指数平滑模型预测法的关键之一。

实际上，α 的大小反映了近期的实际值在指数平滑值中的影响程度，以及指数平滑值对时间数列波动反应的灵敏性。一般地，α 越大，近期的实际值在指数平滑值中的影响程度就大；反之，则小。类似地，α 越大，表明指数平滑值对时间数列波动反应的灵敏性就高；反之亦反。

因此，α 的值应根据近期实际值的重要程度和时间数列的波动程度来确定，即：

① 时间数列波动不大，近期实际值对未来并不十分重要，α 应取小一些。通常取 $0.1\leqslant\alpha\leqslant0.3$。

② 时间数列波动较大，近期值对未来很重要，α 应取大一些。这时，通常取 $0.6\leqslant\alpha\leqslant0.8$。

值得说明的是，实际应用时人们可同时取几个 α 的值进行试算，并将指数平滑值用于预测，计算预测误差，选择预测误差较小的 α 值最终用于预测。

（3）合理确定初始值。使用一次指数平滑模型预测法，必须计算指数平滑值，而指数平滑值的计算除要确定平滑系数 α 外，还要确定初始值 $\hat{y}_0$。初始值对指数平滑值（或者预测值）的大小也有影响，但由于权系数：

$$\alpha,\ \alpha(1-\alpha),\ \alpha(1-\alpha)^2,\ \cdots,\ \alpha(1-\alpha)^{t-1}$$

按几何级数衰减，且初始值 $\hat{y}_0$ 对应的权数 $(1-\alpha)^t \to 0$（当 $t\to\infty$ 时）。因此，当时间序列项数较多时，初始值对指数平滑值影响相对较小，这时 $\hat{y}_0$ 可直接取第一期数据。当时间序列项数较少时，初始值对指数平滑值影响相对较大，这时 $\hat{y}_0$ 的取值必须认真加以研究，通常以最初几期实际值的算术平均数作为初始值。

（4）一次指数平滑法与移动平均法一样，它也可以用于对时间序列进行修匀，以消除随机波动影响，找出时间序列的变化趋势。一次指数平滑法也称单一指数平滑，它只有一个平滑系数，而且当观察值离预测时期越久远时，权数的作用变得越小。可见，一次平滑是以一段时期的预测值与观察值的线性组合作为 $t+1$ 期的预测值。从表 5－12 计算结果表明，一旦选定平滑系数 α，只需要两项信息就可以计算预测值。即只要知道 2005 年钢材产量的实际观察值 y_t 与 2004 年的预测值 $\hat{y}_t$，就可以计算 2006 年钢材产量的预测值 $\hat{y}_{t+1}$。

为此，我们可将 $\hat{y}_{t+1}=\alpha y_t+(1-\alpha)\hat{y}_t$ 写成下面的形式：

$$\hat{y}_{t+1}=\alpha y_t+\hat{y}_t-\alpha\hat{y}_t=\hat{y}_t+\alpha(y_t-\hat{y}_t)$$

可见，$\hat{y}_{t+1}$ 是 t 期的预测值 $\hat{y}_t$ 加上用 α 调整的 t 期的预测误差 $(y_t-\hat{y}_t)$。

2. 二次指数平滑法。二次指数平滑法，就是在第一次平滑的基础上，再作第二次指数平滑，并用两次指数平滑值来建立预测模型进行预测的方法。它适用于存在明显线性趋势的非平稳时间序列的预测。

二次指数平滑法预测模型为：

$$\hat{y}_{t+T} = a_t + b_t T$$

式中：$\hat{y}_{t+T}$ 为 $t+T$ 期的预测值；T 为提前预测的期数；a_t、b_t 为直线趋势值的参数。

参数值为：

$$a_t = 2y_t^{(1)} - y_t^{(2)}$$

$$b_t = \frac{\alpha}{1-\alpha}(y_t^{(1)} - y_t^{(2)})$$

式中：$y_t^{(1)}$ 为一次指数平滑值；

$y_t^{(1)} = \alpha y_t + (1-\alpha) y_{t-1}^{(1)}$；

$y_t^{(2)}$ 为二次指数平滑值；

$y_t^{(2)} = \alpha y_t^{(1)} + (1-\alpha) y_{t-1}^{(2)}$。

例 5-10，下面以某地区财政收入资料为例（见表 5-13）。说明二次指数平滑预测法的应用。要求预测 2009 年和 2011 年的财政收入。

表 5-13　某地区财政收入二次指数平滑值计算表

年　份	财政收入 y_t（亿元）	$y_t^{(1)} = \alpha y_t + (1-\alpha) y_{t-1}^{(1)}$	$y_t^{(2)} = \alpha y_t^{(1)} + (1-\alpha) y_{t-1}^{(2)}$
1998	129	128.40	128.40
1999	136	135.24	134.56
2000	140	139.52	139.02
2001	148	147.15	146.34

续表

年　份	财政收入 y_t(亿元)	$y_t^{(1)}=\alpha y_t+(1-\alpha)y_{t-1}^{(1)}$	$y_t^{(2)}=\alpha y_t^{(1)}+(1-\alpha)y_{t-1}^{(2)}$
2002	154	153.32	152.61
2003	162	161.13	160.28
2004	170	169.11	168.23
2005	176	175.31	174.60
2006	185	184.03	183.09
2007	194	193.00	192.01
2008	203	202.00	201.00

选取 $\alpha=0.9$　$y_0^{(1)}=123$　$y_0^{(2)}=128.4$

从上表计算结果可得 $y_t^{(1)}$ 为 202 亿元　$y_t^{(2)}$ 为 201 亿元

设 $\hat{y}_{t+T}=a_t+b_tT$

其中：$a_t=2y_t^{(1)}-y_t^{(2)}=2\times 202-201=203$ 亿元

$$b_t=\frac{\alpha}{1-\alpha}\left(y_t^{(1)}-y_t^{(2)}\right)=\frac{0.9}{1-0.9}(202-201)=9 \text{ 亿元}$$

所以 $\hat{y}_{t+T}=203+9T$

2009 年财政收入的预测值为：$203+9\times 1=212$ 亿元

2011 年财政收入的预测值为：$203+9\times 3=230$ 亿元

通过上面的计算，可看出指数平滑法非常重视目前的数据，只要有了上期的实际数值和预测数值，并可以对下期作预测。这样逐期递推，当得了一个新的实际数值，就及时调整了直线趋势的斜度。当然，通过二次指数平滑法建立的直线方程式，也只适宜作短期预测。如果预测时期太长，直线趋势方程中的 a、b 值保持不变，就失去了指数平滑法的特点。

指数平滑法的主要优点是能够对预测误差进行修正。指数平滑法提供的预测值实际上是前一期的预测值加上前期预测值中产生误差的修正值。当选择的平滑系数 α 比较大时，特别当 α 非常接近 1 时，新的预测值几乎包括了前期预测值的所有预测误差；而当选择的平滑系数 α 比较小时，新的预测值只包括很小部分预测误差的修正值。可见 α 实际上是起了预测错误纠正系数的作用，通过调整 α 就可以使预测值更准确。关键问题在于必须找到最佳的 α 值，以使预测误差最小。一般可以通过预测误差平方和来反映误差的大小，需要通过反复试验才能确定最佳的平滑系数。

（三）数学模型拟合法

长期趋势的数学模型拟合法是在对时间序列资料进行观察和判断的基础上，构造一个数学方程式来描述长期趋势，并外推预测的方法。

根据长期趋势的表现形式不同可以分为直线趋势和曲线趋势。在建立数学方程式之前，先要观察和判断时间序列的变动形态。

判定趋势变动形态的方法常用的有两种：一种是画散点图的方法，即用直角坐标系作散点图，若图形大致呈直线，就配合直线方程；若图形大致呈曲线，就配合曲线方程。另一种是时间序列动态分析判别法。若时间序列中各逐期增减量大致相等，则现象的发展趋势近似于一条直线，配合直线方程；若时间序列中的二级增减量大致相等，则现象的发展趋势近似于一条抛物线，就配合抛物线方程；若时间序列中的各期环比发展速度大致相等，则现象的发展趋势近似于一条指数曲线，就配合一条指数曲线方程。其他曲线都有相应的判断标准，在此，不一一列举。

社会经济现象的发展呈曲线型的是大量存在的，研究现象趋势变动的曲线类型是必要而且有意义的。但是，对于曲线型的现象，就某一段时间区间内的变化情况进行研究，它又具有线性变化的特点。因此，研究长期趋势变动的直线型是研究曲线型的基础。

1. 直线趋势测定与预测。时间序列大体呈直线发展趋势，则应配合一个适当的直线模型即直线趋势方程。

直线趋势方程的一般形式为：

$$y_c = a + bt$$

式中：y_c 代表动态数列的长期趋势值；

t 代表时间序列的时间序号；

a 代表 $t=0$ 时，y_c 的值；

b 代表趋势方程的斜率，即 t 每变动一个时间单位时，y_c 增加或减少的数量。

利用直线趋势方程测定长期趋势，关键是确定直线模型中参数 a、b 的值。参数 a、b 值的确定方法主要有半数平均法和最小平方法。

(1) 半数平均法。半数平均法的基本原理是：将时间序列分为相等的两部分，然后各求出一个平均数，作为趋势直线上的两点，利用几何学中两点确定一条直线的原理，将这两点代入直线方程计算参数 a、b 的值。

半数平均法的数学依据是实际水平值与趋势值的离差之和等于零。即：

$$\sum (y - y_c) = 0$$

也即：$\sum (y - a - bt) = 0$

展开上式有：$\sum y - na - b\sum t = 0$

将上式两边同除以 n 得：

$$\frac{\sum y}{n} - a - b\frac{\sum t}{n} = 0$$

亦即：$\bar{y} - a - b\bar{t} = 0$　　(1)

将时间序列等分为两部分时，如果 n 为奇数项，可将最初水平或中间水平去掉，使时间序列保持偶数项，以便平分，然后分别对前后两部分求 $\bar{t}$ 和 $\bar{y}$，前半部分的记为（$\bar{t}_1$，$\bar{y}_1$），后半部分的记为（$\bar{t}_2$，$\bar{y}_2$）。然后将它们代入（1）得：

$$\bar{y}_1 - a - b\bar{t}_1 = 0 \tag{2}$$

$$\bar{y}_2 - a - b\bar{t}_2 = 0 \tag{3}$$

因为（2）、（3）式都等于 0，所以可认为（2）＝（3）得

$$\bar{y}_1 - a - b\bar{t}_1 = \bar{y}_2 - a - b\bar{t}_2$$

移项得：$\bar{y}_1 - \bar{y}_2 = a - a + b\bar{t}_1 - b\bar{t}_2$

$$\bar{y}_1 - \bar{y}_2 = b\ (\bar{t}_1 - \bar{t}_2)$$

故 $b = \dfrac{\bar{y}_1 - \bar{y}_2}{\bar{t}_1 - \bar{t}_2}$　　或 $b = \dfrac{\bar{y}_2 - \bar{y}_1}{\bar{t}_2 - \bar{t}_1}$

由（1）得 $a = \bar{y} - b\bar{t}$

由（2）得 $a = \bar{y}_1 - b\bar{t}_1$

由（3）得 $a = \bar{y}_2 - b\bar{t}_2$

例 5－11，已知某地区历年粮食产量时间序列如表 5－14，拟用半数平均法建立直线趋势方程，测定长期趋势，预测 2009 年粮食产量。

设 $y_c = a + bt$

$\bar{t}_1 = \dfrac{21}{6} = 3.5$　　$\bar{t}_2 = \dfrac{57}{6} = 9.5$

$\bar{y}_1 = \dfrac{2195}{6} = 365.83$　　$\bar{y}_2 = \dfrac{2803}{6} = 467.17$

代入 $b = \dfrac{\bar{y}_1 - \bar{y}_2}{\bar{t}_1 - \bar{t}_2} = \dfrac{365.83 - 467.17}{3.5 - 9.5} = \dfrac{-101.34}{-6} = 16.89$

$a = \bar{y}_1 - b\bar{t}_1 = 365.83 - 16.89 \times 3.5 = 306.715$

$y_c = 306.715 + 16.89t$

表 5－14　　某地区粮食产量半数平均法计算表

年份	序号 t	粮食产量（万吨）y	$y_c=306.715+16.89t$	$(y-y_c)^2$
1997	1	324	323.6	0.16
1998	2	336	340.5	20.25
1999	3	361	357.4	12.96
2000	4	388	374.3	187.69
2001	5	380	391.2	125.44
2002	6	406	408.1	4.41
小计	21	2195		
2003	7	435	424.9	102.01
2004	8	430	441.8	139.24
2005	9	456	458.7	7.29
2006	10	480	475.6	19.36
2007	11	492	492.5	0.25
2008	12	510	509.4	0.36
小　计	57	2803	—	619.42
总　计	78	4998		

2009 年粮食产量的预测值为：306.715＋16.89（13）＝526 万吨

（2）最小平方法。最小平方法是测定长期趋势常用的方法。对于时间序列的趋势直线，固然可以用半数平均法求解参数 a、b，但半数平均法所确定的趋势直线用以描述时间序列的长期趋势并不是最理想的。从数学角度分析，用最小平方法配合的趋势直线就优于它。

最小平方法的基本原理是：要求配合的长期趋势直线的理论值与原序列的实际值之间的离差平方和为最小，在这一前提下，用偏微分法来确定参数 a、b 的值。即：

$$\sum (y-y_c)^2 = 最小值$$

当长期趋势表现为直线型时，上式为：

$$\sum (y-a-bt)^2 = 最小值$$

根据极值原理，用偏微分法可以得出求解两个参数 a、b 的标准方程组。

令 $G(a,b) = \sum (y-a-bt)^2$

要使 G（a，b）有最小值，则需：

$$\frac{\partial G}{\partial a}=0 \qquad \frac{\partial G}{\partial b}=0$$

即：$$\begin{cases} 2\sum (y-a-bt)(-1)=0 \\ 2\sum (y-a-bt)(-t)=0 \end{cases}$$

整理得到下面标准方程组：

$$\begin{cases} \sum y = na + b\sum t \\ \sum ty = a\sum t + b\sum t^2 \end{cases}$$

解上述方程组得：

$$\begin{cases} b = \dfrac{n\sum ty - \sum t\sum y}{n\sum t^2 - (\sum t)^2} \\ a = \bar{y} - b\bar{t} \end{cases}$$

式中，n 表示动态数列的项数。

例 5－12，现仍用表 5－14 中的资料，用最小平方法拟合直线趋势方程，求各年的趋势值，并预测 2009 年的粮食产量。计算见表 5－15。

表 5－15　　某地区粮食产量最小平方法计算表

年份	序号 t	粮食产量（万吨）y	ty	t^2	$y_c = 307.365 + 16.79t$	$(y - y_c)^2$
1997	1	324	324	1	324.2	0.04
1998	2	336	672	4	340.9	24.01
1999	3	361	1083	9	357.7	10.89
2000	4	388	1552	16	374.5	182.25
2001	5	380	1900	25	391.3	127.69
2002	6	406	2436	36	408.1	4.41
2003	7	435	3045	49	424.9	102.01
2004	8	430	3440	64	441.7	136.89
2005	9	456	4104	81	458.5	6.25
2006	10	480	4800	100	475.3	22.09
2007	11	492	5412	121	492.0	0
2008	12	510	6120	144	508.8	1.44
合计	78	4998	34888	650	—	617.97

设 $y_c = a + bt$

$$b = \frac{n\sum ty - \sum t \sum y}{n\sum t^2 - (\sum t)^2} = \frac{12 \times 34888 - 78 \times 4998}{12 \times 650 - (78)^2}$$

$$= \frac{28812}{1716} = 16.79$$

$$a = \frac{\sum y}{n} - b\frac{\sum t}{n} = \frac{4998}{12} - 16.79 \times \frac{78}{12}$$

$$=416.5-109.135$$

$$=307.365$$

$$y_c=307.365+16.79t$$

2009 年粮食产量预测值为：307.365 + 16.79（13）= 525.64 万吨

从表 5 - 14 和表 5 - 15 中可以看出，同样的资料半数平均法的 $\sum(y-y_c)^2$ 大于最小平方法。即 619.42 > 617.97。所以最小平方法优于半数平均法。

需要说明的是：上述最小平方法的标准方程中的时间序号 t，可以取时间序列中的任何时期为原点。当 t = 0 时，表明这个具体的 t 即某一年是直线趋势方程的原点。

为计算简便起见，可取时间序列的中间时期为原点。原点前 t 取负数，原点后期 t 取正数，使 $\sum t=0$，则两个标准方程可以简化，称最小平方法求解参数 a、b 的简捷法。即：

$$\sum y = na$$

$$\sum ty = b\sum t^2$$

解方程组得：

$$b=\frac{\sum ty}{\sum t^2}$$

$$a=\frac{\sum y}{n}$$

例如，利用表 5 - 15 中 11 年的数据（n 为奇数项），采用最小平方简捷法拟合直线趋势方程，并预测 2009 年粮食产量（见表 5 - 16）。

表 5－16　某地区粮食产量最小平方简捷法计算表

年份	序号 t	粮食产量（万吨）y	ty	t^2
1998	－5	336	－1680	25
1999	－4	361	－1444	16
2000	－3	388	－1164	9
2001	－2	380	－760	4
2002	－1	406	－406	1
2003	0	435	0	0
2004	1	430	430	1
2005	2	456	912	4
2006	3	480	1440	9
2007	4	492	1968	16
2008	5	510	2550	25
合计	0	4674	1846	110

设 $y_c = a + bt$

$$b = \frac{\sum ty}{\sum t^2} = \frac{1846}{110} = 16.78$$

$$a = \frac{\sum y}{n} = \frac{4674}{11} = 424.91$$

$$y_c = 424.91 + 16.78t$$

2009 年粮食产量的预测值为：$424.91 + 16.78(6) = 525.6$ 万吨

必须指出，当时间序列项数为奇数时，简捷法计算较容易，若为偶数项，计算稍有不同，假如是 12 年资料，原点应在第 6

年和第7年之间。第6年为-0.5，第5年为-1.5，第4年为-2.5，……；第7年为0.5，第8年为1.5，第9年为2.5，……。其余依此类推。带有小数的计算，非常繁琐，为简化计算，可以将上列时间序列t值数字均扩大1倍，从而使-0.5变为-1，-1.5变为-3，正0.5变为1，正1.5变为3，以此类推，使 $\sum t=0$。扩大1倍后，a、b值均有变化，但最后的预测值的结果与普通法相同。例子从略。

2. 曲线趋势的测定与预测。现实生活中，大量的社会经济现象的变化趋势，并非呈直线上升或下降的，而更多地表现为各种不同类型的曲线趋势，如二次曲线、三次曲线、多次曲线、指数曲线等等。这里仅以二次曲线和指数曲线为例，说明曲线趋势的测定与预测方法。

（1）二次抛物线。二次抛物线的一般表达式为：

$$y_c = a + bt + ct^2$$

式中：y_c——长期趋势值；

t——动态数列的时间序号；

a、b、c——三个待定参数。

求解三个待定参数a、b、c的值最常用的方法是最小平方法。

用最小平方法求参数a、b、c的基本原理与确定直线趋势方程的参数a、b的方法相同。即要求 $\sum(y-y_c)^2=$ 最小值，

亦即：$\sum(y-a-bt-ct^2)^2=$ 最小值

依据极值原理，用偏微分方法可以得到下面的求解参数a、b、c的标准方程组：

$$\begin{cases}\sum y = na + b\sum t + c\sum t^2 \\ \sum ty = a\sum t + b\sum t^2 + c\sum t^3 \\ \sum t^2 y = a\sum t^2 + b\sum t^3 + c\sum t^4\end{cases}$$

解上面方程组，即可得到 a、b、c 的值，就可确定二次抛物线趋势方程。

对多个方程联立求解，计算工作量较大。为计算简便起见，同直线趋势方程求解一样，可以通过移动原点，使 $\sum t = 0$，$\sum t^3 = 0$，这时，上述标准方程组简化为：

$$\begin{cases}\sum y = na + c\sum t^2 \\ \sum ty = b\sum t^2 \\ \sum t^2 y = a\sum t^2 + c\sum t^4\end{cases}$$

解此方程组，得：

$$\begin{cases}a = \dfrac{\sum y\sum t^4 - \sum t^2\sum t^2 y}{n\sum t^4 - (\sum t^2)^2} \\ b = \dfrac{\sum ty}{\sum t^2} \\ c = \dfrac{n\sum t^2 y - \sum y\sum t^2}{n\sum t^4 - (\sum t^2)^2}\end{cases}$$

例 5－13，我国某地棉花产量时间序列资料，拟合二次抛物线趋势方程，并预测 2009 年棉花产量，计算数据见表 5－17。

表 5－17　　我国某地棉花产量抛物线趋势简捷法计算表

年份	序号 t	棉花产量 y(吨)	t^2	t^4	ty	t^2y	y_c
1998	－5	695	25	625	－3475	17375	702.74
1999	－4	744	16	256	－2976	11904	722.32
2000	－3	765	9	81	－2295	6885	746.00
2001	－2	694	4	16	－1388	2776	773.78
2002	－1	749	1	1	－749	749	805.66
2003	0	978	0	0	0	0	841.64
2004	1	920	1	1	920	920	881.72
2005	2	957	4	16	1914	3828	925.90
2006	3	830	9	81	2490	7470	974.18
2007	4	1013	16	256	4052	16208	1026.56
2008	5	1138	25	625	5690	28450	1083.04
合计	0	9483	110	1958	4183	96565	—

设 $y_c = a + bt + ct^2$

$$a = \frac{\sum y \sum t^4 - \sum t^2 \sum t^2 y}{n\sum t^4 - (\sum t^2)^2} = \frac{9483 \times 1958 - 110 \times 96565}{11 \times 1958 - (110)^2}$$

$$= \frac{7945564}{9438} = 841.87$$

$$b = \frac{\sum ty}{\sum t^2} = \frac{4183}{110} = 38.03$$

$$c = \frac{n\sum t^2 y - \sum y \sum t^2}{n\sum t^2 - (\sum t^2)^2} = \frac{11 \times 96565 - 9483 \times 110}{11 \times 1958 - (110)^2}$$

$$= \frac{19085}{9438} = 2.02$$

所以：$y_c = 841.87 + 38.03t + 2.02t^2$

2009 年棉花产量预测值为：$841.87 + 38.03(6) + 2.02(6^2) =$ 1143 吨

（2）指数曲线的测定与预测。指数曲线是描述以几何级数递增或递减的现象，即时间序列的环比增长速度按一定的百分比增加或递降。

指数曲线的一般表达式为：

$$y_c = ab^t$$

式中：a 为初始值，当 $t = 0$ 时，趋势值为 a；b 为平均发展速度。

若 $b > 1$，增长率随着 t 的增加而增加；若 $b < 1$，增长率随 t 的增加而降低。

确定指数曲线的参数 a 和 b，可采取“线性化”的手段将其变为对数直线形式，即两边取对数得：

$$\log y_c = \log a + t\log b$$

然后根据最小平方法原理，按直线形式参数确定方法，得到求解 loga 和 logb 的标准方程组方程如下：

$$\begin{cases} \sum \log y = n\log a + \log b \sum t \\ \sum t\log y = \log a \sum t + \log b \sum t^2 \end{cases}$$

解联立方程组得：

$$\log b = \frac{n \sum t\log y - \sum t \sum \log y}{n \sum t^2 - (\sum t)^2}$$

$$\log a = \frac{\sum \log y}{n} - \log b \frac{\sum t}{n}$$

当取时间序列的中间时期的 t 为原点时，使 $\sum t=0$，公式可简化为：

$$\log b = \frac{\sum t\log y}{\sum t^2}$$

$$\log a = \frac{\sum \log y}{n}$$

求出 loga 和 logb 后，再取其反对数，即得参数 a、b。

例 5－14，现有某县农副产品收购额的时间序列资料。经计算，农副产品收购额的各期环比增长速度大体相同。根据资料，建立指数曲线方程，并预测 2006 年农副产品收购额。见表 5－18。

表 5－18 某县农副产品收购额指数曲线简捷法计算表

年份	序号	收购额（万元）y	logy	tlogy	t^2	y_c
2002	－3	30	1.4771	－4.4313	9	31.30
2003	－2	34	1.5315	－3.0630	4	35.03
2004	－1	41	1.6128	－1.6128	1	39.20
2005	0	46	1.6623	0	0	43.86
2006	1	51	1.7076	1.7076	1	49.08
2007	2	55	1.7404	3.4808	4	54.92
2008	3	58	1.7634	5.2902	9	61.45
合　计	0	315	11.4950	1.3715	28	—

设：$\log y_c = \log a + t\log b$

将表 5－18 计算结果代入简化法计算公式得：

$$\log a = \frac{\sum \log y}{n} = \frac{11.4950}{7} = 1.6421$$

$$\log b = \frac{\sum t\log y}{\sum t^2} = \frac{1.3715}{28} = 0.04898$$

所以：$\log y_c = 1.6679 + 0.04898t$

将上式中的对数化为自然数得：

$$y_c = ab^t = 43.86\ (1.119)^t$$

2009 年农副产品收购额的预测值为：$43.86\ (1.119)^4 = 68$ 万元

第五节

季节变动的分析与预测

一、分析季节变动的意义

季节变动是时间序列的又一个主要构成因素。在现实生活中，季节变动是一种极为普遍的现象，它是诸如气候条件、生产条件、节假日或人们的风俗习惯等各种因素作用结果。农业生产、交通运输、建筑业、旅游业、商品销售以及工业生产中都有明显的季节性。

季节波动一般有三个基本特征：（1）季节波动有一定的规律性和周期性。（2）季节波动每年重复出现，具有重复性。（3）季节波动的波动轨迹具有相似性。

在一定条件下，许多现象都存在着有规律的周期变动。测定和掌握季节波动的规律性是进行统计分析的一个重要方面，也是本章的基本任务之一。

第一，测定季节波动，总结季节波动规律，有利于指导当前的社会生产和各种经济活动。

第二，测定季节波动可以根据季节波动规律，配合适当的季节模型，结合长期趋势，进行预测。

第三，测定季节波动，有利于消除季节波动对时间序列带来的影响，更好研究长期趋势和循环变动。

二、季节变动的测定方法

测定季节变动，通常是根据时间序列计算出季节指数（季节比率），然后根据季节指数与其平均数100%的偏离程度来测定季节变动的程度。

测定季节变动的方法很多，以其是否考虑长期趋势的影响看分为两大类：一类是不考虑长期趋势影响，直接根据原始时间序列来计算；一类是将原始的时间序列中长期趋势影响剔除以后再进行计算。前者常用的方法是按期（季或月）平均法，后者常用的方法是长期趋势剔除法。

（一）按期（季或月）平均法

按期平均法是直接根据原始时间序列资料计算季节指数的一种最简单的方法。它适用于长期趋势不明显或者长期趋势根本不存在的时间序列的测定。根据按月或按季排列的时间序列，测定季节变动的一般计算步骤和方法如下：

第一，计算历年同月（或同季）的平均数 $\bar{x}_j$；

第二，计算历年月（或季）的总平均数 $\bar{x}$；

第三，计算季节比率，也称季节指数。即将历年同月（或同季）的平均数与月（或季）总平均数对比。计算公式用符号表示为：

$$S_i = \frac{\bar{x}_j}{\bar{x}} \times 100$$

式中 S_i 为季节指数。

各月季节指数之和，应等于 1200%，如果是季度资料，各季度季节指数之和，应等于 400%，若有误差，可以使用调整系数加以调正。

当季节指数 $S_i>100\%$ 时，表明社会经济现象为旺季；当季节指数等于 100%，表明无季节变动；当季节指数 $S_i<100\%$ 时，表明社会经济现象为淡季。

例 5－15，某市某种商品销售量如表 5－19 所示。试用按期（月）平均法测定和分析季节变动。

表 5－19　　某市 2004—2008 年某商品销售量

季节指数计算表　　单位：万台

年／月	2004 年	2005 年	2006 年	2007 年	2008 年	五年合计	同月平均	季节指数(%)
1 月	5.2	5.4	5.3	5.4	5.5	26.8	5.36	31.55
2 月	5.1	5.3	5.4	5.5	5.4	26.7	5.34	31.43
3 月	6.8	6.9	6.5	7.0	7.1	34.3	6.86	40.38
4 月	12.5	12.6	12.4	12.3	12.5	62.3	12.46	73.34
5 月	12.8	12.7	12.9	12.8	12.6	63.8	12.76	75.10
6 月	20.5	22.0	22.3	23.4	24.5	112.7	22.54	132.67
7 月	37.5	38.6	39.8	40.5	42.3	198.7	39.74	233.90
8 月	44.3	47.6	48.0	46.4	47.5	233.8	46.76	275.22
9 月	26.5	28.6	30.0	29.8	31.2	146.1	29.22	171.98
10 月	14.3	15.2	15.7	17.2	18.0	80.4	16.08	94.64
11 月	5.4	4.5	4.2	4.3	4.7	23.1	4.62	27.19
12 月	2.1	2.2	2.2	2.3	2.0	10.8	2.16	12.71
合　计	193.0	201.6	204.7	206.9	213.3	1019.5	16.99	1200.11

计算结果表明，由于季节变化的影响，某种商品销售量有明显的季节变动。8 月份季节指数最高，是该商品销售量的高峰；而冬季该商品的销售量开始下降，尤其是 12 月份为最低，是销售量的低谷。掌握了这种商品销售量的季节变动规律，就可以采取适当措施在旺季充分组织货源，保证市场供应；淡季尽量压缩库存量减少资金积压。

若经过预测得知某市某种商品 2009 年全年总销售将达到 215 万台，考虑到季节变动因素的影响，预测 2006 年各月销售量应为：

1 月份销售量为$(215\div12)\times31.55\%=5.65$ 万台

2 月份销售量为$(215\div12)\times31.43\%=5.63$ 万台

3 月份销售量为$(215\div12)\times40.38\%=7.23$ 万台

以此类推。

按月平均法计算简便，易于理解。但它只适用于时间序列没有明显的长期趋势的统计数据。但实际上，许多时间序列中所包含的长期趋势，很少能通过平均而予以消除的。因此，当时间序列存在明显的长期趋势时，不适宜采用此种方法。

（二）长期趋势剔除法

长期趋势剔除法的基本思想是先测定时间序列中的长期趋势（如移动平均法），然后将长期趋势从原时间序列中加以剔除，获得无趋势的时间序列，然后再采用按期（月或季）平均法计算季节指数。

趋势剔除法的理论依据是时间序列的两个基本假定模型。假定时间数列各构成要素的关系结构 $Y=T\cdot S\cdot C\cdot I$。一般而言，长期趋势和季节变动属于常态现象，两者的结合，即为 $T\cdot S$ 称为常态变动。则季节变动的相对数的表达形式为：

$$S=\frac{y}{T}\times 100\%$$

剔除长期趋势，可采用移动平均法，移动平均法能够抵消不规则变动的影响。当然也可以采用最小平方法。长期趋势剔除法的计算步骤和方法如下：

第一，根据原时间序列资料 y 计算长期趋势值 T；

第二，将原时间序列的实际值 y 除以长期趋势值，即得$\frac{y}{T}$；

第三，将$\frac{y}{T}$按月或季排列，用按期（月或季）平均法求季节指数；

第四，加总各季节指数，其总和应等于 1200% 或 400%，如果大于或小于此数，须进行调整。

例 5 - 16，设有某收购站某产品的收购量资料如表 5 - 20，试用趋势剔除法测定季节波动。

表 5 - 20　　某收购站某产品收购量　　单位：吨

季　度	2005 年	2006 年	2007 年	2008 年	2009 年
第一季度	15	16	18	23	28
第二季度	19	20	22	25	36
第三季度	7	10	10	15	16
第四季度	10	11	14	18	20

解：从表 5 - 20 资料可以看出，某产品收购量在 2005—2009 年间有明显的上升趋势，因此，适合采用趋势剔除法测定季节波动。故列计算表如表 5 - 21。

表 5－21　　趋势剔除法计算表

年份	季度	Y_{ij}	四项移动平均	移正平均 T_{ij}	$S_{ij}=\frac{Y_{ij}}{T_{ij}}$（%）
2005	1	15		—	—
	2	19	12.75	—	—
	3	7	13.00	12.875	54.37
	4	10	13.25	13.125	76.19
2006	1	16	13.50	13.375	119.63
	2	20	13.75	13.625	146.79
	3	8	14.25	14.000	57.14
	4	11	14.75	14.500	75.86
2007	1	18	15.25	15.000	120.00
	2	22	16.00	15.625	140.80
	3	10	17.25	16.625	60.15
	4	14	18.00	17.625	79.43
2008	1	23	19.25	18.625	123.49
	2	25	20.25	19.750	126.58
	3	15	21.50	20.875	71.86
	4	18	24.25	22.875	78.69
2009	1	28	24.50	24.375	114.87
	2	36	25.00	24.750	145.45
	3	16		—	—
	4	20		—	—

（1）计算移动平均数 T_{ij}。由于所给资料是四个季度资料，因此，首先按四项移动平均，然后按两期校正移动平均。故有：

$$T_{13}=12.875$$

$$T_{14}=13.125$$

$$T_{21} = 13.375$$

$$T_{22} = 13.625$$

$$\vdots$$

$$T_{52} = 24.750$$

（2）剔除长期趋势值。剔除长期趋势值就是将原时间序列发展水平 Y_{ij} 除以移动平均数 T_{ij}，即：

$$S_{13} = \frac{7}{12.875} = 54.37\%$$

$$S_{14} = \frac{10}{13.125} = 76.19\%$$

其余类推（见表 5－21）。

表 5－22　　季节比率计算表　　单位：%

时　间	一季度	二季度	三季度	四季度	合　计
2005	—	—	54.37	76.19	—
2006	119.63	146.79	57.14	75.86	—
2007	120.00	140.80	60.15	79.43	—
2008	123.49	126.58	71.86	78.69	—
2009	114.87	145.45	—	—	—
同期平均 $\bar{y}_j$	119.50	139.905	60.88	77.5425	397.83
季节比率 S_j	120.16	140.67	61.21	77.96	400

（3）将剔除长期趋势资料按各年同期排列成表 5－22，并计算各年同期平均数 $\bar{y}_j$。

（4）计算调整系数 α。

$$\alpha = \frac{m}{\sum_{j=1}^{m} \bar{y}_j} = \frac{400\%}{397.83\%} = 100.55\%$$

（5）计算季节比率 S_j。

$S_j = \bar{y}_j \cdot \alpha$

$S_1 = 119.5\% \times 1.0055 = 120.16\%$

$S_2 = 139.905\% \times 1.0055 = 140.67\%$

$S_3 = 60.88\% \times 1.0055 = 61.21\%$

$S_4 = 77.5425 \times 1.0055 = 77.96\%$

其计算结果见表 5－22。

假如某收购站规划 2010 年某产品收购量为 120 吨。由于收购量受季节变动影响，所以各季的收购量要考虑相应的季节变动。经测定各季的季节指数为表 5－22 的结果。那么 2010 年各季度的规划收购量应为多少呢？

如果不考虑季节变动影响，各季的收购量应为 120 吨 ÷ 4 = 30 吨；如果考虑季节变动，则用 30 吨去乘以各季的季节指数。即：

第一季度　$30 \times 120.16\% = 36.048$ 吨

第二季度　$30 \times 140.67\% = 42.201$ 吨

第三季度　$30 \times 61.21\% = 18.363$ 吨

第四季度　$30 \times 77.96\% = 23.388$ 吨

如取整数各季度收购量分别为 36 吨、42 吨、18 吨和 24 吨。

这样该收购站可根据以上预测数据安排收购规划，准备收购资金等。

三、趋势季节模型预测

时间序列的变动受长期趋势 T、季节变动 S、循环变动 C 和不规则变动 I 四个因素的变动影响，其中长期趋势和季节变动是影响时间序列变动的两大主要因素。在时间序列中，如果一个时间序列存在明显的长期趋势和季节变动，则在建构预测模型时，就必须同时考虑它们的影响。

将长期趋势和季节变动同时纳入一个预测模型，建构所谓趋势季节模型，并以此进行预测的方法称为趋势季节模型预测法。

（一）趋势季节模型的建立

设趋势季节模型的一般表达式为：

$$\hat{y}_s = \hat{y} \cdot S$$

式中：$\hat{y}_s$ 为考虑季节影响的预测值；

$\hat{y}$ 为不考虑季节影响的预测值；

S 为各预测期所对应的季节比率。

$\hat{y}$ 和 S 为模型待估计两个参数，它们可分别通过长期趋势模型和季节变动测定模型来估计。

例 5－17，根据计算，得到某种商品销售量（千件）的长期趋势模型为：$\hat{y} = 162 + 1.02t$（2005 第 4 季度为原点）。各季季节比率的经验数据如表 5－23 所示。试据此预测 2010 年第一、二、三和四季度的销售量。

表 5－23　　　各季季节比率资料

	第一季	第二季	第三季	第四季
季节比率%	50.57	76.98	120.54	151.91

解：由于原点在 2005 年第四季度，即 2006 第一季度的 t 值为 1，故 2010 年第一、二、三和四季度的 t 值应分别为：

$t = 25 \quad t = 26 \quad t = 27 \quad t = 28$

又由 $\hat{y} = 162 + 1.02t$，可得 2010 年各季不考虑季节变动影响的预测值：

$\hat{y}_{25} = 162 + 1.02 \times 25 = 187.5$（千件）

$\hat{y}_{26} = 162 + 1.02 \times 26 = 188.52$（千件）

$\hat{y}_{27} = 162 + 1.02 \times 27 = 189.54$（千件）

$\hat{y}_{28} = 162 + 1.02 \times 28 = 190.56$（千件）

所以，根据趋势季节预测模型：

$$\hat{y}_s = (162 + 1.02t) \cdot S$$

2010 年各季度考虑季节变动的影响程度的预测值如下：

$\hat{y}_{S25} = 187.5 \times 50.57\% = 94.82$（千件）

$\hat{y}_{S26} = 188.52 \times 76.98\% = 145.12$（千件）

$\hat{y}_{S27} = 189.54 \times 120.54\% = 228.47$（千件）

$\hat{y}_{S28} = 190.56 \times 151.90\% = 289.48$（千件）

（二）年值模型与月（或季）值模型的转换

长期趋势预测模型若是以月或季值资料为依据建构的，那么，就可以直接与季节分析结合起来进行预测。事实上，实际中的长期趋势预测模型多是根据年值资料确定的，如果要使用趋势-季节模型进行预测，就需要将年值趋势模型转化为月或季值趋势模型。

若令时间序列的第一年的 t 值为 1，且依此建立的年值模型为：

$$\hat{y}_T = A + BT$$

则以此为依据转换成的月值、季值模型分别为：

$$\hat{y}_t = \frac{A}{12} + 5.5\frac{B}{144} + \frac{B}{144}t \text{（月值模型）}$$

$$\hat{y}_t = \frac{A}{4} + 1.5\frac{B}{16} + \frac{B}{16}t \text{（季值模型）}$$

现以月值模型为例说明转换过程。

第一步，把年值改换为月平均趋势值，设年值趋势模型为：

$$\hat{y}_T = A + BT$$

将等式两边同除以 12 有：

$$\frac{\hat{y}_T}{12}=\frac{A}{12}+\frac{B}{12}T$$

$$\hat{y}_t=\frac{A}{12}+\frac{B}{12}T$$

第二步，把按年计算的序号 T 改为按月计算的序号 t。也即将 T 改为$\frac{1}{12}$计算，这相当于把$\frac{B}{12}$再除以 12，于是有：

$$\hat{y}_t=\frac{A}{12}+\frac{B}{144}t$$

第三步，变换原点。当 T = 0 时，$\hat{y}_T = A$，这是原点年（时间序列第一年的前一年）的预测值，该值对准原点年的年中，即 6 月 30 日。现在要将原点移至原点年的 12 月 15 日，使该月成为原点月。这样，当 t = 1 时，所得预测值就成为时间序列第一年第一月的预测值了。

由于 6 月 30 日与 12 月 15 日相隔 5.5 个月，故将其后移（向近期移）5.5 个月，于是得变换完毕的月值模型：

$$\hat{y}_t=\frac{A}{12}+5.5\frac{B}{144}+\frac{B}{144}t$$

例 5－18，已知我国某地区国内生产总值的外推直线趋势预测模型（年值）为（单位：亿元）：$\hat{y}_T = 430.45 + 159.88T$，且知当 t = 1 时为 1997 年（由 17 年资料）。试将其转化为月值模型，并预测 2010 年 1、2 月份的国内生产总值。

解：由于 $\hat{y}_T = 430.45 + 159.88T$ 为年值模型，即 A = 430.45，B = 159.88

所以，

$$\hat{y}_t = \frac{A}{12} + 5.5\frac{B}{144} + \frac{B}{144}t$$

$$= \frac{430.45}{12} + 5.5 \times \frac{159.88}{144} + \frac{159.88}{144}t$$

即：$\hat{y}_t = 41.98 + 1.11t$

因此，2010 年第 1、第 2 月份的国内生产总值的预测值为：

$$\hat{y}_t = \hat{y}_{205} = 41.98 + 1.11 \times 205 = 269.53 \text{ 亿元}$$

$$\hat{y}_t = \hat{y}_{206} = 41.98 + 1.11 \times 206 = 270.64 \text{ 亿元}$$

思考与练习

思考题：

1. 什么是时间序列？简述时间序列的各构成要素。
2. 编制时间序列应注意哪些问题？
3. 举例说明时期数列和时点数列的特点。
4. 简述平稳序列和非平稳序列的含义。
5. 怎样根据给定的时间序列选择趋势线的类型？
6. 采用移动平均法测定长期趋势应注意哪些问题？
7. 什么是季节波动？测定与分析季节波动有何意义？

练习题：

1. 已知某地“十一五”规划期间按当年价格计算的国民生产总值资料如下：

年　份	2005	2006	2007	2008	2009	2010
国民生产总值（亿元）	598.4	662.5	671.9	678.2	744.9	759.4

试对某地区“十一五”规划期间的国民生产总值进行动态分析。

2. 某企业 2009 年增加值及职工人数资料如下：

时　间	第一季度	第二季度	第三季度	第四季度
增加值（万元）	5650	5970	6140	6360
季末职工人数（人）	2018	2070	2120	2200

2009 年年初职工人数为 2010 人，

要求计算：① 该企业年平均职工人数；

② 该企业 2009 年平均每季度的增加值；

③ 该企业 2009 年季劳动生产率和年劳动生产率。

3. 某企业 2009 年钢材库存量资料如下：

时　间	1 月 1 日	4 月 15 日	8 月 15 日	12 月 31 日
库存量（吨）	135	150	180	128

要求计算该企业 2009 年钢材平均库存量。

4. 某建筑公司 2009 年第二季度全体职工及工人人数资料如下：

时　间	3 月 31 日	4 月 30 日	5 月 31 日	6 月 30 日
全体职工人数（人）	580	580	600	620
其中：工人人数（人）	435	450	462	576

试计算该建筑公司第二季度工人占全体职工人数的平均比重。

5. 某商场 2009 年下半年的零售额、库存额及流通费用额资料如下：

单位：万元

月　份	7月	8月	9月	10月	11月	12月
零售额	1107	1160	1150	1170	1200	1370
月初库存额	680	675	670	650	670	690
流通费用额	108	102	98	96	100	104

另知2009年年末商品库存额为710万元。

试计算该商场2009年下半年商品的平均周转次数和平均流通费用率。

6. 下面是某市1990—2009年财政用于农业的支出额数据：

单位：亿元

年　份	支出额	年份	支出额	年份	支出额
1990	11.0	2000	19.5	2005	37.6
1991	12.0	2001	21.4	2006	44.0
1992	13.2	2002	26.5	2007	53.2
1993	14.1	2003	30.7	2008	57.4
1994	15.3	2004	34.7	2009	66.5

要求：（1）计算年平均增长率；

（2）根据年平均增长率预测2010年的财政支出额。

7. 下表是某县某种农作物1995—2009年产量统计数据：

单位：万公斤

年份	产量	年份	产量	年份	产量	年份	产量
1986	145	1995	245	2000	309	2005	369
1987	137	1996	250	2001	316	2006	416
1988	168	1997	261	2002	367	2007	438
1989	232	1998	248	2003	372	2008	469
1990	220	1999	281	2004	353	2009	512

(1) 用5期移动平均法预测2010年的产量；

(2) 采用一次指数平滑法，初始值为140。分别用平滑系数 $\alpha=0.3$ 和 $\alpha=0.5$，预测2010年产量，说明哪一个平滑系数预测更合适。

(3) 采用二次指数平滑法建立一个直线趋势方程预测2010年的产量。

8. 某地区2006年粮食产量为500万吨，若在2010年达到600万吨，则每年必须以怎样的速度递增？如该地区一直以这一速度增长，到2013年时粮食产量将达到多少？

9. 某制糖厂2009年生产糖5万吨，如果平均每年以16%的速度增长，多少年后糖的总产量可以达到40万吨？

10. 某企业2005—2009年某种产品的产量资料如下：

单位：万吨

年　份	2005	2006	2007	2008	2009
产品产量	20	22	24	27	30

试用最小平方法配合直线趋势方程，并预测该企业2010年、2012年这种产品可能的产量。

11. 已知某地2001—2009年地方财政支出额资料如下：

单位：亿元

年　份	2001	2002	2003	2004	2005	2006	2007	2008	2009
财政支出额	30	32	34	41	46	51	55	58	62

要求，试用最小平方法分别配合：

(1) 直线趋势方程；

(2) 指数曲线趋势方程；

（3）二次曲线趋势方程；

（4）选择你认为合适的方法预测2010年财政支出额。

12. 某企业某种商品的销售资料如下：

单位：千台

年份	第一季	第二季	第三季	第四季	合计
2005	4	6	13	18	41
2006	5	8	14	18	45
2007	6	10	16	22	54
2008	8	12	19	25	64
2009	15	17	21	28	81

要求：

（1）用按月（季）平均法测定该商品销售量的季节变动情况。

（2）用趋势剔除法测定该商品销售量季节变动指数；

（3）如果规划2010年销售量100千台，请按以上两种方法预测各季度的销售量。

13. 某乳制品加工厂五年间各季度增加值资料如下表：

单位：万元

年份	第一季度	第二季度	第三季度	第四季度	合计
2004	140	160	27	130	457
2005	154	160	29	151	500
2006	170	174	33	160	537
2007	177	189	38	169	573
2008	188	192	46	179	605

试据此：

（1）用最小平方法建立上述资料的年直线趋势方程。

（2）若给定各季度的季节比率的经验数据 S_j 为：

$S_1 = 124.1\%$，$S_2 = 131.9\%$，$S_3 = 25.9\%$，$S_4 = 118.1\%$，试建立趋势季节预测模型，并预测 2009 年各季度的增加值；

（3）将年值模型转换季值模型，并预测 2009 年各季度的增加值。

第六章

统计指数分析

第一节 统计指数概述

一、统计指数的概念

统计指数的产生是人们社会实践活动的产物。世界上最早出现的指数是物价指数。1869 年伦敦《经济周报》发表了一种反映 22 种商品价格综合变动情况的相对数，此即世界上历史最为悠久的统计指数。

社会实践中，商品的价格是人们普遍关注的问题之一。一定时期内，有的商品的价格会上升，有的商品的价格会下降，要综合反映该时期商品价格的总变动趋势，这就从客观上要求人们寻求某种方法来解决这一问题，统计指数也就应运而生。

人们最先研究商品的价格总变动是从研究单种商品的价格变动开始的。通常是在计算单种商品的价格变动幅度，即个体指数后，对其进行简单的算术平均、几何平均或调和平均，后来发展至加权平均，以反映全体商品的价格总变动，这便是统计总指数的雏形。统计学理论中，统计指数主要指总指数。

统计指数的概念有广义和狭义之分。广义的指数指一切反映社会经济现象数量变动或差异程度的相对数。按照这一定义，总体或总体单位的静态对比数值、动态对比数值都属于指数这一范畴。如某企业劳动生产率报告期比基期的发展速度，甲企业与乙企业职工人数对比的相对数，某种商品报告期价格与基期价格之比，某种产品报告期单位成本与基期单位成本之比等。狭义的指数指反映不可能直接相加的复杂总体在数量上综合变动的相对数。狭义指数的概念及编制方法是统计指数理论的核心。应该注意的是：(1) 统计指数是一种相对数，它用百分数表示。(2) 统计指数反映的是总体的总变动、综合变动，而不是总体内的单一变动。(3) 统计指数反映的总变动是复杂总体的总变动。所谓复杂总体，并不是指容量很大、总体单位很多的宠大总体，它指的是总体单位的标志值不能相加的总体。例如，要反映一定时期内全部农副产品销售价格的总变动，由于产品类型、计量单位的差异，这样，多种商品的价格、销售量就不能直接相加，全部农副产品也就构成一个复杂总体（本章主要以狭义指数展开讨论）。

二、统计指数的分类

统计指数从不同角度可以作如下分类：

（一）按研究范围分类

按研究范围不同，统计指数可分为个体指数和总指数。

个体指数是表明复杂社会经济总体中个别要素变动情况的相对数。例如，某种商品销售量指数、个别商品的价格指数、单个产品的成本指数等都是个体指数。

总指数是表明复杂经济现象中多种要素综合变动情况的相对数。例如，工业生产指数、社会商品零售物价指数、职工生活费用价格指数等都是总指数。

（二）按编制的方法论原理分类

按编制指数的方法论原理不同，指数可分为简单指数和加权指数。

简单指数是指直接将社会经济现象个别要素的报告期与基期数值对比的相对数。

加权指数是由个体指数加权平均或汇总求得的总指数。加权指数是计算总指数广为采用的方法。综合指数也是一种加权指数。

（三）按其性质分类

按指数性质不同，指数可分为数量指标指数和质量指标指数。

数量指标指数是用来反映社会经济总体的数量或规模变动方向和程度的指数，例如，职工人数指数、产品产量指数、商品销售量指数。

质量指标指数是用以反映社会经济总体质量、内涵变动情况的指数。例如，单位成本指数、物价指数、劳动生产率指数等。

三、统计指数的作用

统计指数的作用主要有如下三个方面：

（一）综合反映社会经济现象总变动方向及变动幅度

在统计实践中，经常要研究多种商品或工产品价格的综合变动情况，多种商品的销量或产品产量的总变动，多种产品的成本总变动，多种股票价格变动等。这类问题由于各种商品或产品使用价值不同，各种股票价格涨跌幅度和成交量不同，所研究的总体中的各个个体不能直接相加。指数法的首要任务，就是把不能直接相加总的现象过渡到可以加总对比，从而反映复杂经济现象的总变动方向及变动幅度。

（二）分析现象总变动中各因素变动的影响方向及影响程度

利用指数体系理论可以测定复杂社会经济现象总变动中，各构成因素的变动对现象总变动的影响情况。任何一个复杂现象都是由多个因子构成的，如：销售额 = 价格 × 销售量，编制商品的价格指数和销售量指数，可分析它们的变动对销售额变动的影响。又如影响利润总额变化的各种因素有产品产量、产品销售量、产品成本、产品销售价格等。运用指数法编制产品产量指数、产品销售量指数、产品成本指数、产品销售价格指数等并分别对它们测定，根据各因素变动影响，可以综合评价利润总额变动情况。

（三）反映社会经济现象的变动趋势

编制一系列反映同类现象变动情况的指数形成指数数列，可以反映被研究现象的变动趋势。例如，根据 1990—2005 年共 16 年的零售商品价格资料，编制 15 个环比价格指数，从而构成价格指数数列。这样，就可以揭示价格的变动趋势，研究物价变动对经济建设和人民生活水平的影响程度。

此外，利用统计指数还可以进行地区经济综合评价、对比，研究国民经济和社会发展规划的执行情况。

第二节

统计指数的编制方法

一、加权综合法

统计指数的编制方法主要有加权综合法和加权平均法。其中加权综合法是编制总指数的基本形式。加权综合法是指对不能直接相加的多要素构成的指数化因素（即研究对象）通过引入同度量因素（也即权数）并将其固定在同一时期来编制总指数，以反映指数化因素在不同时期综合变动程度的一种方法。由加权综合法编制的总指数，习惯称之为综合指数。

编制总指数时，由于同度量因素固定的时期选择可以是基期水平，也可以是报告期水平，因此就有基期加权综合法和报告期加权综合法之分，以及在此基础上，对同度量因素进行改良，则产生了交叉加权综合法。

（一）基期加权综合法

编制工业产品产量、商品销售量、农副产品收购量等数量指标总指数时，首先需要解决的是如何使不能直接加总的实物量变为能综合对比的问题。下面以产品产量指数为例说明其编制方示。

例 6 -1，设某厂生产的四种产品的产量和出厂价格资料如表 6 -1 所示，要求，计算产品产量总指数，反映四种产品产量综合变动情况及产量变动对产值的影响。

表 6－1　　某工厂产品产量和出厂价格资料表

产品名称	计量单位	产量		出厂价格（百元）	
		基期 q_0	报告期 q_1	基期 P_0	报告期 P_1
甲	台	200	210	70	70
乙	吨	800	880	420	410
丙	件	320	300	100	120
丁	套	580	600	80	90

由于各种产品使用价值、计量单位不同，将它们的产量直接相加后进行综合对比没有经济意义。为了解决这一不同产品产量不能直接相加的问题，在编制指数时需要引入一个因素，使总体内不能同度量的指标同度量化，这个被引入的因素称为同度量因素。

所谓同度量因素，就是在综合指数编制中，将不能直接相加的要素转化为能够直接相加的量的媒介因素。同度量因素在综合指数的编制中起过渡或权数作用，故也称谓权数。

就产品产量指数而言，必须以产品出厂价格作为同度量因素。因为：

$$产量 \times 出厂价格 = 产品产值$$

把不同产品产量转化为产值，然后再作比较。而产值变动除受产量变动影响外，还受出厂价格变动的影响。要单纯反映产品产量的变动，就要将出厂价格固定，以排除出厂价格变动的影响。即假定两个时期的产品产量都是按同一出厂价格计算产值的。

有公式表示：

$$\overline{K}_q = \frac{\sum q_1 p}{\sum q_0 p}$$

式中：$\overline{K}_q$ 为产品产量总指数；q_1、q_0 分别为报告期和基期的产品产量；p 为同一个时期的价格。

从这个公式可以看出，计算总指数时必须采用一种假定，即假定两时期的价格相同来测定产品产量的变动情况。

将同度量因素固定在同一时期可以有不同的选择，使用不同时期的出厂价格得到不同的结果，且有不同的经济内容。

用基期出厂价格作为同度量因素，其公式和计算过程为：

$$\overline{K}_q = \frac{\sum q_1 p_0}{\sum q_0 p_0}$$

式中：p_0 为基期出厂价格。

$$\overline{K}_q = \frac{210 \times 70 + 880 \times 420 + 300 \times 100 + 600 \times 80}{200 \times 70 + 800 \times 420 + 320 \times 100 + 580 \times 80}$$

$$= \frac{462300}{428400} = 107.91\%$$

$$462300 - 428400 = 33900 \text{（百元）}$$

这个指数表明，将同度量因素（价格）固定在基期，该工厂全部工业产品产量增长了 7.91%，由于产量增长而增加的产值为 33900 百元。

用报告期出厂价格作为同度量因素，其公式和计算过程为：

$$\overline{K}_q = \frac{\sum q_1 p_1}{\sum q_0 p_1}$$

式中：p_1 为报告期出厂价格。

$$\overline{K}_q = \frac{210 \times 70 + 880 \times 410 + 300 \times 120 + 600 \times 90}{200 \times 70 + 800 \times 410 + 320 \times 120 + 580 \times 90}$$

$$= \frac{465500}{432600} = 107.61\%$$

$$465500 - 432600 = 32900 \text{（百元）}$$

该指数表明，将同度量因素（价格）固定在报告期，该厂全部工业产品产量增长 7.61%，由于产量增长而增加的产值为 32900 百元。

上述情况表明，同一资料，由于采用基期出厂价格和采用报告期出厂价格编制的指数，其经济含义和结果均有些差别。

就产品产量总指数而言，（例 5－1）两种方法得到的两个指数相比较，无论是产量增长的幅度，还是产值增长的绝对额都不相同，其原因是计算产量总指数时使用的是不同时期的价格作为同度量因素。

上述第一种情况用的基期出厂价格作同度量因素，即假定出厂价格保持基期水平不动的情况下产品产量的增长情况。第二种情况用的是报告期价格作为同度量因素，即出厂价格变化为报告期水平时产品产量的增长情况。两种情形结果的差额是由于两种价格差引起的，即：

$$\sum (p_1 - p_0)(q_1 - q_0)$$

$$= 10 \times 0 + 80 \times (1 - 10) + (-20) \times 20 + 20 \times 10$$

$$= -1000 \text{(百元)}$$

正好等于两个指数绝对额的差额（32900－33900）

在实际工作中，计算工业产品产量总指数时，一般采用基期价格作同度量因素。因为，编制产量指数的目的是要排除价格因素变动的影响，单纯反映产品产量的总变动。把同度量因素

（价格）固定在报告期，则包含了价格由过去到现在的变化在内。这里工业产品产量指数属于数量指标总指数，价格是同度量因素，属于质量指标，它具有普遍意义。

因此，学术界多数人主张用加权综合法编制数量指标总指数时，一般应以相关的基期质量指标作为同度量因素，即采用基期加权综合法。

例 6-2，某外贸工厂的生产统计资料如表 6-2 所示，要求，计算日产量总指数。（列计算表）

表 6-2　　某外贸工厂日产量总指数计算表

产品类别	单位	日产量		单位成本（元）		q_0z_0	q_1z_0
		2004 年 q_0	2005 年 q_1	2004 年 z_0	2005 年 z_1		
甲	件	500	520	220	210	110000	114400
乙	台	230	240	1800	1600	414000	432000
丙	套	1000	1050	560	550	560000	588000
丁	个	430	400	300	280	129000	120000
合计		—	—	—	—	1213000	1254400

解：日产量总指数为：

$$\overline{K}_q = \frac{\sum q_1z_0}{\sum q_0z_0} = \frac{1254400}{1213000} = 103.4\%$$

$$\sum q_1z_0 - \sum q_0z_0 = 1254400 - 1213000 = 41400\ （元）$$

这说明，四种产品的产量报告期比基期增长 3.4%，由于产量的增长使生产总成本增加了 41400 元。

（二）报告期加权综合法

例 6-3，假设某零售商店五种商品销售量及销售价格资料如表 6－3 所示，要求，计算销售价格总指数，反映五种商品价格综合变动情况及价格变动对销售额的影响额。

表 6－3　　某零售商店销售资料表

商品名称	计量单位	销售量		销售价格（元）	
		基　期 q_0	报告期 q_1	基　期 p_0	报告期 p_1
甲	米	800	880	420	410
乙	件	3200	3600	750	750
丙	公斤	2000	2100	600	650
丁	双	900	1000	180	200
戊	台	500	450	1000	1200

由于各种商品使用价值、计算单位不同，把它们的价格直接相加后进行综合对比没有经济意义。为了解决这个价格不能相加的问题，在编制指数时，引入销售量作为同度量因素，使不能直接相加的量同度量化。因为：商品价格×商品销售量＝商品销售额

把不同商品的价格转化为销售额，然后再作比较。而商品销售额变动除了受价格变动影响之外，还受商品销售量变动的影响。要单纯反映物价的变动，就要将销售量固定，以排除销售量变动的影响。即假定两个时期的商品销售额是按同一时期的销售量计算的。

用公式表示：

$$\overline{K}_p = \frac{\sum p_1 q}{\sum p_0 q}$$

式中：$\overline{K}_P$ 为商品销售价格总指数；q 为同一时期的销售量。其他符号同前。

用基期销售量（q_0）作为同度量因素，其公式和计算过程为：

$$\overline{K}_P = \frac{\sum p_1 q_0}{\sum p_0 q_0}$$

$$= \frac{410 \times 800 + 750 \times 3200 + 650 \times 2000 + 200 \times 900 + 1200 \times 500}{420 \times 800 + 750 \times 3200 + 600 \times 2000 + 180 \times 900 + 1000 \times 500}$$

$$= \frac{4800000}{4590000} = 104.58\%$$

$$\sum p_1 q_0 - \sum p_0 q_0 = 4800000 - 4590000$$

$$= 210000 \text{（元）}$$

这个指数表明将同度量因素（销售量）固定在基期，该零售商店五种商品价格综合上涨 4.58%。由于价格上涨使销售额增加 210000 元。

用报告期销售量（q_1）作为同度量因素，编制销售价格总指数，其公式和计算过程为：

$$\overline{K}_P = \frac{\sum p_1 q_1}{\sum p_0 q_1}$$

$$= \frac{410 \times 880 + 750 \times 3600 + 650 \times 2100 + 200 \times 1000 + 1200 \times 450}{420 \times 880 + 750 \times 3600 + 600 \times 2100 + 180 \times 1000 + 1000 \times 450}$$

$$= \frac{5165800}{4959600} = 104.16\%$$

$$\sum p_1 q_1 - \sum p_0 q_1 = 5165800 - 4959600$$

$$= 206200 \text{（元）}$$

这个指数表明，将同度量因素（销售量）固定在报告期，该零售商店五种商品价格综合上涨了 4.16%，由于价格上涨使销售额增加 206200 元。

上述情况表明，同一资料，由于采用基期销售价格和采用报告期销售价格编制的指数，其经济含义和结果均有些差别。

就上例的两个商品销售价格指数相比较而言（见例6-3），基期销售量为同度量因素编制的物价指数无论涨价幅度，还是销售额增加的绝对额都比报告期销售量为同度量因素编制的物价指数大。产生这种差别的原因在于，计算总指数采用的是不同时期的销售量作同度量因素，也就是说两个指数的差额是由于两个销售量的差额引起的。即：

$$\sum(q_1-q_0)(p_1-p_0)$$
$$=80\times(-10)+400\times0+100\times50+100\times20+(-50)\times200$$
$$=-3800\ (元)$$

也即：206200 - 210000 = -3800（元）

后一个物价指数 $\frac{\sum p_1q_1}{\sum p_0q_1}$ 是假定报告期销售的商品，由于价格变动带来的影响情况，前一个物价指数 $\frac{\sum p_1q_0}{\sum p_0q_0}$ 是假定居民的消费水准仍维持在基期时，价格变动带来的影响情况。究竟用哪一个指数？这个问题要看实际情况和分析研究的目的来确定。

一般地讲，编制物价指数的目的不仅要反映市场物价水平变动的方向和程度，而且还要反映这种变动对社会经济生活带来的实际影响，即物价变化对国家、企业、人民群众货币收支和生活水平的实际影响。由于物价变化发生在报告期，国家、企业、居民因物价变动而得到的实惠或受到的损失，也同报告期购买量有关，而不可能同物价变动以前的任何一个时期的购买量有关。

所以，从应用的角度讲，用加权综合法编制物价总指数应当以报告期的实际销售量作为同度量因素，才具有现实的经济意义。这里物价指数是质量指标指数，销售量这个同度量因素是数量指标，它具有普遍意义。

因此，学术界多数人主张用加权综合法编制质量指标总指数时，一般应以相关的报告期的数量指标作为同度量因素。即采用报告期加权综合法。

例 6－4，假定有四种商品的价格及销售量资料如表 6－4 所示，要求，计算价格总指数。(列计算表)

表 6－4　　四种商品销售价格总指数计算表

	计量单位	价格（元）		销售量		p_1q_1	p_0q_1
		p_0	p_1	q_0	q_1		
脸盆	个	18	22	300	280	6160	5040
毛巾	条	3.5	3.2	1500	1600	5120	5600
皮鞋	双	85	90	420	450	40500	38250
牙刷	把	1.4	1.2	2100	2400	2880	3360
合计	—	—	—	—	—	54660	52250

解：

价格总指数为：

$$\frac{\sum p_1q_1}{\sum p_0q_1} = \frac{54660}{52250} = 104.61\%$$

$$\sum p_1q_1 - \sum p_0q_1 = 54660 - 52250 = 2410$$

这说明，四种商品的价格报告期比基期综合上升了 4.61%，由于价格的上升使销售额增加 2410 元。

（三）交叉加权综合法

从经济学的观点来说，人们为了获得同样的满足，总想以较少的投入而取得最大的报酬。因此当商品涨价时就少买，对于跌价的商品多买。据此，在编制商品物价指数时，对于涨价的商品应当减小权数，对于跌价的商品应当加大权数。然而按基期加权综合法编制的物价指数的子项 $\sum p_1q_0$ 违背了上述精打细算的原则。所以经济学家们认为，用基期加权综合法计算的物价指数将比实际的指数偏高。与之相反，按报告期加权综合法计算的物价指数的母项中，对于跌过价多买的数量按照高价计算，而对于涨过价少买的数量按照低价计算，因而使物价指数的母项 $\sum p_0q_1$ 偏高。所以，经济学家们认为，用报告期加权综合法计算的物价指数比实际的指数偏低。基于上述讨论，为了避免基期加权综合法公式"偏高"和报告期加权综合法公式"偏低"，折衷的办法之一就是采用交叉加权综合法。即在交叉加权综合法计算的指数中，加入的同度量因素就是基期加权综合指数和报告期加权综合指数中权数的平均值。其物价指数和销售量指数的公式分别为：

物价指数：

$$\overline{K}_p = \frac{\sum p_1(\frac{q_0+q_1}{2})}{\sum p_0(\frac{q_0+q_1}{2})} = \frac{\sum p_1(q_0+q_1)}{\sum p_0(q_0+q_1)} = \frac{\sum p_1q_0+\sum p_1q_1}{\sum p_0q_0+\sum p_0q_1}$$

销售量指数：

$$\overline{K}_q = \frac{\sum q_1(\frac{p_0+p_1}{2})}{\sum q_0(\frac{p_0+p_1}{2})} = \frac{\sum q_1(p_0+p_1)}{\sum q_0(p_0+p_1)} = \frac{\sum q_1p_0+\sum q_1p_1}{\sum q_0p_0+\sum q_0p_1}$$

经过公式的推导不难发现，交叉加权综合指数法，实质上是基期加权综合法和报告期加权综合法编制两指数之和。如果仍用前面第一个例子，采用交叉加权综合法编制物价指数和销售量指数。

例6－5，某工厂生产的四种产品的产量和出厂价格资料如表6－5所示，要求，计算物价指数和销售量指数。

表6－5 交叉加权综合法指数计算表

产品名称	计量单位	产量		出厂价格（百元）		销售额（百元）			
		基期 q_0	报告期 q_1	基期 p_0	报告期 p_1	基期 p_0q_0	报告期 p_1q_1	假定期 p_0q_1	假定期 p_1q_0
甲	台	200	210	70	70	14000	14700	14700	14000
乙	吨	800	880	420	410	336000	360800	369600	328000
丙	件	320	300	100	120	32000	36000	30000	38400
丁	套	580	600	80	90	46400	54000	48000	52200
合计		—	—	—	—	428400	465500	462300	432600

物价指数：

$$\overline{K}_p = \frac{\sum p_1q_0 + \sum p_1q_1}{\sum p_0q_0 + \sum p_0q_1}$$

$$= \frac{432600 + 465500}{428400 + 462300} = \frac{898100}{890700}$$

$$= 1.0083 \quad 或 \quad 100.83\%$$

销售量指数：

$$\overline{K}_q = \frac{\sum q_1p_0 + \sum p_1q_1}{\sum q_0p_0 + \sum p_0q_1}$$

$$= \frac{462300 + 465500}{428400 + 432600} = \frac{927800}{861000}$$

$$= 1.0776 \quad 或 \quad 107.76\%$$

比较一下同一资料，三种方法计算的结果。

物价指数：

$$基期加权综合法为 = \frac{\sum p_1 q_0}{\sum p_0 q_0} = \frac{432600}{428400} = 100.98\%；$$

$$报告期加权综合法为 = \frac{\sum p_1 q_1}{\sum p_0 q_1} = \frac{465000}{462300} = 100.58\%；$$

交叉加权综合法为100.83%。

销售量指数：

$$基期加权综合法为 = \frac{\sum q_1 p_0}{\sum q_0 p_0} = \frac{462300}{428400} = 107.91\%；$$

$$报告期加权综合法为 = \frac{\sum q_1 p_1}{\sum q_0 p_1} = \frac{465500}{432600} = 107.61\%；$$

交叉加权综合法为107.76%。

通过以上指数比较，读者将会发现，用交叉加权综合法计算的指数将一定会界于前述两法计算结果之间。

统计实践中，地区物价比较指数的编制就常采用交叉加权综合法。

例6-6，假如甲、乙两地销售香蕉和苹果的有关资料如表6-6所示。

表6-6　甲、乙两地销售两种水果物价指数计算表

水果名称	单位	销售量		价格（元/千克）		销售额（万元）			
		甲地 $q_甲$	乙地 $q_乙$	甲地 $p_甲$	乙地 $p_乙$	$q_甲 p_甲$	$q_乙 p_乙$	$q_甲 p_乙$	$q_乙 p_甲$
香蕉	万千克	20	5	1.4	2.0	28	10	40	7
苹果	万千克	10	15	2.0	1.2	20	18	12	30
合计	—	30	20	—	—	48	28	52	37

如以甲地为对比城市，乙地为对比基准城市，则物价地区性指数的计算公式为：

$$\overline{K}_p = \frac{\sum p_{甲} q_{乙}}{\sum p_{乙} q_{乙}} = \frac{37}{28} = 132.14\%$$

计算结果表明，甲地水果价格平均说来比乙地高出32.14%。

应当指出，上述计算，从地区指数编制要求来说，是合理的。但是，这一计算公式属于基期加权综合法，其计算结果指数具有偏高的倾向。尤其在本例中，两地水果销售结构差异较大的情况下，偏误尤其明显。但是，倘若将计算公式改用对比地区的销售量 $q_{甲}$ 加权，即用报告期加权综合法，则物价指数为：

$$\overline{K}_p = \frac{\sum p_{甲} q_{甲}}{\sum p_{乙} q_{甲}} = \frac{48}{52} = 92.31\%$$

计算结果表明，甲地水果价格平均说来要比乙地低出7.69%，其结果又有偏低的倾向。因此，在实践中，人们发现，在两个地区物量构成差异较大的情况下，计算物价地区性指数时，采用两个地区物量平均数作为权数，可以抵消销售量构成差异对物价对比带来的影响。也就是说，在这种情况下，最好采用交叉加权综合法来编制物价地区性指数。其计算公式为：

$$\overline{K}_p = \frac{\sum p_{甲}(q_{甲} + q_{乙})}{\sum p_{乙}(q_{甲} + q_{乙})} = \frac{\sum p_{甲} q_{甲} + \sum p_{甲} q_{乙}}{\sum p_{乙} q_{甲} + \sum p_{乙} q_{乙}}$$

$$= \frac{48 + 37}{52 + 28} = \frac{85}{80} = 106.25\%$$

计算结果表明，甲地的水果价格，平均说来，比乙地高6.25%。

显而易见，在销售量构成差别较大（如本例）的情况下，采用交叉加权综合法来编制物价地区性指数是比较恰当的。

二、加权平均法

运用加权综合法计算总指数，要求有全面的统计资料，有些研究对象却难以取得。因此，除在较小范围内，且商品品种较少的情况下，直接采用加权综合法编制总指数外，一般多采用加权平均法来计算总指数。

加权平均法是以个体指数为基础来计算总指数。根据选用的权数不同，加权平均法可进一步分为加权算术平均法、加权调和平均法、固定加权平均法。

（一）加权算术平均法

加权算术平均法，是以个体指数为变量值，以一定时期的总值资料为权数，对个体指数加权算术平均以计算总指数的方法。

例 6－7，某商店有关商品销售资料如表 6－7 所示，要求，计算销售量总指数。

表 6－7　　某百货商店销售量指数计算表

商品名称	单位	销售量		基期销售额（万元）	个体销售指数	$K_q p_0 q_0$
		基期 q_0	报告期 q_1	$p_0 q_0$	$K_q = \frac{q_1}{q_0}$	
		(1)	(2)	(3)	(4) = (2) ÷ (1)	
床　单	床	1000	1200	5	1.20	6
热水器	个	400	405	2	1.013	2.026
自行车	辆	600	560	3	0.933	2.799
电风扇	台	450	605	1.5	1.344	2.016
合计	—	—	—	11.5	—	12.84

由于掌握的资料的限制，无法直接运用加权综合法的公式计算总指数，需将公式变形使用。

设：K_q 为各种商品的销售量个体指数，

则：$K_q=\frac{q_1}{q_0}$　$\therefore q_1=K_q q_0$

则有：$\overline{K_q}=\frac{\sum p_0q_1}{\sum p_0q_0}=\frac{\sum K_q p_0 q_0}{\sum p_0 q_0}$

公式 $\overline{K_q}=\frac{\sum K_q p_0 q_0}{\sum p_0 q_0}$与第四章所述的加权算述平均数一般形式相似，个体指数 K 是变量值，p_0q_0 是权数，所以用该公式计算总指数的方法称为加权算术平均法。

根据表 6－7 中的资料，销售量总指数为：

$$\overline{K_q}=\frac{\sum K_q p_0 q_0}{\sum p_0 q_0}$$

$$=\frac{12.84}{11.50}=111.65\%$$

$$\sum K_q q_0 p_0-\sum p_0 q_0=12.84-11.50=1.34\text{（万元）}$$

这表明，该百货公司出售的四种商品销售量报告期比基期平均增长了 11.65%，由于销售量增长而增加的销售额为 1.34 万元。

若掌握的资料是各种商品的个体价格指数及基期的销售额资料，同样也可以用加权算术平均法计算价格总指数。

例 6－8，已知资料如表 6－8 所示，要求计算价格总指数。

表 6－8　某企业三种商品销售额及价格指数资料表

商品名称	基期销售额（万元）p_0q_0	价格个体指数（$K_p=\frac{p_1}{p_0}$）（%）
甲	800	102
乙	500	97
丙	600	100

解：

价格总指数为：

$$\overline{K_p} = \frac{\sum p_1 q_0}{\sum p_0 q_0} = \frac{\sum K_p p_0 q_0}{\sum p_0 q_0}$$

$$= \frac{800 \times 1.2 + 500 \times 0.97 + 600 \times 1}{800 + 500 + 600}$$

$$= \frac{2045}{1900} = 107.63\%$$

$$\sum K_p p_0 q_0 - \sum p_0 q_0 = 145\text{（万元）}$$

这表明，该企业三种商品价格报告期比基期上涨 7.63%，由于价格上涨使销售额增加 145 万元。

从上述例 6－7、例 6－8 中可知，当已知商品个体指数及特定权数为 p_0q_0 时，可用加权综合法的变形形式加权算术平均法计算总指数，其结果的实际意义与综合指数相同。但是，在实际应用中，加权平均法既可以使用全面资料，也可以使用非全面资料。若依据的是非全面资料计算总指数，其结果的实际意义与综合指数有一定差别。

（二）加权调和平均法

在统计实践中，视掌握资料的情况，可采用加权调和平均法计算总指数。

例 6－9，假设有表 6－9 资料，根据表中资料，计算农产品收购价格总指数。

同理，根据掌握的资料，不能直接运用加权综合法的公式计算价格总指数，而应将它变形使用。

设：K_p 为个体价格指数，

表 6－9 某供销社农产品收购价格指数计算表

产品名称	计量单位	收购价格（元）		报告期收购额（万元）	个体指数（%）	
		基期 p_0	报告期 p_1	p_1q_1	$K_p=\frac{p_1}{p_0}$	$\frac{1}{K_p}p_1q_1$
		(1)	(2)	(3)	(4)＝(2)÷(1)	(5)＝(3)÷(4)
小　麦	担	155	165	288	106.45	272
油菜籽	担	280	300	1142	107.14	1066
籽　棉	担	380	400	505	105.26	480
合计	—	—	—	1936	—	1818

即：$K_p=\frac{p_1}{p_0}\qquad \therefore p_0=\frac{p_1}{K_p}$

则有：$\overline{K_p}=\frac{\sum p_1q_1}{\sum p_0q_1}=\frac{\sum p_1q_1}{\sum \frac{1}{K_p}p_1q_1}$

公式 $\frac{\sum p_1q_1}{\sum \frac{1}{K_p}p_1q_1}$ 与加权调和平均数的形式相似，个体指数 K_p 是变量值，p_1q_1 是权数，所以称这种方法为加权调和平均法。

因此，价格总指数为：

$$\overline{K_p}=\frac{\sum p_1q_1}{\sum \frac{1}{K_p}p_1q_1}=\frac{1936}{1818}=106.49\%$$

$$\sum p_1q_1-\sum \frac{1}{K_p}p_1q_1=1936-1818=118\text{（万元）}$$

这表明该供销社报告期收购的三种农产品价格指数为106.49%，即报告期收购价格比基期平均上涨6.49%，由于收购价格上涨，而增加的收购金额为118万元。

我国目前农副产品收购价格总指数，就是以报告期各类农副产品收购额作权数，以各类农副产品的收购价格的个体（类）指数作变量，用加权调和平均法形式计算的。

例6-10，某农产品收购的有关资料如表6-10所示，试编制农产品收购价格总指数。

表6-10　　价格总指数计算表

农产品种类	收购额（万元）		收购价格变动率（%）	个体价格指数（%）K	$\frac{p_1q_1}{K}$
	p_0q_0	p_1q_1			
甲	300	320	+5	105	304.76
乙	815	840	+10	110	763.64
丙	25	20	-4	96	20.83
丁	90	86	-3	97	88.66
合计	1230	1266	—	—	1177.80

农产品收购价格总指数为：

$$\overline{K}_p=\frac{\sum p_1q_1}{\sum \frac{1}{k}p_1q_1}=\frac{1266}{1177.89}=107.48\%$$

这表明报告期农产品收购价格上涨7.48%

（三）固定加权平均法

从理论上讲，编制指数时，也应有固定加权算术平均法和固定加权调和平均法之分，但在实际应用中极少采用固定加权调和平均法，故这里仅介绍固定加权算术平均法。

前面所讨论的加权综合法及作为加权综合法变形的加权平均法，要求有全面的统计资料，实际工作中往往很难满足。因此，在统计实践中，很多情况下根据非全面资料，运用固定加权平均法计算总指数。如我国的商品零售价格指数、工业产品产量指数、居民消费价格指数等都是采用这种方法编制的。

从例6－8，计算价格总指数的公式可知：

$$\overline{K_p} = \frac{\sum K_p p_0 q_0}{\sum p_0 q_0}$$

其中 $\frac{p_0 q_0}{\sum p_0 q_0}$ 实际上是每种或某类商品的销售额占全部商品销售额的比重，即为商品销售额的结构。这种销售结构，在经济发展比较稳定的某一时期相对是比较固定的。在实际工作中，往往就采用某一时期的价值总量结构作为固定权数，并一经确定沿用5年乃至10年不变。固定权数为比重形式，用w表示，$\frac{p_0 q_0}{\sum p_0 q_0} = w$，上式就可以改写为：

$$\overline{K_p} = \frac{\sum K_p w}{\sum w}$$

用上述公式编制总指数的方法，故称固定加权平均法。

现以居民消费价格总指数编制为例，简要说明固定加权平均法的应用。

居民消费价格指数包括居民用于日常生活的全部商品和服务项目。按国家统计局《居民消费价格指数商品及服务项目目录》规定共分8个大类，即食品、烟酒及用品、衣着家庭设备用品及维修服务、医疗保健及个人用品、交通和通讯、娱乐教育文化用品及服务居住等。每个大类包括若干个中类之下又分若干个小类（即称基本分类），小类中再选择若干个代表规格品。

固定加权平均法编制总指数的步骤为：

第一步，由各代表规格品的单项指数计算小类指数；

第二步，根据基本分类（即小类）指数计算中类指数；

第三步，将各中类指数乘以相应的权数，便得到大类指数；

第四步，将大类指数分别乘以相应的权数，便得到总指数。

例 6－11，某市居民消费价格总指数计算表，见表 6－11。

表 6－11

消费品类别	个体(类)指数(%) K_p	权数 w	指数×权数 Kw
一、食品类	124.56	39	4857.84
二、烟酒及用品类	101.70	3	305.10
三、衣着类	135.42	7	947.94
四、家庭设备用品及维修服务类	110.90	8	887.20
五、医疗保健和个人用品类	126.70	9	1140.30
六、交通与通讯类	99.40	7.5	745.50
七、娱乐教育文化用品及服务类	101.20	15.2	1538.24
八、居住类	98.50	11.3	1113.05
合　计	—	100	11535.17

某市居民消费价格总指数为：

$$\overline{K}_p = \frac{\sum Kw}{\sum w} = \frac{11535.17}{100} = 115.35\%$$

第三节 指数体系与因素分析

指数不仅可以反映社会经济现象数量的变动程度，而且可以用于分析复杂经济总体的总变动以及总变动受各因素的影响，说明各因素影响的程度和绝对差额，即利用指数方法进行因素分析。指数因素分析要借助于指数体系，通过指数体系中各指数之间的关系对复杂总体的总量变动和总平均数变动进行因素分析。

一、指数体系

（一）指数体系的概念

社会经济现象之间的相互联系，相互影响的关系是客观存在的。有些社会经济现象之间的联系可以用经济方程式表现出来。如：

商品销售额 = 商品销售量 × 商品销售价格

生产总成本 = 产品产量 × 单位产品成本

农作物产值 = 农作物播种面积 × 单位面积产量 × 单位产品价格

上述的这种关系，按指数形式表现时，同样也存在着这种对等关系。即：

商品销售额指数 = 商品销售量指数 × 商品销售价格指数

生产总成本指数 = 产品产量指数 × 单位产品成本指数

农作物产值指数 = 农作物播种面积指数 × 单位面积产量指数 × 单位产品价格指数

在统计分析中，将一系列相互联系，在数量上保持一定对等关系的若干个统计指数形成的整体便称为指数体系。

例如，上述第一个指数体系，按加权综合法编制总指数的原理，以符号用公式可以写成：

$$\frac{\sum p_1q_1}{\sum p_0q_0}=\frac{\sum q_1p_0}{\sum q_0p_0}\times\frac{\sum p_1q_1}{\sum p_0q_1}$$

$$\sum p_1q_1-\sum p_0q_0=\left(\sum q_1p_0-\sum q_0p_0\right)+\left(\sum p_1q_1-\sum p_0q_1\right)$$

从上面所举的例子中可以发现，统计指数体系一般具有三个特征：

第一，具备三个或三个以上的指数；

第二，指数体系中的单个指数在数量上能相互推算。如已知销售额指数、销售量指数，则可以推算出价格指数；已知价格指数、销售量指数，则可推算出销售额指数；

第三，现象总变动的绝对差额等于各因素变动绝对差额之和。

（二）指数体系的作用

指数体系主要有以下三个方面的作用：

1. 指数体系是进行因素分析的根据。即利用指数体系可以分析复杂经济现象总变动中各因素变动影响方向和程度。

2. 利用各指数之间的内在联系进行指数间的相互推算。例如，我国商品销售量总指数往往就是根据商品销售额总指数和价格总指数进行推算的。

即：　商品销售量指数 = 商品销售额指数 ÷ 商品价格指数

3. 用加权综合法编制总指数时，指数体系也是确定同度量因素时期的根据之一。因为指数体系是进行因素分析的根据，要求各个指数之间在数量上要保持等式关系。因此，编制产量指数时，如用基期价格作同度量因素，那么编制产品价格指数时就必须用报告期产量作为同度量因素；如果编制产品产量指数用报告期价格作同度量因素，那么编制产品价格指数时就必须用基期的产量作为同度量因素。

二、因素分析

（一）因素分析法的含义

指数体系是进行因素分析的重要工具。构建指数体系的目的，就是要分析多种因素的变动对社会经济总体变动情况的影响。例如，用指数体系来分析价格、销售量的变动对销售额的影响，分析工资水平、工人结构、工人总量的变动对工资总额的影响等。

利用指数体系进行因素分析应注意三点：

1. 因素分析的对象是复杂现象。这里所说的复杂现象，是指受多因素影响的现象，它的量表现为若干因素量的乘积，其中任一因素的变动都会使总量发生变化。如生产总成本表现为单位产品成本和产量的乘积，单位成本和产量任一个发生变化，都会使总成本产生变动。因素分析的目的就是要测定这些因素的变动对总体变动的影响方向和影响程度。

2. 因素分析中的指数体系以等式的形式表现。编制指数体系的基本思想是：测定一个因素的变动时假定其他因素不变，并以等式来表现体系。例如，将生产总费用的变动分解为单位产品的原材料消耗（单耗）、原材料单价、产量三个因素的影响，因素分析时，是用固定价格、产量来编制单耗指数；用固定单耗、产量来编制价格指数；用固定单耗、价格编制产量指数，从而形成如下以等式形式表现的指数体系：

单耗指数×单价指数×产量指数=总费用指数

在因素分析中，所有的指数体系都以等式表现。

3. 因素分析的结果有相对数也有绝对数。指数体系的表现形式表明，若干因素指数的乘积应等于变动总指数，即指数在相对数上相等；若干因素的影响差额之和应等于总体变动实际发生的总差额，即指数体系在绝对值的分析结果上也存在等式。

（二）因素分析的分类

因素分析按被研究指标的性质不同可分为两类：总量指标的因素分析和平均指标的因素分析。前者分析绝对指标的总变动中所受因素的影响，如销售额的变动中受价格水平、销售量的影响情况；后者分析加权平均指标的变动中受变量值水平和权数结构的影响，如平均工资的变动中受工资水平和工人结构的影响情况。

把总量指标的因素分析和平均指标的因素分析两种分析结合起来，利用指数体系进行因素分析可以归纳为四种：（1）总量指标的两因素分析；（2）总量指标的多因素分析；（3）平均指标的两因素分析；（4）含平均指标的多因素分析。

三、总量指标的因素分析

（一）两因素分析

总量指标的两因素分析，在指数体系上表现为总变动指数等于两个因素指数的乘积。

要保证两个因素指数之积等于被研究现象变动的指数，最关键的是确定同度量因素的时期。

可以遵循这样的原则：一个因素指数的同度量因素固定在报

告期；则另一个因素指数的同度量因素要固定在基期。即两个指数的同度量因素不能同时固定在报告期或同时固定在基期。

例如，商品价格×商品销售量=商品销售额

$$p \times q = pq$$

在因素分析中，它的指数体系及绝对量的关系为：

$$\frac{\sum p_1 q_1}{\sum p_0 q_1} \times \frac{\sum p_0 q_1}{\sum p_0 q_0} = \frac{\sum p_1 q_1}{\sum p_0 q_0}$$

$$\left(\sum p_1 q_1 - \sum p_0 q_1\right) + \left(\sum p_0 q_1 - \sum p_0 q_0\right) = \sum p_1 q_1 - \sum p_0 q_0$$

即：各因素指数连乘积=销售额变动指数

各因素变动影响额之和=销售额实际变动额

这里，价格指数 $\frac{\sum p_1 q_1}{\sum p_0 q_1}$ 的同度量因素 q 固定在报告期，即采用报告期加权综合法编制。销售量指数 $\frac{\sum p_0 q_1}{\sum p_0 q_0}$ 的同度量因素 p 固定在基期，即采用基期加权综合法编制。等式成立，各指数的含义为：

价格指数 $\frac{\sum p_1 q_1}{\sum p_0 q_1}$，表明价格的变动程度及其对销售额的影响。分子与分母的差额 $\sum p_1 q_1 - \sum p_0 q_1$，说明价格的上升或下降，引起销售额增加或减少的数额。

销售量指数 $\frac{\sum p_0 q_1}{\sum p_0 q_0}$，表明销售量的变动程度及其对销售额的影响。分子与分母的差额 $\sum p_0 q_1 - \sum p_0 q_0$，说明销售量的上升或下降，引起了销售额增加或减少的数额。

销售额指数 $\frac{\sum p_1q_1}{\sum p_0q_0}$ 表明商品销售额的变动方向和程度。分子与分母的差额 $\sum p_1q_1 - \sum p_0q_0$，说明销售额实际增加或减少的数额。这里，商品销售额是被研究的总量指标。

例 6－12，某省三种出口商品的统计资料如表 6－12 所示，要求据此分析出口价、出口量的变动对出口额的影响。

表 6－12　　出口商品因素分析表

	单位	出口量		出口价（美元）		p_1q_1	p_0q_1	p_0q_0
		q_0	q_1	p_0	p_1			
大米	吨	30000	40000	400	410	16400000	16000000	12000000
桐油	吨	3000	2500	1800	2000	5000000	4500000	5400000
茶叶	吨	1300	1700	2300	2400	4080000	3910000	2990000
合计	—	—	—	—	—	25480000	24410000	20390000

解：

这是总量指标的两因素分析，先写出分析的指数体系：

$$\frac{\sum p_1q_1}{\sum p_0q_1} \times \frac{\sum p_0q_1}{\sum p_0q_0} = \frac{\sum p_1q_1}{\sum p_0q_0}$$

指数体系列计算栏 p_1q_1、p_0q_1、p_0q_0 有：

$$\text{出口额指数：}\frac{\sum p_1q_1}{\sum p_0q_0} = \frac{25480000}{20390000} = 124.96\%$$

$$\sum p_1q_1 - \sum p_0q_0 = 25480000 - 20390000 = 5090000\ \text{（美元）}$$

出口价格指数：$\frac{\sum p_1q_1}{\sum p_0q_1}=\frac{25480000}{24410000}=104.38\%$

$\sum p_1q_1-\sum p_0q_1=25480000-24410000=1070000$（美元）

出口量指数：$\frac{\sum p_0q_1}{\sum p_0q_0}=\frac{24410000}{20390000}=119.72\%$

$\sum p_0q_1-\sum p_0q_0=24410000-20390000=4020000$（美元）

$$124.96\%=104.38\%\times119.72\%$$

$$5090000=1070000+4020000$$

分析：由于出口价格上升4.38%，出口额增加了1070000美元，由于出口量上升19.72%，出口额增加了4020000美元，两者共同影响，使三种商品的出口额上涨了24.96%，即增加5090000美元。

例6－13，某地市场上四种商品的销售资料如表6－13所示，要求采用加权平均法编制指数，据此分析价格的调整和销售量的变动对销售额的影响。

表6－13　　　　商品销售额因素分析

	价格下调幅度（%）	销售额（万元）		价格个体指数 $K=\frac{p_1}{p_0}$	p_1q_1/K
		调价前一月	调价后一月		
手　表	12.5	32	35	87.5	40.00
电视机	7.0	12	14	93.0	15.05
收音机	10.0	17	15	90.0	16.67
涤　布	12.5	17	20	87.5	22.86
合　计	—	78	84	—	94.58

解：

指数体系为：

$$\frac{\sum p_1q_1}{\sum p_0q_0}=\frac{\sum p_1q_1}{\sum p_0q_1}\times\frac{\sum p_0q_1}{\sum p_0q_0}$$

依资料有：

$$\frac{\sum p_1q_1}{\sum p_0q_0}=\frac{\sum p_1q_1}{\sum p_1q_1/k}\times\frac{\sum p_1q_1/k}{\sum p_0q_0}$$

依计算栏数据和资料得：

$$\frac{84}{78}=\frac{84}{94.58}\times\frac{94.58}{78}$$

$$107.69\% = 88.81\% \times 121.26\%$$

$$6 = -10.58 + 16.58$$

分析：由于价格下降 11.19%，销售额减少了 10.58 万元，由于销售量上升 21.26%，销售额增加了 16.58 万元，两者共同影响的结果，商品销售额增加了 7.69%，即增加 6 万元。

（二）多因素分析

总量指标的多因素分析的指数体系上，表现为被研究现象的总变动指数等于三个或三个以上因素指数的乘积。

同样，要保证三个或三个以上因素指数之积等于被研究现象变动的指数，最关键的是确定同度量因素的时期。在实际分析时必须注意以下几个问题：

1. 多因素分析必须遵循连环代替法的原则。即在分析受多因素影响的事物的发展变化时，要逐项分析，逐项确定同度量因素。当分析第一个因素变动影响后，接着分析第二个因素的影响，然后再分析第三个因素的影响，依次类推。

2. 在多因素分析中，为了分析某一因素的影响，要求把其余因素固定不变。具体方法是：当分析第一个因素的影响时，就把其他所有因素固定不变，把其他所有因素作为同度量因素固定在基期。当分析第二个因素的变动影响时，则把已经分析过的因素固定在报告期，没有分析过的因素仍固定在基期。当分析第三个因素的变动影响时，就把已经分析过的两个因素固定在报告期，没有分析过的因素仍然固定在基期，依此类推。

3. 对多因素的排列顺序，要具体分析现象总体的经济内容，使之符合客观事物的联系或逻辑。各因素顺序的排列一般应遵循数量指标因素在前，质量指标因素在后的原则。具体可以采用逐项层层分解法来确定。

例如，$\text{原材料费用总额} = \text{产品生产量} \times \text{单位产品原材料消耗量（单耗）} \times \text{原材料单价}$

$qmp = q \times m \times p$

指数体系可写为：

$$\frac{\sum q_1 m_1 p_1}{\sum q_0 m_0 p_0} = \frac{\sum q_1 m_0 p_0}{\sum q_0 m_0 p_0} \times \frac{\sum q_1 m_1 p_0}{\sum q_1 m_0 p_0} \times \frac{\sum q_1 m_1 p_1}{\sum q_1 m_1 p_0}$$

等式右边：对于 $\frac{\sum q_1 m_0 p_0}{\sum q_0 m_0 p_0}$，变动因素是 q（$\frac{q_1}{q_0}$），其右边的同度量因素固定在基期（$\frac{m_0}{m_0}$，$\frac{p_0}{p_0}$）。对于 $\frac{\sum q_1 m_1 p_0}{\sum q_1 m_0 p_0}$，变动因素是m（$\frac{m_1}{m_0}$），其右边的同度量因素 p 固定在基期（$\frac{p_0}{p_0}$），而其左边的同度量因素固定在报告期（$\frac{q_1}{q_1}$），对于 $\frac{\sum q_1 m_1 p_1}{\sum q_1 m_1 p_0}$ 同度量

因素 q，m 均在其左边，故都固定在报告期（$\frac{q_1}{q_1}$，$\frac{m_1}{m_1}$）。

记住了上述的原则，多因素指数分析的方法就容易掌握了。

例 6-14，假设某厂生产产品的有关资料如表 6-14 所示，要求运用指数体系，分析产品产量、单位产品原材料消耗量及单位原材料价格对原材料费用总额的影响。

表 6-14　　原材料消耗情况表

原材料种类	产品名称	计量单位	产品产量		单位产品原材料消耗量（千克）		单位原材料价格（元）	
			基期 q_0	报告期 q_1	基期 m_0	报告期 m_1	基期 p_0	报告期 p_1
甲	A	套	5	6	100	90	15	14
乙	B	套	6	4	50	45	40	38

解：

指数体系如下：

原材料费用总额指数 = 产品产量指数 × 单位产品原材料消耗量指数 × 单位原材料价格指数

$$\frac{\sum q_1 m_1 p_1}{\sum q_0 m_0 p_0} = \frac{\sum q_1 m_0 p_0}{\sum q_0 m_0 p_0} \times \frac{\sum q_1 m_1 p_0}{\sum q_1 m_0 p_0} \times \frac{\sum q_1 m_1 p_1}{\sum q_1 m_1 p_0}$$

依指数体系列计算栏如表 6-15 所示。

表 6-15　　原材料费用总额因素分析计算表

	$q_0 m_0 p_0$	$q_1 m_1 p_1$	$q_1 m_0 p_0$	$q_1 m_1 p_0$
A	7500	7560	9000	8100
B	12000	6840	8000	7200
合计	19500	14400	17000	15300

故有：

产品产量指数：$\frac{\sum q_1 m_0 p_0}{\sum q_0 m_0 p_0} = \frac{17000}{19500} = 87.18\%$

$\sum q_1 m_0 p_0 - \sum q_0 m_0 p_0 = 17000 - 19500 = -2500$（元）

原材料单耗指数：$\frac{\sum q_1 m_1 p_0}{\sum q_1 m_0 p_0} = \frac{15300}{17000} = 90\%$

$\sum q_1 m_1 p_0 - \sum q_1 m_0 p_0 = 15300 - 17000 = -1700$（元）

原材料价格指数：$\frac{\sum q_1 m_1 p_1}{\sum q_1 m_1 p_0} = \frac{14400}{15300} = 94.12\%$

$\sum q_1 m_1 p_1 - \sum q_1 m_1 p_0 = 14400 - 15300 = -900$（元）

原材料费用总额指数：$\frac{\sum q_1 m_1 p_1}{\sum q_0 m_0 p_0} = \frac{14400}{19500} = 73.85\%$

$\sum q_1 m_1 p_1 - \sum q_0 m_0 p_0 = 14400 - 19500 = -5100$（元）

综合影响：各因素指数连乘积 = 原材料费用总指数

$$87.18\% \times 90\% \times 94.12\% = 73.85\%$$

各因素影响绝对额之和 = 原材料费用减少额

$$(-2500) + (-1700) + (-900) = -5100 \text{ 元}$$

分析：由于生产量减少 12.82%，少支出的费用为 2500 元；由于单位产品原材料消耗降低 10%，少支出费用 1700 元；又由于原材料价格下降 5.88%，少支出费用 900 元。三者共同影响，原材料费用总额减少 5100 元。

例 6－15，假设某管理局下属四个企业的统计资料，如表 6－16所示。要求依据资料对工业总产值进行因素分析。

表 6－16　　某管理局月生产情况表

企业	职工平均人数		工作日数		每日工作时数		时劳动生产率（元/人）	
	基期 T_0	报告期 T_1	基期 M_0	报告期 M_1	基期 N_0	报告期 N_1	基期 Q_0	报告期 Q_1
甲	200	220	25	26	8	7.5	50	52
乙	100	94	26	27	8	7.5	70	80
丙	150	160	27	27	8	8	75	80
丁	300	310	28	29	7	8	80	75

解：

依据总量指标多因素分析的原理，构造指数体系如下：

$$\frac{\sum T_1M_1N_1Q_1}{\sum T_0M_0N_0Q_0}=\frac{\sum T_1M_0N_0Q_0}{\sum T_0M_0N_0Q_0}\times\frac{\sum T_1M_1N_0Q_0}{\sum T_1M_0N_0Q_0}\times\frac{\sum T_1M_1N_1Q_0}{\sum T_1M_1N_0Q_0}\times\frac{\sum T_1M_1N_1Q_1}{\sum T_1M_1N_1Q_0}$$

根据指数体系列计算表（见表 6－17）。

表 6－17　　管理局工业总产值指数因素分析计算表　　单位：万元

企业	基期 $T_0M_0N_0Q_0$	报告期 $T_1M_1N_1Q_1$	假定期 $T_1M_0N_0Q_0$	假定期 $T_1M_1N_0Q_0$	假定期 $T_1M_1N_1Q_0$
甲	200.00	223.08	220.00	228.80	214.50
乙	145.60	152.28	136.86	142.13	133.25
丙	243.00	276.48	159.20	259.20	259.20
丁	470.40	539.40	486.08	503.44	575.36
合计	1059.00	1191.24	1102.24	1133.57	1182.31

根据上面计算得知：

工业总产值变动指数为：

$$\frac{\sum T_1M_1N_1Q_1}{\sum T_0M_0N_0Q_0}=\frac{1191.24}{1059.00}=112.49\%$$

$$\sum T_1M_1N_1Q_1-\sum T_0M_0N_0Q_0=1191.24-1059.00$$
$$=132.24\text{（万元）}$$

表明报告期工业总产值比基期增长12.49%，增加工业总产值为132.24万元。

报告期工业总产值比基期增长是受职工人数、工作日数、每日工作时数和时劳动生产率四个因素变动的影响，各因素影响的具体情况如下：

（1）由于职工平均人数变动的影响为：

$$\frac{\sum T_1M_0N_0Q_0}{\sum T_0M_0N_0Q_0}=\frac{1102.14}{1059.00}=104.07\%$$

$$\sum T_1M_0N_0Q_0-\sum T_0M_0N_0Q_0=1102.14-1059.00$$
$$=43.14\text{（万元）}$$

即工人数报告期比基期增加4.07%，由此增加的工业总产值为43.14万元。

（2）由于工作日数变动的影响为：

$$\frac{\sum T_1M_1N_0Q_0}{\sum T_1M_0N_0Q_0}=\frac{1133.57}{1102.14}=102.85\%$$

$$\sum T_1M_1N_0Q_0-\sum T_1M_0N_0Q_0=1133.57-1102.14$$
$$=31.43\text{（万元）}$$

即报告期比基期增加2.85%，由于工作日数的增加而增加的产值为31.43万元。

(3) 由于每日工作时数变动影响为:

$$\frac{\sum T_1M_1N_1Q_0}{\sum T_1M_1N_0Q_0}=\frac{1182.31}{1133.57}=104.30\%$$

$$\sum T_1M_1N_1Q_0-\sum T_1M_1N_0Q_0=1182.31-1133.57$$
$$=48.74\text{（万元）}$$

即报告期比基期增加 4.30%，由于每日工作时间的增加而影响产值增加的数额为 48.74 万元。

(4) 由于时劳动生产率变动影响为:

$$\frac{\sum T_1M_1N_1Q_1}{\sum T_1M_1N_1Q_0}=\frac{1191.24}{1182.31}=100.76\%$$

$$\sum T_1M_1N_1Q_1-\sum T_1M_1N_1Q_0=1191.24-1182.31$$
$$=8.93\text{（万元）}$$

即报告期比基期提高 0.76%，由于时劳动生产率提高而影响产值增加 8.93 万元。

(5) 综合影响为:

$$112.49\%=104.07\%\times102.85\%\times104.30\%\times100.76\%$$

$$132.24\text{（万元）}=43.14+31.43+48.74+8.93$$

四、平均指标的因素分析

加权算术平均数 $\bar{x}=\frac{\sum xf}{\sum f}$ 受两个因素的影响：一是变量值 x；二是权数结构 $\frac{f}{\sum f}$。如果平均数发生动态变化（$\frac{\bar{x}_1}{\bar{x}_0}$），显然

是 x 和 $\frac{f}{\sum f}$ 影响的结果。这里，可以利用指数体系从变量值及权数结构的变动对总平均数的影响情况进行因素分析。

与编制综合指数的原理相似，要分析变量值 x 和权数结构 $\frac{f}{\sum f}$ 的变动对总平均数的影响，就需引入同度量因素并将此固定，编制关于 x 的指数和权数结构 $\frac{f}{\sum f}$ 的指数，从而形成平均指标指数体系。

编制平均指标指数体系，可以遵循这样的原则；编制关于 x 的指数，把同度量因素 $\frac{f}{\sum f}$ 的时期固定在报告期（或基期）；编制关于 $\frac{f}{\sum f}$ 的指数，则把同度量因素 x 的时期固定在基期（或报告期）。

按照这一原则，平均指标两因素分析在指数体系为：

$$\frac{\dfrac{\sum x_1 f_1}{\sum f_1}}{\dfrac{\sum x_0 f_0}{\sum f_0}} = \frac{\dfrac{\sum x_1 f_1}{\sum f_1}}{\dfrac{\sum x_0 f_1}{\sum f_1}} \times \frac{\dfrac{\sum x_0 f_1}{\sum f_1}}{\dfrac{\sum x_0 f_0}{\sum f_0}}$$

各指数的含义为：

指数 $\frac{\sum x_1 f_1}{\sum f_1} / \frac{\sum x_0 f_0}{\sum f_0}$ 称为可变组成指数，它反映平均指标的实际变动方向和程度，分子与分母的差额 $\frac{\sum x_1 f_1}{\sum f_1} - \frac{\sum x_0 f_0}{\sum f_0}$ 是平均指标的增减绝对量。

指数 $\frac{\sum x_1 f_1}{\sum f_1} / \frac{\sum x_0 f_1}{\sum f_1}$ 称为固定组成指数，因其固定了权数结构的影响而得名，它反映变量 x 的变动方向和程度，分子与分母的差额 $\frac{\sum x_1 f_1}{\sum f_1} - \frac{\sum x_0 f_1}{\sum f_1}$ 说明 x 对平均指标影响的绝对量。

指数 $\frac{\sum x_0 f_1}{\sum f_1} / \frac{\sum x_0 f_0}{\sum f_0}$ 称为结构影响指数，它反映权数结构 $\frac{f}{\sum f}$ 变动对平均指标的影响，分子与分母的差额 $\frac{\sum x_0 f_1}{\sum f_1} - \frac{\sum x_0 f_0}{\sum f_0}$ 说明影响的绝对量。

三个指数在相对数上构成等式：

可变组成指数 = 固定组成指数 × 结构影响指数

绝对量上存在如下等式：

$$\frac{\sum x_1 f_1}{\sum f_1} - \frac{\sum x_0 f_0}{\sum f_0} = \left(\frac{\sum x_1 f_1}{\sum f_1} - \frac{\sum x_0 f_1}{\sum f_1}\right) + \left(\frac{\sum x_0 f_1}{\sum f_1} - \frac{\sum x_0 f_0}{\sum f_0}\right)$$

例 6－16，设某企业工人的工资资料如表 6－18 所示，要求：分析工人工资水平和工人结构的变动对平均工资的影响。

表 6－18　　平均工资因素分析

	月工资（元）		工人数（人）		$x_1 f_1$	$x_0 f_1$	$x_0 f_0$
	x_0	x_1	f_0	f_1			
技术工	1380	1420	245	250	355000	345000	338100
辅助工	1200	1220	120	800	976000	960000	144000
合计	—	—	365	1050	1331000	1305000	482100

解：

（1）可变组成指数。

$$\frac{\dfrac{\sum x_1 f_1}{\sum f_1}}{\dfrac{\sum x_0 f_0}{\sum f_0}} = \frac{\dfrac{1331000}{1050}}{\dfrac{482100}{365}} = \frac{1267.62}{1320.82} = 95.97\%$$

$$\frac{\sum x_1 f_1}{\sum f_1} - \frac{\sum x_0 f_0}{\sum f_0} = 1267.62 - 1320.82$$

$$= -53.2\ (\text{元})$$

（2）固定组成指数。

$$\frac{\dfrac{\sum x_1 f_1}{\sum f_1}}{\dfrac{\sum x_0 f_1}{\sum f_1}} = \frac{\dfrac{1331000}{1050}}{\dfrac{1305000}{1050}} = \frac{1267.62}{1242.86} = 101.99\%$$

$$\frac{\sum x_1 f_1}{\sum f_1} - \frac{\sum x_0 f_1}{\sum f_1} = 1267.62 - 1242.86 = 124.76\ (\text{元})$$

（3）结构影响指数。

$$\frac{\dfrac{\sum x_0 f_1}{\sum f_1}}{\dfrac{\sum x_0 f_0}{\sum f_0}} = \frac{\dfrac{1305000}{1050}}{\dfrac{482100}{365}} = \frac{1242.86}{1320.82} = 94.10\%$$

$$\frac{\sum x_0 f_1}{\sum f_1} - \frac{\sum x_0 f_0}{\sum f_0} = 1242.86 - 1320.82 = -177.96\ (\text{元})$$

（4）综合影响为。

$$101.99\% \times 94.10\% = 95.97\%$$

$$124.76 + (-177.96) = -53.2 \text{（元）}$$

分析：由于工人工资水平提高 1.99%，总平均工资增加 124.76 元，由于工人结构变动，总平均工资降低 5.9%，总平均工资减少 177.96 元，再者共同影响的结果，总平均工资下降 4.03%，即减少 53.20 元。

五、包含平均指标的多因素分析

在对总量指标的变动情况进行分析时，还可以将总量指标的因素分析法和平均指标的因素分析法结合起来，从变量值、权数结构、总次数三方面的变动对总量指标的影响情况进行分析。

下面以实例导出包含平均指标在内的多因素分析的指数体系。

工资总额 = 平均工资 × 职工人数

$$\sum xf = \bar{x}\sum f$$

工资总额指数 = 平均工资指数 × 职工人数指数

$$\frac{\sum x_1 f_1}{\sum x_0 f_0} = \frac{\bar{x}_1 \sum f_1}{\bar{x}_0 \sum f_0} = \frac{\bar{x}_1 \sum f_1}{\bar{x}_0 \sum f_1} \times \frac{\bar{x}_0 \sum f_1}{\bar{x}_0 \sum f_0}$$

因为上式中平均工资指数又可分解为：

平均工资指数 = 固定组成指数 × 结构影响指数

$$\text{即：}\frac{\bar{x}_1 \sum f_1}{\bar{x}_0 \sum f_1} = \frac{\frac{\sum x_1 f_1}{\sum f_1} \cdot \sum f_1}{\frac{\sum x_0 f_1}{\sum f_1} \cdot \sum f_1} \times \frac{\frac{\sum x_0 f_1}{\sum f_1} \cdot \sum f_1}{\frac{\sum x_0 f_0}{\sum f_0} \cdot \sum f_1}$$

$$= \frac{\sum x_1 f_1}{\sum x_0 f_1} \times \frac{\sum x_0 f_1}{\bar{x}_0 \sum f_1}$$

这样，工资总额指数则展开为含三个因素的指数体系。即：

$$\frac{\sum x_1 f_1}{\sum x_0 f_0} = \frac{\sum x_1 f_1}{\sum x_0 f_1} \times \frac{\sum x_1 f_1}{\bar{x}_0 \sum f_1} \times \frac{\bar{x}_0 \sum f_1}{\bar{x}_0 \sum f_0}$$

上面指数体系在绝对量上存在如下等量关系：

$$\sum x_1 f_1 - \sum x_0 f_0 = (\sum x_1 f_1 - \sum x_0 f_1) + (\sum x_1 f_1 - \bar{x}_0 \sum f_1) + (\bar{x}_0 \sum f_1 - \bar{x}_0 \sum f_0)$$

各指数的含义为：

$\frac{\sum x_1 f_1}{\sum x_0 f_0}$ 是工资总额指数，反映工资总额的变动方向和程度，$\sum x_1 f_1 - \sum x_0 f_0$ 是工资总额的增减绝对量。

$\frac{\sum x_1 f_1}{\sum x_0 f_1}$ 是工资水平指数（固定组成指数），反映工资水平的变动方向及对工资总额的影响，$\sum x_1 f_1 - \sum x_0 f_1$ 表明工资水平变动对工资总额变动影响的绝对量。

$\frac{\sum x_0 f_1}{\bar{x}_0 \sum f_1}$ 是工人结构影响指数（结构影响指数），反映工人结构变动对工资总额的影响，$\sum x_0 f_1 - \bar{x}_0 \sum f_1$ 表明影响的绝对量。

$\frac{\bar{x}_0 \sum f_1}{\bar{x}_0 \sum f_0}$ 是职工人数指数，反映职工人数对工资总额的影响，

$\bar{x}_0\sum f_1-\bar{x}_0\sum f_0$ 是影响的绝对量。

例 6－17，以表 6－18 的资料，分析工资水平、工人结构和工人人数变动对工资总额的影响。

解：

已知：

$$\sum f_0=365 \qquad \sum f_1=1050$$

$$\sum x_1f_1=1331000 \qquad \sum x_0f_0=482100$$

$$\sum x_0f_1=1305000$$

所用指数体系为：

$$\frac{\sum x_1f_1}{\sum x_0f_0}=\frac{\sum x_1f_1}{\sum x_0f_1}\times\frac{\sum x_0f_1}{\bar{x}_0\sum f_1}\times\frac{\bar{x}_0\sum f_1}{\bar{x}_0\sum f_0}$$

$$\frac{1331000}{482100}=\frac{1331000}{1305000}\times\frac{1305000}{1320.82\times1050}\times\frac{1320.822\times1050}{1320.82\times365}$$

即：$$\frac{1331000}{482100}=\frac{1331000}{1305000}\times\frac{1305000}{1386863}\times\frac{1386863}{482100}$$

$$276.08\%=101.99\%\times94.10\%\times287.67\%$$

$$1331000-482100=(1331000-1305000)+(1305000-1386863)+(1386863-482100)$$

$$848900（元）=26000+(-81863)+904763$$

分析：由于工资水平提高 1.99%，工资总额增加了 26000 元；由于工人结构的变动，工资总额减少了 81863 元；由于工人人数增加 187.67%，工资总额增加了 904763 元。三个因素共同影响的结果，工资总额增加了 176.08%，即增加工资 848900 元。

思考与练习

思考题：

1. 什么是统计指数？它有哪些方面的作用？

2. 简述同度量因素的概念与作用。

3. 加权综合法和加权平均法编制总指数有何区别与联系？

4. 什么是指数体系？指数体系有什么用途？

5. 什么是因素分析？利用指数体系进行因素分析应注意哪些问题？

6. 指数多因素分析的方法应遵循哪些原则？

练习题：

1. 某商店四种主要商品的销售价格、销售量资料如下：

商品种类	计量单位	价格（元）		销售量	
		基期 p_0	报告期 p_1	基期 q_0	报告期 q_1
甲	件	10	12	200	240
乙	公斤	54	68	100	88
丙	米	26	32	410	400
丁	个	8	8	600	640

要求：①分别用基期和报告期加权综合法编制价格总指数。

②分别用基期和报告期加权综合法编制销售量总指数。

2. 某企业三种可比产品的生产量和生产总成本资料如下：

产　品	产　　量		总成本（元）	
	第三季度	第四季度	第三季度	第四季度
甲	300	320	24000	28800
乙	500	540	15000	21600
丙	600	620	36000	31000

要求：①用报告期加权综合法计算单位产品成本总指数。

②用基期加权综合法计算产品产量总指数。

3. 已知某村粮食作物的单产和播种面积的资料如下：

粮食作物名称	播种面积（亩）		单位面积产量（千克）	
	基期 f_0	报告期 f_1	基期 x_0	报告期 x_1
甲	1000	1200	400	500
乙	700	600	320	400
丙	500	300	250	300

要求：试用加权综合法分别编制播种面积总指数和单位面积产量总指数。

4. 假如甲、乙两个工厂生产四种同类产品的有关资料如下：

产品名称	产量单位	产品产量		单位成本（百元）	
		甲厂 $q_{甲}$	乙厂 $q_{乙}$	甲厂 $z_{甲}$	乙厂 $z_{乙}$
甲	台	500	600	100	102
乙	吨	2000	2100	80	80
丙	件	1000	900	60	55
丁	套	500	450	70	85

要求采用交叉综合法编制全部产品单位成本总指数，比较甲、乙两厂综合单位成本水平的高低。

5. 某工厂三种产品的国内生产总值及产量资料如下：

产品	国内生产总值（万元）		产量个体指数（%）
	2004 年 p_0q_0	2005 年 p_1q_1	
甲	5000	5200	105
乙	6000	6400	110
丙	3000	2800	95

要求：运用加权算术平均法计算全部产品产量总指数。

6. 三种商品的销售额及价格变动资料如下：

商品名称	商品销售额（万元）		价格变动率（%）
	基期 p_0q_0	报告期 p_1q_1	
甲	400	450	+2
乙	300	280	-5
丙	2000	2200	0
合　计	2700	2930	—

要求：①用加权调和平均法计算商品价格总指数。

②利用指数体系的关系推算商品销售量总指数。

7. 假设有如下农副产品的统计资料：

产品分类	物价个体指数 K（%）	报告期收购额（万元）p_1q_1
大类$_{甲}$		1200
中类 A		580
小类 A_1	120	210
A_2	110	140
A_3	90	230
中类 B		620
小类 B_1	125	240
B_2	130	380
大类$_{乙}$	120	800

试采用固定加权平均法编制全部农副产品收购价格总指数。

8. 三种产品出口价及其出口量资料如下：

产品名称	计量单位	出口价（美元）		出口量	
		2004 年	2005 年	2004 年	2005 年
甲	吨	1000	1500	80	82
乙	件	800	1400	800	1000
丙	套	1200	1200	60	65

要求：运用指数体系从相对数和绝对数两方面分析出口价和出口量的变动对出口额的影响。

9. 某家具公司生产三种产品的有关统计数据如下：

产品名称	总生产费用（万元）		报告期产量比基期增长%
	基期	报告期	
写字台	45.4	53.6	14.0
椅　子	30.0	33.8	13.5
书　柜	55.2	58.5	8.6

计算下列指数：

(1) 三种产品生产费用总额指数；

(2) 用加权算术平均法编制产品产量总指数；

(3) 用加权算术平均法编制单位成本总指数；

(4) 分析产量和单位成本变动对生产费用的影响。

10. 设有三种工业类股票的价格和发行量数据如下：

股票名称	价格（元）		发行量（万股）
	前收盘	本日收盘	
A	6.42	6.02	12000
B	12.36	12.50	3500
C	14.55	15.60	2000

试计算股票价格指数，并对股价指数的变动进行简要分析。

11. 某百货公司三种商品销售额和销售价格统计数据如下：

商品名称	计量单位	销售额（万元）		单价（元）	
		基期	报告期	基期	报告期
甲	件	180	130	35.5	43.6
乙	套	240	260	15.4	18.5
丙	个	350	380	8.0	10.0

计算下列指数：

（1）三种商品销售额总指数；

（2）用加权调和法编制三种商品的价格总指数；

（3）用同样的方法编制三种商品的销售量总指数；

（4）分析销售量和价格变动对销售额影响的相对值和绝对额。

12. 某企业工人的工资资料如下：

工人分组	月工资水平（元）		工人人数（人）	
	基期 x_0	报告期 x_1	基期 f_0	报告期 f_1
技术工	1880	1920	345	350
辅助工	900	920	280	300
合　计	—	—	625	650

要求：运用指数体系分析工人工资水平和工人结构的变动对工人平均工资变动的影响情况。

13. 已知某矿务局下属三个煤矿的有关统计资料如下：

煤矿编号	职工平均人均人数 T		工人占职工人数的比重%		工人劳动生产率（百元/人）		产值利润率（%）	
	$2004T_0$	$2005T_1$	$2004N_0$	$2005N_1$	$2004Q_0$	$2005Q_1$	$2004m_0$	$2005m_1$
001	120	140	80	82	4200	4800	18.32	19.68
002	200	210	95	96	4000	4200	18.60	19.00
003	300	280	94	92	3600	3800	20.00	21.00
合计	620	630	—	—	—	—	—	—

要求：运用指数多因素分析原理分析职工平均人数、工人占职工的比重、工人劳动生产率和产值利润率以利润总额的影响。

14. 某种农产品在甲、乙、丙三地销售，有关统计资料如下：

地区	价格（元/千克）		销售量（千克）	
	基期 p_0	报告期 p_1	基期 q_0	报告期 q_1
甲	220	200	100	180
乙	180	200	300	320
丙	200	180	200	250

要求：运用指数和因素分析理论分析该种农产品价格水平、地区销售结构和销售量对销售总额变动的影响。

15. 三种产品产量和成本统计资料如下：（选做）

产品名称	单位	单位成本（百元）			生产量		
		基期 z_0	计划期 z_n	报告期 z_1	基期 q_0	计划期 q_n	报告期 q_1
甲	件	8	8	8	100	120	130
乙	个	10	9	10	280	250	260
丙	套	12	10	10	380	400	500

要求：①编制单位成本总指数。

②编制单位成本计划完成程度总指数。

③检查计划成本降低率的执行情况。

16. 利用指数体系之间的关系回答下列问题：

（1）某企业2009年同2008年相比，各种产品产量增长8%，总生产费用增长了12%。该企业2009年的单位成本有何变化？

（2）某地区今年与上年相比，用同样多的人民币只能购买上年商品的90%，物价指数发生了什么变化？若同样多的人民币比上年可多购买10%的商品，物价指数是多少？

（3）某农作物今年的产值是280万元，比去年增加50万元。产量比去年增长10%。那么某农作物的产值指数是多少？农作物的价格指数是多少？由于产量增加增加多少产值？由于价格变化增加多少产值？

第七章

抽样调查与估计

第一节

抽样调查的基本问题

一、抽样调查的概念与特点

(一）抽样调查的概念

抽样调查，就是按随机原则，从研究总体的所有单位中，抽取部分单位作为样本，然后以样本的观测或调查结果对总体的数量特征做出具有一定可靠程度和精度的估计或推断的一种非全面统计调查方法。因此，抽样调查也叫抽样推断。例如，从某市全部消费者中随机抽取若干消费者进行消费水平的实测，计算平均消费水平，以此来推断该市平均消费水平；工厂在生产过程中以及商家在进货中，随机抽取一定数量的产品或商品，检验其质量并以此推断全部产品或进货商品的质量优劣；商家随机抽取一部分消费者，了解其消费需求及爱好等等，都是抽样调查。

（二）抽样调查的特点

抽样调查既是搜集统计数据的方法，也是对调查对象进行科学估计和推断的方法。其特点表现在：

1. 样本单位的选择上，必须遵循随机原则。

遵循随机原则从总体中抽取样本单位，是抽样调查的基本要求，也是抽样估计或推断的基础。

所谓随机原则，就是在抽选样本单位时排除调查者主观因素的影响，使总体中的每个单位都有同等概率（或机会）被抽中。故随机原则又称等可能性原则。其中，哪些单位被抽中完全是偶然的，不受调查者主观意识的干扰。

坚持随机性原则是因为，只有保证总体中每个单位都有同等的机会被抽中，才有较大可能性使所抽取的样本保持与总体有相类似的分布类型，使样本的分布充分接近总体的分布特征。这样样本就会有充分的代表性，抽样误差也就小。另一方面，只有按随机原则抽取样本，才能利用概率论的原理计算抽样误差，并将抽样误差控制在一定的范围。

2. 抽样调查的结果要以样本的数量特征去估计和推断总体的数量特征。

抽样调查不同于其他非全面调查，抽样调查的目的是为了从数量认识总体的特征。它仅仅是对总体的部分单位进行观测或调查，然后依据样本与总体之间的内在联系，以概率论的原理为基础去推断总体的数量特征，达到对总体认识的效果。抽查抽样不仅具有省时、省力的特点，而且还能认识总体的数量特征，因此就奠定了抽样调查是一种科学的、行之有效的调查方法。

3. 抽样推断会产生一定的抽样误差，但抽样误差可以事先计算并加以控制。

抽样调查是用样本的数量特征去估计与推断总体的数量特征。由于样本的分布不能完全接近总体的分布，因此，在抽样推断过程中会产生一定的随机因素引起的代表性误差，即抽样误差。抽样误差是不可避免的，但我们事先可以通过统计方法把它计算出来，并且能通过各种有效的方法把抽样误差控制在符合研究任务要求范围内。抽样误差的计算和控制正是抽样调查的科学性所在。

二、抽样调查的作用

抽样调查的调查范围非常广泛，涉及的内容多种多样，信息反馈速度十分快捷。同时，伴随着抽样理论和实用技术不断发展，抽样法已是当今最主要的统计调查方法，它广泛用于社会、经济、科技、自然等各个领域。归纳起来，抽样调查有如下作用：

1. 对于那些不可能、不能和难以进行全面调查的社会经济现象，只能用抽样调查进行估计或推断。对于无限总体，统计上是不可能进行全面调查的，只有借助抽样推断的方法来估计总体的数量特征。如大量连续生产的某种小零件、小产品（螺母、螺钉等）进行质量检验，就是用抽样检验的方法。

对于不可能进行全面调查的一种破坏性试验调查，也只能进行抽样调查。如灯泡寿命测试，子弹的射程测试，烟、酒、食品罐头的质量检验等等，均属于一种破坏性试验、消耗性试验。这些产品质量检验是不能进行全面调查的。

对于难以进行全面调查的现象，也只能采用抽样调查。某些社会经济现象虽然是有限总体，如果进行全面调查难度相当大，需要花费大量的人力、物力、财力和时间，若采用抽样调查，可以达到事半功倍的效果。如城乡居民家计调查，消费者主要耐用消费品需求量调查等等，就宜采用抽样调查进行推断。

2. 抽样调查可用于生产过程的质量控制。对于成批或大量连续生产的产品生产过程（如棉布生产），通过抽样方法可以及时提供有关产品质量信息，分析各种可能的原因，以便采取措施，排除故障，使生产过程保持正常，从而起到对生产过程进行质量控制的作用。

3. 利用抽样调查的数据可以对全面调查的数据进行补充与修正。全面调查涉及的面广、参与的人员多，调查数据容易出现较多的登记误差。因此，在全面调查后，进行抽样复查，根据抽样复查的结果计算差错率，并以此为依据核对和修正全面调查数据，从而提高全面调查的质量。

总之，抽样调查是一种科学实用的调查方法，既可以节省人力、物力、财力和时间，又可以提高调查结果的时效性，达到统计工作的目的和效果。

三、抽样调查中几个基本概念

（一）全及总体和抽样总体

全及总体简称总体，它指在一次抽样调查中需要调查研究对象的全体。例如研究某学校 10500 名学生的学习情况，则该校的这一全体学生即构成了全及总体。全及总体的单位数用符号 N 表示。全及总体是产生样本的基础，故也称为母体。对于某一具体问题来说，全及总体是惟一确定的。

抽样总体简称样本，它是指在全及总体按随机原则抽取的一部分单位所构成的总体。例如上例中，随机抽取 1000 名学生进行调查，这 1000 名学生即构成了抽样总体。抽样总体的单位数又称样本容量，通常用符号 n 表示。一般而言，样本容量 n 远小于总体单位数 N。$\frac{n}{N}$可以是十分之一、百分之一、千分之一、万分之一、十万分之一等。在抽样中当 $n \geqslant 30$ 的样本称大样本，$n < 30$的样本属于小样本。因为随机抽样，所以抽样总体可能有多少组合，它不是惟一的。

（二）全及平均数和抽样平均数

全及平均数也称总体平均数，它是根据全及总体各单位某数量标志值计算的平均数。例如，根据 10500 名学生某学科的成绩计算的平均成绩，就是总体平均数。总体平均数用符号表示为 $\overline{X}$。由于全及总体是惟一确定的，所以 $\overline{X}$ 也是惟一的，但在抽样调查中 $\overline{X}$ 是未知数，需通过抽样平均数去估计。

抽样平均数也称样本平均数，它是根据抽样总体各单位某数量标志值计算的平均数。例如根据 1000 名学生某学科成绩计算的平均成绩，就是样本平均数。用符号表示为 $\bar{x}$。由于抽样总体不是惟一确定的，所以 $\bar{x}$ 也不是惟一确定的，它是随机变量。抽样调查的目的之一，就是用样本平均数 $\bar{x}$ 去估计总体平均数 $\overline{X}$。

（三）全及成数和抽样成数

全及成数也称总体成数，它是指全及总体中具有某种特征的单位数占全及总体单位数的比重，一般用符号 P 表示。由于全及总体是惟一确定的，所以 P 也是惟一的，但在抽样调查中 P 是未知数，需通过抽样成数去估计。

抽样成数也称样本成数，它是指抽样总体中具有某种特征的单位数 n_1 占抽样总体单位数的比重。一般用符号 p 表示。由于抽样总体不是惟一确定的，所以 P 也不是惟一确定的，它是随机变量。抽样调查目的之一，就是用样本成数 p 去估计总体成数 P。

（四）总体方差和样本方差

总体方差，是反映全及总体各单位标志值之间差异的标志变动度。一般记为 σ^2 或 $P(1-P)$。它们也是惟一确定的未知数，往往用样本方差替代。

样本方差，是反映抽样总体各单位标志值之间差异的标志变动度。一般记为 S^2 或 $p(1-p)$。由于抽样总体的随机性，所以它们也是随机变量。

（五）重复抽样和不重复抽样

重复抽样是指从总体中每抽取一个单位进行调查登记之后，再将这一单位放回去，重新参加下一次的抽取。重复抽样的特点是总体各单位中选或不中选的机会是均等的，并且同一单位有多次中选的可能。

不重复抽样是指从全及总体中每抽取一个单位调查登记后，不再把该单位放回去重新参加抽取。它的特点是同一单位至多抽中一次，没有重复中选的可能。

根据对样本的要求不同，抽样方法又有考虑顺序和不考虑顺序两种。

例如，若从 A、B、C 三个字母中抽取两个组成样本，如果先抽中 A，再抽中 B，其样本为 AB；如果先抽中 B，再抽中 A，其样本为 BA。若考虑顺序的话，将其视为两个不同的样本；若不考虑顺序，就将其视为同一个样本。

（六）样本可能数目

从全及总体中抽取 n 个单位组成样本，抽取的方法不同，其可能出现的所有样本的数目是不同的。抽样时，把上面介绍的抽取方法与是否考虑顺序结合起来，共有四种情形：（1）考虑顺序的不重复抽样；（2）不考虑顺序的不重复抽样；（3）考虑顺序的重复抽样；（4）不考虑顺序的重复抽样。

假如从全及总体 A、B、C 三个字母中随机抽取两个字母组成样本，样本可能数目 m 如下：

1. 考虑顺序不重复抽样时的样本可能数目。这种情形下的样本可能数目，就是通常所说的不重复的排列数。从总体中每次抽取 n 个作不重复排列，样本的可能数目记为 A_N^n，则有：

$$A_N^n = N(N-1)(N-2)(N-3)\cdots(N-n+1)$$

对于上例，$m = A_3^2 = 3 \times 2 = 6$

其具体的样本为：AB、AC、BA、BC、CA、CB

2. 不考虑顺序不重复抽样时的样本可能数目。这种情形就是通常所说的不重复组合数。从总体 N 个单位中，每次抽取 n 个作不重复的组合，样本的可能数目记为 C_N^n，则有：

$$C_N^n = \frac{N\ (N-1)\ (N-2)\ \cdots\ (N-n+1)}{n!}$$

对于上例，$m = C_3^2 = \frac{3 \times 2}{2!} = 3$

其具体样本为：AB、AC、BC

3. 考虑顺序重复抽样时的样本可能数目。这种情形下的样本可能数目，就是通常所说的重复排列数。一般说来，从总体 N 个单位中抽取 n 个作允许重复的排列，可能的样本数目记为 B_N^n，则有：

$$B_N^n = \underbrace{N \cdot N \cdot N \cdot N \cdots N}_{n个} = N^n$$

对于上例，$m = B_3^2 = 3^2 = 9$

其具体的样本为：AA、AB、AC、BA、BB、BC、CA、CB、CC

4. 不考虑顺序重复抽样时的样本可能数目。这种情形就是通常所说的可重复组合数。从全及总体中每次抽取 n 个允许重复的组合，样本的可能数目记为 D_N^n，则有：

$$D_N^n = C_{N+n-1}^n$$

对于上例，$m = D_3^2 = C_{3+2-1}^2 = C_4^2 = \frac{4\times3}{2!} = 6$

其具体的样本为AA、AB、AC、BB、BC、CC

四、抽样推断的理论基础

抽样推断是建立在概率论的大数定律和中心极限定理基础上的。大数定律是阐明大量随机现象平均结果稳定性的一系列定理的总称。它说明如果被研究的总体是由大量的相互独立的随机因素所构成，而且每个因素对总体的影响都相对地小，那么对这些大量因素加以综合平均的结果，单一因素的个别影响将相互抵消，而呈现出共同作用的影响，使总体具有稳定的性质。

大数定律证明：随着样本容量n的增加，样本平均值接近总体平均值、样本成数接近总体成数的趋势，几乎具有实际必然性。大数定律论证了样本均值趋于总体均值的趋势，这为抽样调查提供了重要的理论依据。但是，样本均值和总体均值离差究竟有多大？离差不超过一定范围的概率（把握程度或可靠程度）有多大？这个问题要用概率论中的中心极限定理来研究。

中心极限定理证明，如果总体变量存在有限的平均数和方差，那么，不论这个总体的分布如何，随着样本容量n的增加，样本均值的分布便趋近于正态分布。在现实生活中，一个随机变量值服从正态分布未必很多，但是多个变量值和的分布趋于正态分布则是普遍存在的。样本均值也是一种随机变量值和的分布，因此在样本容量n充分大的条件下，样本均值也趋近于正态分布，这为抽样误差的概率估计理论提供了理论基础。

第二节
抽样误差及其分布

一、统计误差的分类

无论全面调查还是非全面调查，在统计调查时所获得的统计数据与调查总体真实客观实际数据之间的差别，就是统计误差。统计误差按产生的原因，可分为登记性误差和代表性误差两种。

(一) 登记性误差

登记性误差是在调查过程中由于主客观原因而引起的登记性差错所造成的误差。比如，由于测量、记录、计算所造成的差错，由于被调查者所报材料不实或者调查者有意虚报、瞒报资料所造成的差错等等。这种误差又称工作误差。无论全面调查和非全面调查都可能存在。对于这类误差可以通过搞好调查的宣传组织工作，不断提高调查人员素质，广泛采用电子计算机技术等措施等尽量避免。在统计工作中，这种误差是可以避免的。

(二) 代表性误差

代表性误差是指用总体中部分单位的统计数据去代表或去推算估计全及总体的有关统计数据所产生的误差。这是由于样本各单位的结构情况不足以代表总体特征所产生的误差。这类误差又可以分为两种：系统性误差和随机误差。

1. 系统性误差，又称偏差。指在抽样调查中，调查人员没有遵守随机原则而造成的误差。例如，调查者有意挑选较好或较差的单位作样本：在产品质量检验中，故意选择制作精良、性能稳定，质量上乘的产品送检；在农作物产量调查中，有意选择土质好、品质高的地段进行实割实测；在抽取样本时，在抽到一个单位后，调查者认为其数字偏高或偏低，而加以剔除等等，都会使抽样推断的结果产生偏高或偏低的系统性误差。显然，在抽样调查中，这种代表的偏差是必须设法避免的。

2. 随机误差，又称抽样误差。指在抽样调查中，较好地遵守了随机原则，但由于抽样的随机性，也会由于被抽取的样本各种各样，导致样本内各单位的分布特征与总体实际分布特征有偶然性的差异，从而使不同的随机样本会得出不同样本统计数据，造成样本数据与被估计的总体统计数据之间的差异。在抽样调查这种随机误差是不可避免的，它是由于抽样方法本身所引起的，但我们可以对它进行计算，并设法加以控制。

抽样仅指随机误差。在实际应用中，抽样误差又可分为抽样实际误差、抽样平均误差、抽样极限误差三种。

二、抽样误差的分类

（一）抽样实际误差

抽样实际误差，指在一次抽样中所获得样本均值与总体均值之间的离差。例如，从某乡的8000亩小麦田块中随机抽取80亩小麦田块作样本，通过实割实测得小麦平均亩产量 $\bar{x}$ 为480千克。如果对8000亩小麦进行全面收割的结果平均亩产量 $\bar{X}$ 为482千克，那么抽样实际误差 R_x 为：

$R_x = \bar{X} - \bar{x} = 482 - 480 = 2$ 千克。

又如，某产品的全部产品的合格率为95%，抽样调查的样本合格率为97%，则抽样实际误差 R_P 为：

$R_P = P - p = 95\% - 97\% = -2\%$

在实施抽样调查时，因为全及平均数和全及成数是确定的未知数。所以，抽样实际误差客观存在，但无法计算。

（二）抽样平均误差

抽样平均误差，指根据随机原则抽样时，所有可能出现的样本平均数（或成数）的标准差。实施抽样调查时，样本是随机地从总体中抽取的，而对于总体来说，可以组合成很多不同的样本，每一个可能的样本可以计算一个样本均值，所有可能的样本均值就可以计算样本平均数（或样本成数）的标准差。可以证明，样本均值的平均数是等于总体均值的。因此，可以说，抽样平均误差反映的是由抽样随机性产生的所有的样本均值与总体均值之间的平均离差。也就是说，抽样平均误差越小，说明样本均值的分布越集中在总体均值的周围，用样本指标估计总体指标的误差平均而言就越小；若抽样平均误差越大，说明样本均值的分布越分散，用样本指标去估计总体指标的误差平均来说越大，可靠程度就越差。

必须说明的是，抽样平均误差是一个惟一确定的量。这是因为，对一个特定的总体和样本容量而言，尽管可能的样本组合很多，但样本数目总是有限的，也就是说样本均值是有限的，因而，可以对这有限多个的样本指标与总体指标的离差求平均值，这个值也是惟一确定的。

在一般情况下，抽样调查中所说的抽样误差主要是指抽样平均误差，它是根据样本指标推断全及指标的重要依据。我们前面所述的可以计算并加以控制的抽样误差就是指的抽样平均误差。它是我们学习和讨论的重要内容。

（三）抽样极限误差

抽样极限误差，又称允许误差，指样本指标与总体指标之间所允许取的误差范围。

抽样平均误差从理论上描述了样本指标与总体指标之间平均偏差程度，但它无法回答某次或某几次抽样中样本指标（这里主要指样本平均数和样本成数）与总体指标（这里主要指总体平均数和总体成数）的误差范围以及用样本指标估计总体指标的可靠性大小。要明确上述问题，就必须正确理解抽样极限误差的概念。

1. 抽样极限误差是指误差范围。对于一个特定的总体，有许多可能的样本指标。由于总体指标是一个确定的值，样本指标总是围绕总体指标的左右变动，其变动幅度或大或小，产生的偏差或正或负。这样，样本指标与总体指标之间就形成一个变动范围，这个范围的绝对值就是抽样极限误差。

对于具体的样本平均数 $\bar{x}$ 和样本成数 p，则有：

$$\Delta_x \leqslant |\bar{x} - \bar{X}|$$

$$\Delta_p \leqslant |p - P|$$

2. 抽样极限误差是指可能的误差范围。抽样极限误差 Δ 不是惟一固定的，而是根据抽样推断时要求控制总体指标的精度和把握程度确定的。如果希望控制的把握性大些，那么，就给予较大的允许误差范围；反之，就给出较小的允许误差范围。而这种把握性就是概率保证程度，也就是抽样估计的可靠程度。

三、抽样平均误差的计算

（一）按定义公式计算

抽样平均误差是由于抽样的随机性所产生的不同样本组合而计算各种样本平均数与总体平均数、样本成数与总体成数的平均离差。公式用符号表示为：

$$\mu_x = \sqrt{\frac{\sum(\bar{x}_i - \bar{X})^2}{m}}$$

$$\mu_p = \sqrt{\frac{\sum(p_i - P)^2}{m}}$$

式中 μ_x 为平均数的抽样平均误差；μ_P 为成数的抽样平均误差；其他符号同前。

下面举一个特例，说明 μ_x 的计算。

例 7-1，设有 A、B、C、D、E 五个单位组成全及总体，按不考虑顺序的不重复抽样方法，随机抽取两个单位组成样本。A、B、C、D、E 五个单位的标志值分别为 10、20、30、40、50。所有可能的样本组合 m 和样本平均数列表如表 7-1，计算抽样平均误差。$m = C_N^n = C_5^2 = \frac{5 \times 4}{2!} = 10$

表 7-1　　　　抽样平均误差计算表

样本编号	样本组合	样本标志值 X	样本平均数 $\bar{x}_i$	$\bar{x}_i - \bar{X}$	$(\bar{x}_i - \bar{X})^2$
1	A、B	10，20	15	-15	225
2	A、C	10，30	20	-10	100
3	A、D	10，40	25	-5	25
4	A、E	10，50	30	0	0
5	B、C	20，30	25	-5	25
6	B、D	20，40	30	0	0
7	B、E	20，50	35	5	25
8	C、D	30，40	35	5	25
9	C、E	30，50	40	10	100
10	D、E	40，50	45	15	225
—	合计	—	—	—	750

$$\mu_x = \sqrt{\frac{\sum(\bar{x}_i - \bar{X})^2}{m}} = \sqrt{\frac{750}{10}} = \sqrt{75} = 8.66$$

需要指出的是：上述关于抽样平均误差的计算，是将从总体中按一定的抽样方法抽样时的所有可能样本的平均数逐一列出的情况下，按抽样平均误差的定义计算的。这实际上是纯理论的，在抽样调查时，是不可能这样操作的。因此，我们称上述的计算公式又为理论公式。

（二）按数理统计公式计算

数理统计证明，在纯随机抽样方式下，抽样平均误差可以采用下面公式计算：

设重复抽样和不重复抽样时，样本的可能数目分别为 m_1 和 m_2，在简单随机抽样的条件下，可以证明下列关系成立：

1. 对于平均数抽样而言。

重复抽样时：$$\mu_x = \sqrt{\frac{\sum_{i=1}^{m_1}(\bar{x}_i - \bar{X})^2}{m_1}} = \sqrt{\frac{\sigma^2}{n}}$$

不重复抽样时：$$\mu_x = \sqrt{\frac{\sum_{i=1}^{m_2}(\bar{x}_i - \bar{X})^2}{m_2}} = \sqrt{\frac{\sigma^2}{n}\left(\frac{N-n}{N-1}\right)}$$

2. 对成数抽样而言。

重复抽样时：$$\mu_P = \sqrt{\frac{\sum(P_i - P)^2}{m_1}} = \sqrt{\frac{P(1-P)}{n}}$$

不重复抽样时：$$\mu_P = \sqrt{\frac{\sum(P_i - P)^2}{m_2}} = \sqrt{\frac{P(1-P)}{n}\left(\frac{N-n}{N-1}\right)}$$

对上述公式不作数学证明。这里仅用例 7 - 1 的数据，采用数理统计公式计算抽样平均误差，看计算结果是否与定义公式计算的结果相同。

$$\text{总体方差}\ \sigma^2 = \frac{\sum(X-\bar{X}^2)}{N} = \frac{(10-30)^2+(20-30)^2+(30-30)^2+(40-30)^2+(50-30)^2}{5}$$

$$= \frac{400+100+0+100+400}{5} = \frac{1000}{5} = 200$$

$$\mu_x = \sqrt{\frac{\sigma^2}{n}\left(\frac{N-n}{N-1}\right)} = \sqrt{\frac{200}{2}\left(\frac{5-2}{5-1}\right)} = \sqrt{100\times\frac{3}{4}} = \sqrt{75} = 8.66$$

从上例可见，数理统计公式和理论公式的计算结果是一致的。

3. 用数理统计公式计算抽样平均误差应注意的几个问题。

（1）以上四个公式仅适用于纯随机抽样条件下计算抽样平均误差。但它们是最基本、最基础的计算公式。

（2）公式中的方差 σ^2 和成数 P 是全及总体的方差和成数，而全及总体的统计数据通常是不知道的，一般用样本的方差 S^2 和样本成数 p 来代替，得到近似值。同类调查，也可以用历史材料代替。如果历史上有多个方差值可供选择，则通常取较大的；如果有多个 P 值共选择，则应选择接近 0.5 的值。因为方差大，计算的抽样平均误差就大，以此估计的总体指标的区间也大。这样，全及指标落入估计区间的可能性就大。如果不具备上述条件，也可用试验性调查的结果代替。即在大规模调查之前，先组织一次小规模的试验性调查，以便取得计算抽样平均误差所需要的 σ^2 和 P 值。

（3）当 N 很大时，$N-1=N$，即 $\frac{N-n}{N-1}=1-\frac{n}{N}$。为简化计算，通常把不重复抽样时计算抽样平均误差公式中的修正系数 $\frac{N-n}{N-1}$ 用 $1-\frac{n}{N}$ 代替。在以后各节，我们将这样处理。

四、抽样误差的分布

根据定义，抽样平均误差是所有可能的样本指标与总体指标之间的平均离差。而在组织抽样推断时，我们实际只能选择一个样本，用一个样本指标去推断总体指标，由于按随机原则取样，所有不同的样本都可能抽到。如前例A、B、C、D、E五个总体单位的调查（见表7－1），它们的抽样平均误差是±8.66。如果我们抽到了1、2、9、10四个样本中的任何一个样本，它们的抽样实际误差就超过了抽样平均误差；如果抽中3、4、5、6、7、8六个样本中的任何一个样本，它们的抽样实际误差就在抽样平均误差范围内。可见，每个样本实际误差和平均误差比较，有的包括在这个平均误差范围内，有的不包括在这个平均误差范围内。因此，包括在抽样平均误差范围内的只有一部分样本，而不是所有的样本组合，这样我们在用一个样本指标估计总体指标时，两者之间有多大的误差就不能完全肯定。概率论与数理统计证明，在1倍抽样平均误差（即1μ）范围内的样本数的概率为68.27%，也就是说，按随机原则抽到的样本组合使实际误差落在±8.66范围内的把握程度为68.27%。

将表7－1的十个样本平均数与总体平均数的离差加以整理，可得表7－2分布情况。

表7－2　　十个样本抽样实际误差分布

离差 $\bar{x}-\bar{X}$	样本数（个）	占样本总数的%
0	2	20 }60
±5	4	40
±10	2	20 }40
±15	2	20
合计	10	100

从表 7－2 整理数据可见，抽样平均误差绝对值是 8.66，而抽样实际误差绝对值为 0 和 5 都在这个范围之内；而抽样实际误差绝对值为 10 和 15 的都超出了这个范围。这个具体例子说明抽样实际误差绝对值不超过 1 倍的抽样平均误差的样本所占比重为 60%，因为此例中全及总体单位和样本单位数太少了，所以和 68.27% 有出入。当全及总体单位为很多个或无限个单位时，从总体中取得足够多的单位为样本，可以证明抽样误差是服从正态分布的。标准正态分布，其概率密度函数为：

$$F(t) = \frac{1}{\sqrt{2\pi}} e - \frac{t^2}{2}$$

为了计算上的方便，按不同的 t 值和相应的概率编制专门的概率表。（见本书的附表）。供实际工作时查用。常用的概率度 t 及其对应的概率 F（t），列表如表 7－3。

表 7－3　　常用概率度 t 及对应的概率 F(t) 表

概率度 t	概率 F(t)
1	0.6827
1.64	0.9000
1.96	0.9500
2	0.9545
3	0.9973

对正态分布概率我们可以这样理解：概率表中的 t 值可以理解为抽样平均误差的倍数，F(t)可以理解为抽样实际误差绝对值不超过 t 倍抽样平均误差的样本组合数所占的比重或概率。例如 t＝1，F(t)＝0.6827，可以理解为只要遵守随机原则，无论抽到哪个样本组合，用样本指标估计总体指标，它们的抽样实际误差绝对值不超过 1 倍的抽样平均误差的可能性为 68.27%；

$t=1.96$, $F(t)=0.95$，可理解为抽样实际误差绝对值不超过 1.96 倍抽样平均误差的可能性为 95%；$t=2$，$F(t)=0.9545$，可理解为抽样实际误差的绝对值不超过 1.96 倍抽样平均误差的可能性为 95.45%；$t=3$，$F(t)=0.9973$，可理解为抽样实际误差绝对值不超过 3 倍的抽样平均误差的可能性为 99.73% 等等。

第三节

抽样调查的组织形式

抽样调查按样本的抽取是一步确定，还是分布确定，分为单阶段抽样和多阶段抽样；按抽取样本的基本组织形式不同，分为简单随机抽样、类型抽样、等距抽样和整群抽样。实施抽样调查时，这些组织形式既可单独使用，也可结合使用。抽样调查的组织形式不同，计算抽样平均误差等的方法也不一样。本节讨论几种常用的组织形式，如简单随机抽样、类型抽样、等距抽样、整群抽样、多阶段抽样等，并对不同抽样组织形式下的抽样平均误差的计算方法逐一介绍。

一、简单随机抽样

（一）简单随机抽样的概念

简单随机抽样，又称纯随机抽样，它是对总体不作任何处理，既不分类也不排队，而是按随机原则直接从总体中抽取若干个单位构成一个样本，通过对样本单位的观测计算样本指标，从而对总体相应指标作出抽样推断。

简单随机抽样是一种最简单而又最基本的抽样组织形式。它适用于：（1）均匀总体，即具有某种特征的总体单位均匀分布于总体的各个组成部分；（2）总体单位数较少，范围也很有限的总体。

简单随机抽样抽取样本的方法主要有：

1. 直接抽取法。就是直接从全及总体中抽取样单位。例如，从仓库存放的所有产品中随机抽取若干产品进行质量检查；从粮食仓库的不同地点抽取若干粮食样品进行含杂质、含水分的检验等。

2. 抽签法。先将全及总体各单位编上号，同时将号码写在纸片上做成签，掺和均匀后从中随机抽取，直到抽够预先规定的数量为止。

3. 随机数表法。将总体的全部单位编号，根据编号的位数确定使用随机数表的栏数，然后从随机数表的任意一栏、任意一行的数字开始，可以向任何方向摘录属于编号范围内的数字，即为样本单位。如果是不重复抽样，碰到重复的数字就删掉，直到抽够预定的单位数为止。

此外，还可以用计算机模拟法。在大型的计算机中，一般都有随机数字发生器，对于已经编号的总体单位，按计算机所产生的随机数字，确定相应的样本单位。

（二）抽样平均误差的计算

在第二节给出的四个基本数理统计公式就是简单随机抽样时的抽样平均误差的计算公式。

重复抽样时：
$$\mu_x = \sqrt{\frac{\sigma^2}{n}}$$

$$\mu_p = \sqrt{\frac{P(1-P)}{n}}$$

不重复抽样时： $\mu_x=\sqrt{\frac{\sigma^2}{n}\left(1-\frac{n}{N}\right)}$

$$\mu_p=\sqrt{\frac{P(1-P)}{n}\left(1-\frac{n}{N}\right)}$$

例7-2，随机抽查某大学15000名男生中150名男生的身高，得其平均身高为170.8厘米。根据过去的资料，知道男大学生的全及总体标准差为24厘米。要求计算其抽样平均误差。

解：

已知：$n=150$ $\sigma^2=24^2$

$$\mu_x=\sqrt{\frac{\sigma^2}{n}}=\sqrt{\frac{24^2}{150}}=1.96\text{（厘米）}\qquad\text{（重复抽样）}$$

$$\mu_x=\sqrt{\frac{\sigma^2}{n}\left(1-\frac{n}{N}\right)}=\sqrt{\frac{24^2}{150}\left(1-\frac{150}{15000}\right)}$$

$$=1.95\text{（厘米）}\qquad\text{（不重复抽样）}$$

例7-3，某电子元件厂生产某种型号的电子管，按正常的生产经验，产品中属于一级品的占60%，现在从10000件电子管中抽取100件进行检验，求一级品率的抽样平均误差。

解：

已知：$N=10000$ $n=100$ $p=0.6$

在重复抽样的情况下，一级品率的抽样平均误差为：

$$\mu_p=\sqrt{\frac{P(1-p)}{n}}$$

$$=\sqrt{\frac{0.6(1-0.6)}{100}}=4.9\%$$

在不重复抽样的情况下，一级品率的抽样平均误差为：

$$\mu_p = \sqrt{\frac{P(1-p)}{n}\left(1-\frac{n}{N}\right)}$$

$$= \sqrt{\frac{0.6(1-0.6)}{100}\left(1-\frac{100}{10000}\right)} = 4.65\%$$

二、类型抽样

（一）类型抽样的概念

类型抽样，又称分层抽样或分类抽样。它首先将总体按某一标志分成若干个类型，使各组组内标志值比较接近，然后分别在各组内按随机原则抽取样本单位。

类型抽样的特点是：先分组、再抽样。它是统计分组法和抽样法的结合运用。与简单随机抽样相比，类型抽样的优点在于能够提高样本的代表性，使样本的分布更接近于总体分布，从而缩小抽样误差。

提高类型抽样的效果，分组很关键。分组的原则是从客观经济现象出发，在定性分析的基础上，尽量缩小组内标志值的差异，增大组间标志值的差异。这样，缩小组内方差，增大组间方差，以此降低影响抽样平均误差的总方差。

实施类型抽样时，先要对总体分组。设全及总体 N 个单位分成 k 组，用 N_i 表示第 i 组的全部单位，n_i 表示从第 i 组抽出的样本单位数，则有：

$$N = N_1 + N_2 + N_3 + \cdots + N_k$$

$$n = n_1 + n_2 + n_3 + \cdots + n_k$$

实施抽样调查时，在各类型之间分配样本单位数有两种方法：等比例抽样和不等比例抽样。

1. 等比例抽样。等比例抽样，就是各类所抽的样本单位数占该类总体单位数的比例相等，即各类型统一按某一比例抽取样本单位数。

等比例抽样时，有：

$$\frac{n_1}{N_1}=\frac{n_2}{N_2}=\frac{n_3}{N_3}=\cdots\cdots=\frac{n_k}{N_k}\qquad \frac{n_i}{N_i}=\frac{n}{N}$$

2. 不等比例抽样。根据各组中标志变异程度的大小确定适当的抽样比例，差异程度大的组抽样比例大一些，差异程度小的组抽样比例小一些。

不等比例抽样时，有：

$$\frac{n_1}{N_1}\neq\frac{n_2}{N_2}\neq\frac{n_3}{N_3}\neq\cdots\cdots\neq\frac{n}{N}$$

（二）抽样平均误差的计算

1. 分类等比例重复抽样。

$$\mu_x=\sqrt{\frac{\overline{\sigma^2}}{n}}$$

$$\mu_p=\sqrt{\frac{\overline{P(1-P)}}{n}}$$

2. 分类等比例不重复抽样。

$$\mu_x=\sqrt{\frac{\overline{\sigma^2}}{n}\left(1-\frac{n}{N}\right)}$$

$$\mu_p=\sqrt{\frac{\overline{P(1-P)}}{n}\left(1-\frac{n}{N}\right)}$$

以上式中：$\overline{\sigma^2}$ 为全及总体各组内平均数方差的平均值

$\overline{P(1-P)}$为全及总体各组内成数方差的平均值

若$\overline{\sigma^2}$和$\overline{P(1-P)}$未知时，可用各组样本方差的平均数$\overline{S^2}$和$\overline{P(1-P)}$分别代替。

$$\overline{S^2}=\frac{\sum S_i^2 n_i}{n}$$

$$\overline{P(1-P)}=\frac{\sum P_i(1-P_i)n_i}{n}$$

例7－4，某地种有早稻5000亩，其中平原地4000亩，丘陵地1000亩，现采用分类等比例重复抽样抽取750亩进行调查，得统计数据如下表7－4所列，计算抽样平均误差μ_x。

表7－4　　抽样调查统计数据

按地势分类	全部面积（亩）N_i	抽样面积（亩）n_i	样本亩产标准差（千克）S_i
平原地	4000	600	110
丘陵地	1000	150	175
合　计	5000	750	—

解：

分类等比例重复抽样：$\mu_x=\sqrt{\frac{1}{n}\sum\frac{S_i^2 n_i}{n}}$

$$=\sqrt{\frac{1}{750}\left(\frac{110^2\times600+175^2\times150}{750}\right)}=\sqrt{\frac{15805}{750}}=4.59\text{（千克）}$$

分类等比例不重复抽样：$\mu_x=\sqrt{\frac{1}{n}\left[\sum\frac{S_i^2 n_i}{n}\left(1-\frac{n}{N}\right)\right]}$

$$=\sqrt{\frac{1}{750}\left[\frac{110^2\times600+175^2\times150}{750}\left(1-\frac{750}{5000}\right)\right]}=\sqrt{\frac{1}{750}(15805\times0.85)}$$

$=4.23$（千克）

例7－5，某地有10000家庭户，按城市和农村分类，采用等比例重复和不重复抽样方法抽取1000户，进行彩色电视机拥有量的调查，取得如下资料（见表7－5），要求，计算彩色电视机的拥有量户比重的抽样平均误差 μ_p。

表7－5 某地城乡家庭彩电拥有情况抽样资料

家庭户分类	抽样户数（户）	拥有彩电户数所占比重（%）
城市	300	90
农村	700	75

解：

分类等比例重复抽样：$\mu_p = \sqrt{\dfrac{\overline{P(1-P)}}{n}} = \sqrt{\dfrac{0.15825}{1000}} = 1.26\%$

其中 $\overline{P(1-P)} = \dfrac{\sum P_i(1-p_i)n_i}{n}$

$$= \frac{0.9(1-0.9)\times 300 + 0.75(1-0.75)\times 700}{1000} = 0.15825$$

分类等比例不重复抽样：$\mu_p = \sqrt{\dfrac{\overline{P(1-P)}}{n}\left(1-\dfrac{n}{N}\right)} = \sqrt{\dfrac{0.15825}{1000}\left(1-\dfrac{1000}{10000}\right)} = 1.25\%$

3. 分类不等比例重复抽样。

$$\mu_x = \sqrt{\frac{\overline{\sigma^2}}{n}}$$

$$\mu_P = \sqrt{\frac{\overline{P(1-P)}}{n}}$$

4. 分类不等比例不重复抽样。

$$\mu_x = \sqrt{\frac{1}{n}\left[\sum \frac{\sigma_i^2 N_i}{N}\left(1-\frac{n_i}{N_i}\right)\right]}$$

$$\mu_P = \sqrt{\frac{1}{n}\left[\sum \frac{P_i(1-P_i)N_i}{N}\left(1-\frac{n_i}{N_i}\right)\right]}$$

例7-6，某地种水稻5000亩，其中平原地4000亩，丘陵地1000亩。现在采用类型不重复抽样法抽取600亩进行调查，得到资料如下（见表7-6），要求计算平均亩产的抽样平均误差。

表7-6　　某地水稻亩产量抽样调查资料

	类型面积（亩）N_i	抽样面积（亩）n_i	样本亩产（均值）（千克）$\bar{x}_i$	样本亩产标准差（千克）s_i
平原	4000	450	480	110
丘陵	1000	150	375	175
合计	5000	600	453.75	—

解：

$$\mu_x = \sqrt{\frac{1}{n}\sum_{i=1}^{k}\frac{\sigma_i^2 N_i}{N}\left(1-\frac{n_i}{N_i}\right)}$$

$$= \sqrt{\frac{1}{n}\sum_{i=1}^{k}\frac{{s_i}^2 N_i}{N}\left(1-\frac{n_i}{N_i}\right)}$$

$$= \sqrt{\frac{1}{600\times5000}\left[110^2\times4000\left(1-\frac{450}{4000}\right)+175^2\times1000\left(1-\frac{150}{1000}\right)\right]}$$

$$= \sqrt{22.9954} = 4.795(\text{千克/亩})$$

三、等距抽样

（一）等距抽样的概念

等距抽样又称系统抽样或机械抽样。它是将总体所有单位按某一标志排队，然后以固定的顺序和间隔在总体中抽取若干个单位构成样本。等距抽样简便易行，在实际工作中应用较为广泛。

将全及总体按某一标志顺序排队，再按公式 $K=N/n$ 计算出抽样间隔，然后从总体中按一定固定的间隔 K 抽取一个容量为 n 的样本。这里，$N=Kn$，实际上是将全及总体分成 n 个等分，每个等分包含 k 个单位。若在第一部分中随机抽中第 $i(i\leq k)$ 号单位，则在第二个等分应抽取第 $i+k$ 号单位，以此类推，直到在第 n 部分抽取 $i+(n-1)k$ 号单位为止。

等距抽样的特点是先排队，再抽样。由于排队时所依据的标志不同，等距抽样又可分为无关标志排队法和有关标志排队法两种。

按无关标志排队，指用与调查内容没有直接关系的标志排队。如在调查时按姓氏笔划、名册中原始顺序排队等。

按有关标志排队，指将全及总体各单位按与调查项目有直接联系的标志排队。例如，农产量调查时按亩产高低排队；职工家计调查按工资水平排队等等都属于按有关标志排队。

（二）抽样平均误差的计算

1. 按无关标志排队时抽样平均误差的计算。等距抽样时，直接计算抽样平均误差，在实际中是不易解决的问题。一般认为：若按无关标志排队，等距抽样近似于不重复的简单随机抽样。故而可以按简单随机不重复抽样时计算误差的公式计算其抽样平均误差。即：

$$\mu_x=\sqrt{\frac{\sigma^2}{n}\left(1-\frac{n}{N}\right)}$$

$$\mu_p=\sqrt{\frac{P(1-P)}{n}\left(1-\frac{n}{N}\right)}$$

例 7－7，某自修大学将考生按准考证号顺序排队，然后按相等距离，每100人中抽出一人登记《会计学》考试成绩，得到资料如表7－7所示，试计算平均成绩的抽样平均误差。

表7－7　某自修大学学生《会计学》成绩抽样资料

成绩（分）	60以下	60—70	70—80	80—90	90以上	合计
人数	25	30	20	15	10	100

根据表7－7的抽样统计数据，列计算表如表7－8所示。

表7－8　《会计学》平均成绩与方差计算表

成绩（分）	组中值x	人数f	xf	x^2f
60以下	55	25	1375	75625
60—70	65	30	1950	126750
70—80	75	20	1500	112500
80—90	85	15	1275	108375
90以上	95	10	950	90250
合　计	—	100	7050	513500

$$\overline{X} = \frac{\sum xf}{\sum f} = \frac{7050}{100} = 70.5(\text{分})$$

$$S^2 = \frac{\sum x^2f}{\sum f} - \left(\frac{\sum xf}{\sum f}\right)^2 = \frac{513500}{100} - \left(\frac{7050}{100}\right)^2 = 164.75(\text{分})$$

$$\mu_x = \sqrt{\frac{S^2}{n}\left(1 - \frac{n}{N}\right)} = \sqrt{\frac{164.75}{100}\left(1 - \frac{100}{10000}\right)} = 1.28(\text{分})$$

2. 按有关标志排队时抽样平均误差的计算。按有关标志排队进行等距抽样，实质上是一种特殊的类型抽样。理论上讲应该按等比例不重复类型抽样计算误差的公式来计算其抽样平均误差，但由于等距抽样时每一等分中只抽一个单位，各等分的组内方差σ_1^2，$\sigma_2{}^2$，σ_3^2，……σ_n^2难以计算，往往用样本总方差s_x^2、s_p^2

代替。此时，实际上也变通地采用了简单随机抽样的公式加以计算。实例从略。

用等距抽样法抽取样本时，第一个样本单位确定后，其余样本单位的位置也随之确定。因此，要避免抽样间隔和现象本身的周期、节奏重合而引起的系统性偏差。例如，工业产品质量检查时，抽样时间间隔就不宜与上下班或交接班时间一致。

四、整群抽样

（一）整群抽样的概念

整群抽样，指按一定标志将总体分成若干群，然后以群为单位，从总体中随机抽样一部分群构成样本，对抽中的群内所有单位进行全面调查。例如，检测日光灯寿命时，以每 10 只包装成一箱的箱为单位抽取；调查生产线上产品的质量时，按每 2 小时内抽 6 分钟的产品进行检查。

前面介绍的三种抽样的组织形式，不管抽样之前对总体如何处理，但它们都是按构成总体的基本单位即总体单位直接从总体中一个一个地抽取。而整群抽样直接抽取的不是总体单位而是“群”，抽出的样本是由群构成的。

整群抽样时，对抽中的各群必须进行全面调查，因而，对每一群而言，不存在抽样误差。影响抽样误差的方差是群间方差，群内方差不影响抽样误差。若群间差异愈小，样本的代表性愈高，整群抽样效果愈好；反之，群间差异太大，样本的代表性就会降低，整群抽样效果较差，就不宜采用这种抽样组织形式。

整群抽样的优点是组织抽样比较方便。但以群为单位抽取，中选单位比较集中，样本单位分布不够均匀。因此，在抽样单位数相同的条件下，与其他抽样形式相比，抽样误差较大，代表性较低。为了缩小抽样误差，提高抽样调查的质量，采用这种组织形式时，应多抽一些单位，增大样本容量，以弥补其不足。

（二）抽样平均误差的计算

整群抽样一般采用不重复抽样法，其抽样平均误差的计算公式为：

$$\mu_x=\sqrt{\frac{\delta_X^2}{r}\left(1-\frac{r}{R}\right)}$$

$$\mu_p=\sqrt{\frac{\delta_P^2}{r}\left(1-\frac{r}{R}\right)}$$

式中：R 为全及总体的群数；r 为抽样总体的群数

δ_x^2 为平均数的群间方差；δ_p^2 为成数的群间方差

其计算公式分别为：

$$\delta_X^2=\frac{\sum_{i=1}^{r}(\overline{X}_i-\overline{X})^2}{R}\quad 或：\quad \delta_X^2=\frac{\sum_{i=1}^{n}(\overline{X}_i-\overline{X})^2R_i}{\sum_{i=1}^{n}R_i}$$

$$\delta_P^2=\frac{\sum_{i=1}^{r}(P_i-P)^2}{R}\quad 或：\quad \delta_P^2=\frac{\sum_{i=1}^{n}(P_i-P)^2R_i}{\sum_{i=1}^{n}R_i}$$

当总体群间方差未知时，用样本群间方差 δ_X^2、δ_P^2 代替，计算公式为：

$$\delta_x^2=\frac{\sum_{i=1}^{r}(\bar{x}_i-\bar{x})^2}{r}\quad 或：\quad \delta_x^2=\frac{\sum_{i=1}^{n}(\bar{x}_i-\bar{x})^2r_i}{\sum_{i=1}^{n}r_i}$$

$$\delta_p^2=\frac{\sum_{i=1}^{r}(p_i-p)^2}{r}\quad 或：\quad \delta_p^2=\frac{\sum_{i=1}^{n}(p_i-p)^2r_i}{\sum_{i=1}^{n}r_i}$$

例 7－8，某商店购进 300 箱（100 个/箱）苹果，入库前随机抽取 1%，即抽 3 箱检查其质量。检验结果的统计数据数列如表 7－9，计算抽样平均误差。

表 7－9　　整群抽样群间方差计算表

抽样箱数	平均重量(斤)$\bar{x}_i$	一级品率(%)P_i	$(\bar{x}_i-\bar{x})^2$	$(P_i-P)^2$
第一箱	48	85	1	0.0001
第二箱	49	84	0	0
第三箱	50	83	1	0.0001
合　计	—	—	2	0.0002

首先，分别计算样本群的平均数和成数：

$$\bar{x}=\frac{\sum \bar{x}_i}{r}=\frac{48+49+50}{3}=49(\text{斤})$$

$$P=\frac{\sum P_i}{r}=\frac{0.85+0.84+0.83}{3}=0.84 \text{ 或 } 84\%$$

然后，分别计算样本群的平均数和成数的群间方差：

$$\delta_X^2=\frac{\sum(\bar{x}_i-\bar{x})^2}{r}=\frac{2}{3}=0.667(\text{斤})$$

$$\delta_P^2=\frac{\sum(P_i-P)^2}{r}=\frac{0.0002}{3}=0.000067 \text{ 或 } 0.0067\%$$

最后计算抽样平均误差：

$$\mu_X=\sqrt{\frac{\delta_X^2}{r}\left(1-\frac{r}{R}\right)}=\sqrt{\frac{0.667}{3}\left(1-\frac{3}{300}\right)}=0.469\ (\text{斤})$$

$$\mu_P=\sqrt{\frac{\delta_P^2}{r}\left(1-\frac{r}{R}\right)}=\sqrt{\frac{0.000067}{3}\left(1-\frac{3}{300}\right)}=0.0047$$ 或 0.47%

在抽样实践中，整群抽样的各群所包含的单位可以相等，也可不相等。若各群包含的单位不相等时，计算 δ_x^2、δ_p^2、$\bar{x}$、p 应采用加权的形式。

五、影响抽样平均误差的若干因素

前面已经系统地介绍了抽样调查的几种基本组织形式以及抽样平均误差的计算方法，从其计算误差的基本公式可以看出，影响抽样平均误差大小的因素主要有如下几方面：

（一）总体单位之间标志值的差异程度

方差越大，抽样平均误差也越大；反之，抽样平均误差越小。抽样平均误差的大小与方差的大小成正比。

（二）样本单位数目

样本总体包含的基本单位愈多，抽样平均误差愈小。抽样误差的大小与样本所包含的基本单位的多少成反比的关系。

（三）抽样方法

在其他条件不变的前提下，不重复抽样的抽样平均误差比重复抽样的误差要小。

（四）抽样的组织形式

例如，对同一调查对象，类型抽样与简单随机抽样相比，前者的误差小于后者。

实施抽样调查时，究竟采用何种组织形式，必须根据具体情况而定。在选择抽样组织形式时，通常应考虑调查对象的特点、调查费用、调查目的及具体要求等因素。一般来讲，应在对调查对象全面分析的基础上，选择既能满足调查要求，又能节省费用的抽样组织形式。

第四节

抽样估计方法

抽样调查的目的在于依据样本信息推断或估计全及总体的数量特征。具体地说，就是要根据样本平均数推断全及总体平均数，依据样本成数推断总体成数。但由于抽样的随机性，推断时必然会有误差。关于误差的产生原因、种类及计算方法，在前面已系统地讨论过，在本节里，将进一步讨论依据样本指标，如何对全及总体的有关指标作出合理的估计或推断。

一、抽样估计的优良标准

这里需先明确一下估计量和估计值的概念。估计量是指根据样本指标估计总体指标的规则或形式；估计值则是指依据某一具体的样本指标所估计的总体指标的值，也就是估计量的某一具体的值。

在对总体指标作估计的时候，总是希望估计量是优良或合理的。那么，什么是衡量优良估计的标准呢？

一般来说，以样本指标估计总体指标时，为了使样本指标对总体指标具有良好的代表性，总是希望样本分布接近总体的分布，使样本指标尽可能接近总体指标。但是，样本指标是随机变量，随着抽取的样本不同，样本指标也不一样。因此，要判断估计量的好坏，仅仅从一次试验的结果来衡量是不可能的。评价一个估计量是否优良，是在多次重复试验的前提下，看这种估计量是否在某种意义上最接近于被估计对象的实际值。也就是说，评价估计是否优良总是从总体的角度进行的，其标准有三个：无偏性、有效性和一致性。

（一）无偏性

无偏性指样本指标的平均数等于被估计的总体指标。我们知道，虽然每一次抽样的样本指标与总体指标可能有一定的偏差，但若进行重复多次试验和估计，各个样本指标的平均数是等于总体指标的，即这个估计量平均来说是没有偏差的。也就是说，样本指标是总体指标的无偏估计量。

（二）有效性

用样本指标估计总体指标时，若某样本指标的方差比其他估计量的方差小，则称该样本指标是总体指标的最有效的估计量。

例如，用样本平均数或样本某一变量值来估计总体平均数，虽然都是无偏的，而且在每次估计中，两个估计量和总体平均数都可能有偏差，但样本平均数更靠近在总体平均数的周围，平均来说其离差较小。所以，相对而言，样本平均数是更为有效的估计量。

（三）一致性

以样本指标估计总体指标，要求当样本单位数相当大时，样本指标充分靠近总体指标，则称这个估计量为一致的估计量。换言之，随着样本容量无限增大，样本指标与未知的总体指标之差的绝对值小于任意小的正数，它的可能性也趋近于必然，即实际上几乎是肯定的。

二、抽样估计方法

样本估计从形式上看有点估计和区间估计两种。

（一）点估计

点估计，就是用一个样本的样本均值去估计总体的均值的方法。比如，用样本平均数 $\bar{x}$ 直接作为总体平均数 $\bar{X}$ 的估计值，用样本成数 p 直接作为总体成数 P 的估计值，用样本方差 S^2 直接作为总体方差 σ^2 的估计值，等等。假定我们要估计一个班学生某学科考试的平均成绩，根据随机原则抽出 10 名学生的考试成绩计算的平均成绩为 78 分，我们就直接用 78 分作为全班平均成绩的一个估计值，这就是点估计。再如，我们要某电子元件厂某一批电子元件的合格率，随机抽检的结果合格为 94.5%，我们就直接用 94.5%，作为这批电子元件合格率的一个估计值，这也是点估计。

点估计方法优点是计算简便，容易理解，不要求对抽样理论有深入了解。用于对那些要求不高的判断和分析，可以使用此方法。但由于在实际抽样调查中一次只是随机抽取一个样本，导致估计值会因样本不同而不同，甚至产生很大的差异。而点估计既没有解决估计值的精确度问题，也没有考虑估计值的可靠程度（或把握程度）问题。为了解决上述问题，就必须研究区间估计。

（二）区间估计

1. 区间估计的概念。区间估计，就是根据样本指标和抽样误差以及估计可靠程度的要求，选定概率度 t 值，估计总体指标所在范围的方法。这个范围往往由一个高限和低限构成一个区间，故称区间估计。

2. 区间估计公式引入。抽样法的最大特点和优点，就在于可以事先计算和控制抽样误差。怎么控制误差？怎样知道调查的结果的准确性？它们的把握程度有多大？只有把这些问题弄清楚了，才可能真正理解和认识抽样调查。

本章第二节中，我们引出了抽样极限误差的概念。抽样极限误差，是指抽样指标与总体指标之间的可能误差范围，也叫允许误差或可控制的抽样误差范围，也即与一定概率保证相联系的误差范围。

$$\Delta_x \leqslant |\bar{x} - \bar{X}|$$

$$\Delta_p \leqslant |p - P|$$

解上式绝对值的不等式，将上二式的绝对值展开有：

$$\bar{X} - \Delta_x \leqslant \bar{x} \leqslant \bar{X} + \Delta_X$$

$$P - \Delta_p \leqslant p \leqslant P + \Delta_P$$

这表明样本平均数 $\bar{x}$ 和样本成数 p 是落在总体平均数 $\bar{X}$ 和总体成数 P 减去和加上一个极限误差 Δ 的范围内，即抽样指标在总体指标周围的某一范围内变动。

但是，抽样的目的不是用总体指标来控制样本指标，恰恰相反，而是要用样本指标去估计总体指标，即估计总体指标包含在样本指标加上和减去某一允许误差范围内。因此，我们可以将上面两个不等式变换成下面两个完全等价的不等式。即：

$$\bar{x} - \Delta_x \leqslant \bar{X} \leqslant \bar{x} + \Delta_x$$

$$p - \Delta_P \leqslant P \leqslant p + \Delta_P$$

又如前所述，抽样极限误差是指可能的误差范围。即它的误差范围大小与概率保证程度，即与抽样估计的可靠程度大小成正比例关系，因而可给出计算抽样极限误差的另一个公式：

$$\Delta_x = t\mu_x$$

$$\Delta_p = t\mu_p$$

所以上面两个不等式，就可以改写成为下面两个不等式。即：

$$\bar{x} - t\mu_x \leqslant \bar{X} \leqslant \bar{x} + t\mu_X$$

$$p - t\mu_p \leqslant P \leqslant p + t\mu_P$$

这就是区间估计的公式。

式中，t 为概率度，反映极限误差的相对程度，它是确定概率保证程度大小的指标。给定 t 值，就可通过查概率分布表得到相应的概率 F(t)。常用的概率与概率度 t。见表 7－3。

这里，估计区间 $[\bar{x}-t\mu_x, \bar{x}+t\mu_x]$ 和 $[p-t\mu_p, p+t\mu_p]$ 称为置信区间，估计的可靠程度即概率 F(t) 称为置信度。

由上可知，进行区间估计，必须具备三个要素：

（1）根据调查资料计算的样本指标 $\bar{x}$（或 p）、s；

（2）估计区间的概率保证程度 F(t)；

（3）根据概率保证程度计算的误差范围 $\Delta = t\mu$。

三、不同抽样组织形式下区间估计实例

（一）简单随机抽样

例 7－9，在某天生产的 500 袋食品中，按不重复抽样方法随机抽取 30 袋进行检查，测得平均每袋重量为 995 克。已知该种食品的标准差为 20 克，试在概率为 95% 保证条件下，估计该种食品平均重量的可能范围。

解：已知 N＝500 袋，n＝30 袋，$\bar{x}=995$ 克，$\sigma=20$ 克

$F(t)=95\% \quad t=1.96$

$$\mu_x=\sqrt{\frac{\sigma^2}{n}\left(1-\frac{n}{N}\right)}=\sqrt{\frac{20^2}{30}\left(1-\frac{30}{500}\right)}=3.54 \text{ 克}$$

$$\bar{x}-t\mu_x \leqslant \bar{X} \leqslant \bar{x}+t\mu_x$$

$$995-1.96\times3.65 \leqslant \bar{X} \leqslant 995+1.96\times3.65$$

$$988 \text{ 克} \leqslant \bar{X} \leqslant 1002 \text{ 克}$$

这表明该种食品平均重量的可能范围在 988—1002 克，作这种估计的把握程度为 95%。

例 7－10，某企业共有在职职工 1500 人。企业准备实行一项改革，在职工中征求意见，采用不重复抽样方法随机抽取 250

名职工作为样本。调查结果显示，有 200 人表示赞成该项改革，50 人表示反对。试以 95.45% 的概率保证，估计全企业职工赞成改革的人数比例的区间。

解：已知 $N=1500$ 人，$n=250$ 人，$n_1=200$ 人 $F(t)=95.45\%$ $t=2$ $P=\frac{200}{250}=80\%$

$$\mu_P=\sqrt{\frac{P(1-P)}{n}\left(1-\frac{n}{N}\right)}=\sqrt{\frac{0.8(1-0.8)}{250}\left(1-\frac{250}{1500}\right)}$$

$=0.023$ 或 2.3%

$p-t\mu_P\leqslant P\leqslant p+t\mu_P$

$0.8-2\times0.023\leqslant P\leqslant 0.8+2\times0.023$

$70.8\%\leqslant P\leqslant 84.6\%$

这表明该企业职工中赞成改革的人数比例在 70.8%—84.6% 之间，作这种估计的可信度为 95.45%。

（二）类型抽样

例 7-11，对某地甲、乙、丙三个社区进行人口文化程度的调查，现按 10% 的比例不重复地从各社区抽取人口，调查得出有关资料如下（见表 7-10），试以 95.45% 的概率保证程度下估计：（1）该地区人口平均受教育年数的可能范围；（2）该地区人口文盲率的可能范围。

表 7-10

社区	抽样人数(人)	平均受教育年数(年)	文盲率	受教育年数标准差(年)
甲	5000	10.0	12.4	2.0
乙	3000	9.5	13.2	1.8
丙	2000	10.5	11.3	2.1
合计	10000	—	—	—

解：已知 $N = 10000 \div 10\% = 100000$ $n = 10000$ $F(t) = 95.45\%$ $t=2$

（1）求该地区人口平均受教育年数的估计区间：

$$\bar{x} = \frac{\sum \bar{x}_i n_i}{n} = \frac{10 \times 5000 + 9.5 \times 3000 + 10.5 \times 2000}{10000}$$

$$= \frac{995000}{10000} = 9.95\text{ 年}$$

$$\overline{S^2} = \frac{\sum S_i^2 n_i}{n} = \frac{2^2 \times 5000 + 1.8^2 \times 3000 + 2.1^2 \times 2000}{10000}$$

$$= \frac{38540}{10000} = 3.85\text{ 年}$$

$$\mu_x = \sqrt{\frac{\overline{S^2}}{n}(1 - \frac{n}{N})} = \sqrt{\frac{3.85}{10000}(1 - \frac{10000}{100000})} = 0.019\text{ 年}$$

$$\bar{x} - t\mu_x \leqslant \bar{X} \leqslant \bar{x} + t\mu_X$$

$$9.95 - 2 \times 0.019 \leqslant \bar{X} \leqslant 9.95 + 2 \times 0.019$$

$$9.91\text{ 年} \leqslant \bar{X} \leqslant 9.99\text{ 年}$$

这表明有 95.45% 的把握程度认为该地区人口平均受教育的年限在 9.91—9.99 年的范围内。

（2）求该地区人口文盲率的估计区间：

$$P = \frac{\sum p_i n_i}{n} = \frac{0.124 \times 5000 + 0.13 \times 3000 + 0.113 \times 2000}{10000}$$

$$= \frac{1242}{10000} = 0.1242\text{ 或 }12.42\%$$

$$\overline{P(1 - P)} = \frac{\sum p_i(1 - p_i)n_i}{n}$$

$$= \frac{0.124(1 - 0.124) \times 5000 + 0.132 \times (1 - 0.132) \times 3000 + 0.113(1 - 0.113) \times 2000}{10000}$$

$$=\frac{1087.31}{10000}=0.1087$$

$$\mu_P=\sqrt{\frac{P(1-P)}{n}\left(1-\frac{n}{N}\right)}=\sqrt{\frac{0.1087}{10000}\left(1-\frac{10000}{100000}\right)}$$

$=0.00313$　或 0.313%

$0.1242-2\times0.00313\leqslant P\leqslant0.1242+2\times0.00313$

$11.79\%\leqslant P\leqslant13.05\%$

这表明有 95.45% 的把握程度认为该地区人口文盲率在 11.79%—13.05% 的范围内。

（三）等距抽样

1. 按无关标志排队的等距抽样。例 7－12，某储蓄所 2005 年末按定期存款账号进行等距抽样，每 10 户抽 1 户进行调查，获得如下统计数据（见表 7－11），试以 95% 的把握程度估计：

（1）每户平均存款额的可能范围；（2）存数额在 1 万以上的户数所占比重的可能范围。

表 7－11　　某储蓄所 2009 年末定期存款额和方差计算表

存款金额（元）	组中值（元）x	户数（户）f	xf	x^2f
5000 元以下	2500	20	50000	125000000
5000—8000	6500	300	1950000	12675000000
8000—10000	9000	100	900000	8100000000
10000—30000	20000	50	1000000	20000000000
30000—50000	40000	20	800000	32000000000
50000 以上	60000	10	600000	36000000000
合　计	—	500	5300000	108900000000

解：（1）每户平均存款额可能范围：

$$\overline{X}=\frac{\sum xf}{\sum f}=\frac{5300000}{500}=10600(\text{元})$$

$$S^2=\frac{\sum x^2f}{\sum f}-\left(\frac{\sum xf}{\sum f}\right)^2=\frac{108900000000}{500}-(10600)^2$$

$$=217800000-112360000=105440000\ (\text{元})$$

$$\mu_x=\sqrt{\frac{S^2}{n}\left(1-\frac{n}{N}\right)}=\sqrt{\frac{105440000}{500}(1-0.1)}=435.65\ (\text{元})$$

$$\overline{x}-t\mu_x\leqslant\overline{X}\leqslant\overline{x}+t\mu_x$$

$$10600-1.96\times435.65\leqslant\overline{X}\leqslant10600+1.96\times435.65$$

$$9746\text{ 元}\leqslant\overline{X}\leqslant11454\text{ 元}$$

（2）存款额在 1 万元以上的户数所占比重的可能范围：

$$P=\frac{50+20+10}{500}=0.16\quad\text{或 }16\%$$

$$P(1-P)=0.16(1-0.16)=0.1344$$

$$\mu_P=\sqrt{\frac{P(1-P)}{n}\left(1-\frac{n}{N}\right)}=\sqrt{\frac{0.1344}{500}(1-0.1)}=0.0156$$

$$p-t\mu_P\leqslant P\leqslant p+t\mu_P$$

$$0.16-1.96\times0.0156\leqslant P\leqslant0.16+1.96\times0.0156$$

$$12.94\%\leqslant P\leqslant19.06\%$$

以上结果表明，有 95% 的可靠性估计全部储户平均存款额在 9746—11454 元之间；存款额在 1 万元以上的户数所占比重在 12.94%—19.06% 之间。

2. 按有关标志排队的等距抽样。例 7－13，假如有 12 块小麦地，每块 1 亩，如先按去年亩产量高低排队，它们分别为 300 千克、330 千克、330 千克、340 千克、370 千克、370 千克、420 千克、420 千克、450 千克、460 千克、490 千克、520 千克。

若从 12 块小麦地中抽选出 4 块地进行调查，抽选间隔为$\frac{12}{4}=3$，也就是每隔 3 块地为一类。在每一类中抽一块。试根据调查结果用概率 95.45% 保证，估计小麦亩产量的可能范围（计算见表 7－12）。

表 7－12　　有关标志排队等距抽样误差计算表

组别	排队序号	亩产量（千克）x	组平均亩产（千克）$\overline{X}_i$	离差平方 $(x-\overline{x}_i)^2$
Ⅰ	1	300	320	400
	2	Δ330		100
	3	330		100
	小计	960	—	600
Ⅱ	4	340	360	400
	5	Δ370		100
	6	370		100
	小计	1080	—	600
Ⅲ	7	420	430	100
	8	Δ420		100
	9	450		400
	小计	1290	—	600
Ⅳ	10	460	490	900
	11	Δ490		0
	12	520		900
	小计	1470	—	1800

抽样间隔为 3，若在第Ⅰ组内抽中（2）号田块，然后每隔 3 号抽一块，即分别为（5）号、（8）号和（11）号田块。

解：$\bar{x}=\frac{\sum\bar{x}_i}{n}=\frac{330+370+420+490}{4}=402.5$（千克）

各组内方差 $\sigma^2 = \dfrac{\sum(x_i - \bar{x}_i)^2}{N_i}$

第Ⅰ组的方差 $\sigma_1^2 = \dfrac{600}{3} = 200$（千克）

第Ⅱ组的方差 $\sigma_2^2 = \dfrac{600}{3} = 200$（千克）

第Ⅲ组的方差 $\sigma_3^2 = \dfrac{600}{3} = 200$（千克）

第Ⅳ组的方差 $\sigma_4^2 = \dfrac{1800}{3} = 600$（千克）

$$\text{平均组内方差}\overline{\sigma^2} = \frac{\sum \sigma_i^2 N_i}{N} = \frac{200+200+200+600}{4} = \frac{1200}{4}$$

$$= 300\ （千克）$$

$$\mu_x = \sqrt{\frac{\overline{\sigma^2}}{n}\left(1-\frac{n}{N}\right)} = \sqrt{\frac{300}{4}\left(1-\frac{4}{12}\right)} = 7.07\ （千克）$$

$$\bar{x} - t\mu_X \leqslant \bar{X} \leqslant \bar{x} + t\mu_X$$

$$402.5 - 2\times 7.07 \leqslant \bar{X} \leqslant 402.5 + 2\times 7.07$$

$$388.36\ 千克 \leqslant \bar{X} \leqslant 416.64\ 千克$$

这表明，有 95.45% 的可靠性估计全部田块小麦平均亩产量在 388.36—416.64 千克之间。

（四）整群抽样

例 7－14，某化肥厂昼夜连续生产，平均每分钟生产 100 袋化肥。现采用整群抽样方法，检查一昼夜每袋化肥重量和包装情况，每隔 144 分钟抽 1 分钟的袋装化肥进行检验，共抽 10 分钟的袋装化肥，检查结果，样本群的统计数据如表 7－13。试用概率为 95.45% 保证，推断所产全部化肥平均袋重和一等包装所占比重的可能范围。

表 7－13　　整群抽样群间方差计算表

样本群序号	每群平均袋重（千克）$\overline{X}_i$	$\overline{X}_i^2$	每群一等包装袋比重 P_i	P_i^2
1	48	2304	0.65	0.4225
2	50	2500	0.70	0.4900
3	51	2601	0.72	0.5184
4	52	2704	0.73	0.5329
5	49	2401	0.71	0.5041
6	48	2304	0.72	0.5184
7	49	2401	0.70	0.4900
8	47	2209	0.68	0.4624
9	49	2401	0.69	0.4761
10	52	2704	0.70	0.4900
合计	495	24529	7.00	4.9048

（1）平均袋重的可能范围：

$$\bar{x} = \frac{\sum \bar{x}_i}{r} = \frac{495}{10} = 49.5(\text{千克})$$

$$\delta_X^2 = \frac{\sum x_i^2}{r} - \left(\frac{\sum \bar{x}_i}{r}\right)^2 = \frac{24529}{10} - \left(\frac{495}{10}\right)^2 = 2.65\ (\text{千克})$$

$$\mu_X = \sqrt{\frac{\delta_X^2}{r}\left(1 - \frac{r}{R}\right)} = \sqrt{\frac{2.65}{10}\left(1 - \frac{10}{1440}\right)} = 0.512\ (\text{千克})$$

$$\bar{x} - t\mu_X \leqslant \overline{X} \leqslant \bar{x} + t\mu_X$$

$$49.5 - 2 \times 0.512 \leqslant \overline{X} \leqslant 49.5 + 2 \times 0.512$$

$$48.48\ \text{千克} \leqslant \overline{X} \leqslant 50.52\ \text{千克}$$

（2）一等包装所占比重的可能范围：

$$P = \frac{\sum p_i}{r} = \frac{7.00}{10} = 0.7 \text{ 或 } 70\%$$

$$\delta_P^2 = \frac{\sum p_i^2}{r} - \left(\frac{\sum p_i}{r}\right)^2 = \frac{4.9048}{10} - \left(\frac{7.00}{10}\right)^2 = 0.00048$$

$$\mu_P = \sqrt{\frac{\delta_P^2}{r}\left(1 - \frac{r}{R}\right)} = \sqrt{\frac{0.00048}{10}\left(1 - \frac{10}{1440}\right)} = 0.0069$$

$$p - t\mu_P \leqslant P \leqslant p + t\mu_P$$

$$0.7 - 2 \times 0.0069 \leqslant P \leqslant 0.7 + 2 \times 0.0069$$

$$68.62\% \leqslant P \leqslant 71.38\%$$

以上抽样调查结果表明，全部化肥平均每袋的重量在48.48—50.52千克之间；一等包装所占比重在68.62%—71.38%之间。作这种估计的可靠程度为95.45%。

四、区间估计的步骤与要点

（一）区间估计的步骤

从以上实例，可知实施区间估计时，其一般步骤为：

1. 根据样本资料计算样本指标 $\bar{x}$ 或 p；

2. 根据不同的抽样方法和抽样组织形式计算抽样平均误差 μ_X 或 μ_p；

3. 根据给定的概率查 t 值，并计算抽样极限误差 Δ_X 或 Δ_p；

4. 按要求写出估计区间 $[\bar{x} - t\mu_x, \bar{x} + t\mu_x]$ 或 $[p - t\mu_p, p + t\mu_p]$。

（二）区间估计的要点

从以上各实例还可知，区间估计可归纳为三个要点：

1. 依据样本指标和抽样误差去推断全及指标时，只是确定了全及指标的估计范围。

这个范围表现为一个低限和一个高限，从而构成一个区间。

在一定的置信概率条件下，估计总体指标在这个范围内，故称其为区间估计。

2. 所求估计区间所表示的只是一个可能的范围，而不是一个绝对可靠的范围。

全及指标可能在这个范围内，也可能不在这个范围内。作区间估计时，就是判断全及指标落入这一范围的可靠性 F(t)。这里所说的可能性就是抽样推断的把握程度。

3. 扩大抽样极限误差可以提高抽样推断的把握程度，但精度会降低；缩小抽样极限误差会降低把握程度，精度会有所提高。

抽样极限误差 Δ 变化与把握程度 F(t)之间存在这内在的数量关系，这一联系的中介就是 t 的取值。

五、总量指标的推算

依据样本指标推断全及总体指标，这种推断主要包括两方面内容：一方面是根据样本平均数和样本成数推断总体平均数和总体成数；另一方面是对全及总体的总量指标进行推算。有关第一方面的内容在前面已作介绍。这里就全及总体总量指标的推算方法作些介绍。

抽样调查只能得到平均数和成数这一类指标，而不能直接得到总体的总量指标。总体的总量指标只能根据指标之间的关系进行推算。

总体的总量指标的推算方法主要有以下两种：

1. 直接推算法。直接推算法是用样本指标或总体指标（总体平均数或总体成数）的区间估计值乘以全及总体单位总量来推算总体指标的方法。

样本指标值乘以全及总体单位总量，即 $\bar{x}N$、PN 是总体总量指标的点估计值。

总体指标的区间估计值乘以全及总体单位总量，即：

$$[(\bar{x}-t\mu_x)N],(\bar{x}+t\mu_x)N]$$

$$[(p-t\mu_p)N,(p+t\mu_p)N]$$

为总体总量指标的区间估计值。

例 7－15，某地旱稻播种面积有 15 万亩，抽样调查的结果为抽样平均亩产 480 千克，抽样平均误差 6 千克。试以 95% 的概率推算该地区旱稻总产量的可能范围。

解：

已知：$N=15$ 万亩　$\bar{x}=480$ 千克　$\mu_x=6$ 千克　$F(t)=95\%$ 时，$t=1.96$

抽样极限误差：

$$\Delta=t\mu_x=1.96\times6=11.76\text{（千克）}$$

总体平均亩产量的区间估计为：

$$\bar{x}-t\mu_x\leqslant\bar{X}\leqslant\bar{x}+t\mu_x$$

有：$480-11.76\leqslant\bar{X}\leqslant480+11.76$

即：$468.24\leqslant\bar{X}\leqslant491.76$

总体总产量的区间估计值为：

$$(\bar{x}-t\mu_x)N\leqslant\bar{X}N\leqslant(\bar{x}+t\mu_x)N$$

有：$468.24\times15\leqslant\bar{X}N\leqslant491.76\times15$

即：7023.6（万千克）$\leqslant\bar{X}N\leqslant$7364.4（万千克）

所以，有 95% 的概率认为该地区旱稻总产量在 7023.6—7376.4 万千克内。

2. 修正系数法。修正系数法是先将抽样调查资料与全面调查资料对比计算修正系数或差错率，然后用修正系数修正全面调查的资料。

$$修正系数（差错率）=\frac{抽样复查数-全面调查数}{全面调查数}\times 100\%$$

例 7-16，某地区人口普查时的登记人数为 678114 人。为了核实和订正普查数字，随机抽取一部分单位进行复查。被抽查的单位在人口普查时的登记数为 61428 人，抽查登记时为 62166 人。在普查与抽样复查相隔时间内，被抽中的单位调进 18 人，调出 20 人，死亡 6 人，出生 11 人。试根据抽查资料，修正该地区的人口数。

解：

$$\begin{aligned}修正系数(差错率) &= \frac{抽样复查数-全面调查数}{全面调查数}\times 100\% \\ &= \frac{(62166-18+20-11+6)-61428}{61428} \\ &= \frac{62163-61428}{61428}=1.196\%\end{aligned}$$

该地区人口数应修正为：

678114×(1+1.196%)=686224（人）

第五节

必要抽样数目的确定

一、抽样数目确定的必要性

抽样推断的基础是样本。而样本的抽选，最重要的是要遵守随机原则，保证总体中每个单位都有同等的被选机会。在遵守随机原则下，样本数目究竟抽取多少才合适，则是抽样中一个至关重要的问题。抽样数目多了就会增加组织实施的困难，造成人力、物力、财力的浪费；抽样数目太少又会使误差增大，不能有效地反映总体的情况，直接影响到抽样推断结果的准确性。

其次，抽样推断的一个重要方面则是要求推断结果能够满足在一定可靠性的条件下，保证抽样误差不超过事先规定的范围。可靠性要求高，抽样误差则要小，可靠性要求低，抽样误差相应会增大。而抽样推断的可靠性要求主要是根据研究问题的性质和对抽样结果的用途不同而定的。当可靠性要求一定的条件下，控制抽样误差尤为重要。而抽样数目则是影响抽样误差大小的重要因素，在其他条件相同时，就可以用增加或减少抽样数目的方法来控制抽样误差的大小，以达到用最合适的抽样单位满足统计调查任务的需要。

二、必要抽样数目的计算

在抽样推断设计方案中，往往要根据统计任务的要求，事先对一项估计值提出允许误差范围，也就是说预先规定以概率度相对应的概率，保证估计值的抽样误差不超过预先给定的范围（极限误差 Δ），则有 $\Delta = t\mu$。必要抽样（n）的公式，就是从这里推演出来的。（推演从略）

抽样方法和抽样组织形式不同，则必要抽样数目的计算公式也不一样。

（一）简单随机抽样

1. 重复抽样条件下。

推断总体平均数所需要的抽样数目：$n_x = \dfrac{t^2\sigma^2}{\Delta_X^2}$

推断总体成数所需要的抽样数目：$n_p = \dfrac{t^2P(1-P)}{\Delta_P^2}$

2. 不重复抽样条件下。

推断总体平均数所需要的抽样数目：$n_x=\frac{Nt^2\sigma^2}{N\Delta_x^2+t^2\sigma^2}$

推断总体成数所需要的抽样数目：$n_P=\frac{Nt^2P\ (1-P)}{N\Delta_P^2+t^2P\ (1-P)}$

（二）类型抽样

1. 重复抽样条件下。

$$n_X=\frac{t^2\ \overline{\sigma^2}}{\Delta_X^2}\qquad n_P=\frac{t^2\ \overline{P\ (1-P)}}{\Delta_P^2}$$

2. 不重复抽样条件下。

$$n_X=\frac{Nt^2\ \overline{\sigma^2}}{N\Delta_X^2+t^2\ \overline{\sigma^2}}\qquad n_P=\frac{Nt^2\ \overline{P(1-P)}}{N\Delta_P^2+t^2\ \overline{P\ (1-P)}}$$

（三）等距抽样

如果是按无关标志排队的等距抽样，则可用简单随机不重复抽样的公式计算必要抽样数目。即：

$$n_X=\frac{Nt^2\ \sigma^2}{N\Delta_X^2+t^2\ \sigma^2}\qquad n_P=\frac{Nt^2\ P(1-P)}{N\Delta_P^2+t^2\ P(1-P)}$$

如果是按有关标志排队的等距抽样，则可用类型不重复抽样的公式计算必要抽样数目。即：

$$n_X=\frac{Nt^2\ \overline{\sigma^2}}{N\Delta_X^2+t^2\ \overline{\sigma^2}}\qquad n_P=\frac{Nt^2\ \overline{P(1-P)}}{N\Delta_P^2+t^2\ \overline{P\ (1-P)}}$$

（四）整群抽样

整群抽样多是不重复抽样，必要抽样群数的公式为：

$$r_X=\frac{Rt^2\delta_X^2}{R\Delta_X^2+t^2\delta_X^2}\qquad r_P=\frac{Rt^2\delta_p^2}{R\Delta_P^2+t^2\delta_P^2}$$

三、影响必要抽样数目的主要因素

从以上必要抽样计算公式，可知影响必要抽样数目的因素主要有：

（一）总体各单位标志变异的程度

总体各单位标志变异程度愈大，也就是说，总体愈不均衡或不一致，需要抽出来调查的单位数目愈多；反之，总体各单位差异程度愈小，即总体愈均衡，需抽出来调查的单位数目也就愈少。

（二）允许误差的大小

允许误差愈小，抽样数目应当愈多；反之，允许误差愈大，抽样数目应愈少。若不允许有抽样误差，就必须进行全面调查。允许误差的大小取决于调查目的和要求以及人力、经费的情况。

（三）抽样估计的把握程度，即 F(t) 大小

若要求的把握程度高，就应多抽一些单位，增大样本容量；若要求的把握程度低，就可以少一些单位。

（四）抽样方法和抽样组织形式

在相同的条件下，重复抽样应多抽一些单位，不重复抽样时可以少抽一些单位。抽样组织形式不同，需抽取的数目也不一样。例如，由于类型抽样比简单随机抽样的误差要小，因此，类型抽样时，可少抽一些单位，简单随机抽样时应多抽一些单位。

四、必要抽样数目计算实例

（一）简单随机抽样

例 7－17，某电池厂日产某型号电池 9600 打，现对某日所产电池质量进行抽样调查。以往资料表明，该种电池的电流强度的标准差为 0.4 安培，合格率为 90%。若要求在 95% 的概率保证下，电池电流强度的极限误差不超过 0.08 安培，合格率的极

限误差不超过5%，问用简单随机重复抽样和不重复抽样分别应抽多少打？

解：

已知：$N=9600 \quad t=1.96 \quad \sigma=0.4$

$\Delta_x=0.08 \quad \Delta_p=5\% \quad p=90\%$

（1）不重复抽样时必要抽样数目的计算：

$$n_x=\frac{Nt^2\sigma^2}{N\Delta_x^2+t^2\sigma^2}$$

$$=\frac{9600\times(1.96)^2\times(0.4)^2}{9600\times(0.08)^2+(1.96)^2\times(0.4)^2}=95\text{（打）}$$

$$n_p=\frac{Nt^2p(1-p)}{N\Delta_p^2+t^2P(1-P)}$$

$$=\frac{9600\times(1.96)^2\times0.9\times0.1}{9600\times(0.05)^2+(1.96)^2\times0.9\times0.1}=136\text{（打）}$$

计算结果表明：如用不重复抽样，检验电池强度时需抽取95打，检验电池合格率时需抽取136打。而在一次抽样中，若要求同时抽检电池强度和电池合格率，则应抽取样本容量较大的，即抽取136打。

（2）重复抽样时必要抽样数目的计算：

$$n_x=\frac{t^2\sigma^2}{\Delta_x^2}$$

$$=\frac{(1.96)^2\times(0.4)^2}{(0.08)^2}=96\text{（打）}$$

$$n_p=\frac{t^2p(1-p)}{\Delta_p^2}$$

$$=\frac{(1.96)^2\times0.9(1-0.9)}{(0.05)^2}=138\text{（打）}$$

（二）类型抽样

例 7－18，对某地已成熟即将收获的粮食，按类型等比例重复和不重复抽样方法，要求在 95.45% 的保证下，粮食单产的允许误差不超过 2.5 千克，受灾面积所占比重的允许误差不超过 1%，抽取必要的抽样数目。有关的历史统计数据如表 7－14。

表 7－14　　某地粮食的播种面积和相关资料

按地势分类	播种面积（亩）	标准差（千克）	受灾面积（亩）
山地	2400	60	120
平原	1600	36	40
合计	4000	—	160

解：

重复抽样 $n_x = \frac{t^2\ \overline{\sigma^2}}{\Delta_x^2} = \frac{2^2 \times 2678.4}{5^2} = 429$（亩）

其中：$\overline{\sigma^2} = \frac{60^2 \times 2400 + 36^2 \times 1600}{4000} = \frac{10713600}{4000} = 2678.4$（千克）

$n_p = \frac{t^2\ \overline{P\ (1-P)}}{\Delta_P^2} = \frac{2^2 \times 0.03825}{0.01^2} = \frac{0.153}{0.0001} = 1530$（亩）

其中：$\overline{P(1-P)} = \frac{\frac{120}{2400}(1-\frac{120}{2400}) \times 2400 + \frac{40}{1600}(1-\frac{40}{1600}) \times 1600}{4000}$

$= \frac{0.05(1-0.05) \times 2400 + 0.025(1-0.025) \times 1600}{4000}$

$= \frac{114+39}{4000} = 0.03825$

不重复抽样

$n_x = \frac{Nt^2\ \overline{\sigma^2}}{N\Delta_x^2 + t^2\ \overline{\sigma^2}} = \frac{4000 \times 2^2 \times 2678.4}{4000 \times 5^2 + 2^2 \times 2678.4} = \frac{42854400}{110713.6} = 388$（亩）

$$n_p = \frac{Nt^2 \overline{P(1-P)}}{N\Delta_p^2 + t^2 P(1-P)} = \frac{4000 \times 2^2 \times 0.03825}{4000 \times 0.01^2 + 2^2 \times 0.0385} = \frac{616}{0.554}$$

$= 1112$ 亩

（三）等距抽样

例 7－19，某市自学考生 1 万人，若按准考证号码的顺序随机抽取一部分考生调查《统计学》考试的平均成绩和及格率。若保证概率为 99.73%，平均成绩的标准差为 10 分，允许误差不超过 3 分；及格率的标准差 22.75%，允许误差不超过 10%，问用等距抽样分别应抽多少考生调查比较合适。

解：（此题为无关标志排队的等距抽样）

$$n_x = \frac{Nt^2\sigma^2}{N\Delta_x^2 + t^2\sigma^2} = \frac{10000 \times 3^2 \times 10^2}{10000 \times 3^2 + 3^2 \times 10^2} = \frac{9000000}{90900} = 99 \text{（人）}$$

$$n_p = \frac{Nt^2P(1-P)}{N\Delta_p^2 + t^2P(1-P)} = \frac{10000 \times 3^2 \times 0.2275}{10000 \times 0.10^2 + 3^2 \times 0.2275}$$

$$= \frac{20475}{102.0475} = 201 \text{（人）}$$

（四）整群抽样

例 7－20，某公司库存 1000 箱苹果（每箱数量基本相同），现决定采用整群抽样方式对苹果的完好率和平均每箱重量进行调查，完好率的群间方差为 5%，允许误差不超过 10%，平均箱重的群间方差 0.5 千克，允许误差不超过 0.5 千克，试按 95.45% 概率计算应抽取多少箱苹果进行开箱检验才能满足需要？

解：已知：$R = 1000$ 箱，$\delta_p^2 = 5\%$　$\Delta_p = 10\%$　$\delta_x^2 = 0.5$ 千克

$\Delta_x = 0.5$ 千克　$F(t) = 0.9545$　$t = 2$

$$r_p = \frac{Rt^2\delta_p^2}{R\Delta_p^2 + t^2\delta_p^2} = \frac{1000 \times 2^2 \times 0.05}{1000 \times 0.1^2 + 2^2 \times 0.05} = \frac{200}{10.2} = 20 \text{ 箱}$$

$$r_x = \frac{Rt^2\delta_x^2}{R\Delta_x^2 + t^2\delta_x^2} = \frac{1000 \times 2^2 \times 0.5}{1000 \times 0.5^2 + 2^2 \times 0.5} = \frac{2000}{252} = 8 \text{ 箱}$$

（五）确定必要抽样数目应注意的问题

从以上各种实例，可知在计算和确定必要抽样数目时，要注意以下四点：

1. 在相同条件下，不重复抽样时的必要抽样数目比重复抽样时的要少，但计算公式复杂些。在实际工作中，为了简化计算，有时，虽然使用的是不重复抽样，但却按重复抽样的公式计算必要抽样数目。这对统计推断影响不大。当$\frac{n}{N}$的比值不大时，按重复抽样时的公式计算的必要抽样数目与按不重复抽样时的公式计算的结果往往很接近。

2. 计算必要抽样数目时，公式中的σ^2和p一般都未知，也没有样本数据可代替，通常利用过去同类调查的数据计算，或试测以取得所需数据。若历史数据有多个σ^2供选择，一般取方差最大的；若有多个成数资料供选择，则应选取最接近50%的。因为成数方差中，P=50%时，方差最大。

3. 上述公式计算的样本容量不一定是整数，如果带有小数，一般不采用四舍五入的办法化成整数，而是用比这个数大的邻近整数代替。例如，根据公式计算的n=97.05，那么必要抽样数目应确定为98。

4. 在同一次抽样中，对同一总体，有时既要确定平均数的估计区间，又要确定成数的估计区间，由于彼此的方差和对抽样极限误差的要求不同，计算的必要抽样数目n_x与n_p不一样。为了防止抽样数目不足而达不到预期的精度，应在n_x与n_p中选择数值较大的作为必要抽样数目，使之同时满足平均数和成数抽样的需要。

思考与练习

思考题：

1. 何谓抽样调查？与其他调查方式相比，它有什么特点？
2. 抽样调查有些什么作用？
3. 简述抽样推断的理论基础。
4. 统计误差有哪些？抽样误差属于统计误差的哪一种？
5. 简述抽样平均误差的概念。
6. 怎样理解抽样极限误差的概念？
7. 简述影响抽样平均误差大小的主要因素？
8. 简述抽样估计的优良标准。
9. 影响必要抽样数目多少的主要因素有哪些？

练习题：

1. 从某地稻田中随机抽取 30 亩，测得亩产的标准差为 25 公斤，试计算亩产的抽样平均误差。

2. 在 500 个抽样产品中，有 95% 的一级品，试计算抽样平均误差。

3. 一批产品共有 60000 件，随机不重复抽查 300 件，发现 6 件不合格，试计算该批产品的抽样平均误差。

4. 某大学有 8500 名学生，采用简单随机重复和不重复抽样方法从中抽取 10% 的学生，调查其每月生活费用支出情况。抽样结果显示：学生平均每人每月生活费用支出 480 元，标准差 80 元，生活费用支出在 700 元以上的学生占全部学生的 20%，试求抽样平均误差 μ_x 和 μ_p。

5. 从某县农民家庭中随机抽取 100 户调查其年收入情况。

农民家庭按年人均纯收入额分组资料如下表：

某县 100 户农民家庭户按人均年收入分组资料

按人均收入分组（元）	农户数（户）
9000 以下	3
9000—10000	7
10000—11000	28
11000—12000	32
12000—13000	20
13000 以上	10
合　计	100

计算农民家庭户的人均收入和人均收入在 12000 元以上户数所占比重的抽样平均误差。

6. 某县对本县某种农作物的产量作了一次类型等比例抽样调查。调查资料整理结果如下表：

按地势分组	播种面积（公顷）	抽样面积（公顷）	单位面积产量（千克/公顷）	标准差（千克）	良种面积所占比重%
平原	2400	24	6000	60	92
山区	1600	16	2400	120	65
丘陵	800	8	3600	95	80
合　计	4800	48	—	—	—

（1）计算抽样平均亩产量、良种面积所占的平均比重。

（2）计算平均亩产量和良种面积所占比重的抽样平均误差。

7. 某流水线生产一种零件毛坯，为了随时了解产品质量，进行质量控制。确定每天需抽取 40 件进行检验。该生产线每天运行 8 小时，即 480 分钟，平均每分钟生产一件。为了使样本均匀分布，确定每 12 分钟抽取 1 件。如第一件产品在第 6 分钟抽取，则第二件在 18 分钟抽取，以此类推。所得样本资料如下表：

零件长度（厘米）X	44.8	44.9	45.0	45.1	45.2	合计
抽检单位数（件）	2	5	28	4	1	40

计算：(1) 样本平均长度；

(2) 平均长度的抽样平均误差。

8. 调查某社区居民住户电脑拥有量的情况，如果该居民区共有 95 幢楼，按随机原则抽出 20 幢楼，对全部住户进行调查得知，平均每户居民拥有电脑 0.4 台，拥有电脑住户的比率为 12%，每户拥有电脑的群间方差为 0.06 台，拥有电脑住户比率的群间方差为 2%。计算抽样平均误差 μ_x 和 μ_p。

9. 某公司生产一种名茶，规定每包的规格重量不得低于 150 克，现在从其产品中随机不重复抽取 1% 进行检验，获资料如下：

每包重量（克）	包数（包）
148—149	10
149—150	20
150—151	50
151—152	20
合　计	100

要求：以 99.73% 的概率估计

① 这批茶叶平均每包重量的可能范围；

② 这批茶叶包装的合格率的可能范围。

10. 随机抽取某地 400 户家庭作为样本进行调查，80 户有一台及一台以上的彩色电视机，试以 99.73% 的概率估计该地有一台及一台以上彩色电视机的家庭所占比重的可能范围。

11. 某企业有职工10万人，其中工人6万，其他人员4万，现从中抽取500人调查收入的有关情况，得资料如下：

年收入（百元）	工人数（人）	其他人员数（人）
220以下	55	30
220—250	160	100
250—280	85	70
合　计	300	200

要求在95.45%的概率保证下估计：

① 全体职工年平均收入的范围；

② 全体职工中年收入在25000元以上的职工所占比重的范围。

12. 对某煤球厂生产的蜂窝煤1800箱（每箱24块），按出产顺序每50箱抽一箱产品作重量检验，所得资料如下：

平均每块重量（克）	抽样箱数（箱）
500—540	3
540—580	5
580—620	6
620—660	10
660—700	7
700—740	5
合　计	36

若蜂窝煤平均每块重600克以上才符合规定标准，试根据资料，按95%的概率，鉴定这批蜂窝煤是否达到规定标准。

13. 对某机床加工的零件，在一天24小时内，每小时检查最后10分钟生产的全部产品，检查结果合格率为90%，已知群间方差为0.05。试以95.45%的把握程度推断，全天加工的零件合格率的范围。

14. 某灯泡厂产品合格率通常为95%—98%，现对该生产的60000只灯泡作质量检测，若给定概率为95.45%，允许误差不超过2%，在不重复抽样的条件下，应该抽取多少只灯泡进行检测？

15. 某高校有学生10000人，按性别分组，男生4800人，女生5200人，然后按等比例抽取学生调查学生平均每月支出情况。根据同等学校调查的有关统计数据如下：

按性别分组	抽样平均支出额 $\overline{X}_i$（元）	平均支出额标准差 S_i（元）	支出额超过500元以上所占比重%
男生	610	130	12
女生	580	160	8

如果以95.45%的概率保证允许误差 $\Delta_X \leqslant 20$ 元 $\Delta_P \leqslant 4\%$，应抽多少学生调查比较合适。如果按48:52的比例，男、女生各抽多少比较合适。

16. 某林区划分为1000群区，各群区面积相同，按估计该林区木材蓄积量的群间方差为 $10.2m^3$，现在在允许误差为 $1.05m^3$，概率保证程度为95.45%下，确定抽样的样本群数。

17. 一家广告公司想估计某类商店去年所花的平均广告费有多少。经验表明，总体方差约180万元，如保证概率为95%，并要使估计值处在总体均值附近500元的范围内，这家广告公司应抽取多少单位组成样本？

18. 电视广告称某种新药的总有效率达99%，今要检验该广告的可靠性，在给定概率为99.73%，允许误差不超过1%的条件下，应选取多少个患者使用新药？

19. 在简单随机抽样的条件下，如果允许误差减少到原来的1/2，其他条件不变，抽样单位数将如何变化？

20. 在简单随机抽样的条件下，若抽样单位数增加3倍或减少50%，抽样平均误差将怎样变化？

第八章

相关与回归预测

社会经济现象之间的关系，很多事物是彼此相互影响、相互依赖、相互制约的。因此，我们研究的问题和采用的统计方法不能只局限于单个变量，还应进一步考察两个或两个以上变量间的关系。相关与回归分析与预测的方法就是研究两个或两个以上变量之间关系的统计分析方法。

第一节 相关分析的一般问题

一、相关关系的概念与特点

（一）相关关系的概念

客观事物或现象之间存在着的相互联系、相互制约的关系，在数量上也存在着一定的联系。这种数量上的联系和关系可以概括为两种不同类型，即函数关系与相关关系。

函数关系（也称确定性关系）是指变量之间存在着确定性的依存关系。其特点是对于一个或一组变量的每一确定的值，另一个变量都有惟一确定的值与之对应，这种关系能用函数表达式表现。例如圆的面积等于圆的半径的平方乘以圆周率，即$S=\pi R^2$。又如，电流强度与电压成正比与电阻成反比，它们之间的函数关系式为：$I=U/R$。再如，对于商品销售额，当商品价格 p 不变时，销售额 y 由销售量 x 惟一确定，x 与 y 具有一一对应的确定性关系，可以用 $y=px$ 这种函数来表达。以上这些都是函数关系。

相关关系（也称非确定性关系）是指现象之间客观存在的，在数量上的变化受随机因素的影响，非确定性的依存关系。例如单位面积上的粮食产量与施肥量有关，即在一定范围内，随着施肥量的增加，粮食产量也相应有所提高。但施肥量相同时，产量也不相同，它是个随机变量，这种关系是不确定性的，不能用普通的函数来表达，这种关系就是相关关系。

（二）相关关系的特点

1. 相关关系表现为数量上的依存关系。即一个现象在数量上发生变化，另一个现象也会相应地发生数量上的变化。例如劳动生产率提高，利润也会增多；成本增加，利润也会下降；银行利率提高，存款额会增加等等。这样，我们就说劳动生产率与利润、成本与利润、利率与存款额之间存在着相关关系。因为，这几对现象中，一个现象发生了数量上的变化，另一个现象也随之发生了变化。

在具有相互依存关系的两个变量之中，作为根据的变量叫自变量，发生对应变化的变量叫因变量。例如，施肥量、劳动生产率、成本、利率等就是自变量，粮食产量、利润和存款额等则是因变量。自变量一般用 x 表示，因变量用 y 表示。有时候，两个现象是可以互为根据的。例如，身高是体重的依据，反过来也可以说体重是身高的依据。在这种情况下，要依据研究目的来确定哪个是自变量，哪个是因变量。

2. 现象之间数量依存关系的具体关系值是不固定的。存在相关关系的两个变量，对应于一个变量的取值，另一个变量可能有多个数值与之对应。例如，对同一个施肥量值，可能有多个粮食单产值；同一个劳动生产率值也可能有多个利润值与之对应。这是因为，任一现象的产生，其诱发的原因是多方面的，当我们只研究其中一个或几个原因，对其他因素未予控制时，变量间的因果关系就表现为这种不确定的依存关系，即相关关系。现实生活中，大部分社会经济现象之间的关系属于相关关系。

可见，相关关系与函数关系是有区别的。相关关系的范围比函数关系范围更大。函数关系，可以说是相关关系的一个特例。但是，它们之间却存在着一定的联系。首先，现象间有些该属函数关系，但由于观察或测量误差等原因，其函数关系不够明确，往往通过相关关系反应出来；而有些现象之间的相关关系，因某些偶然因素影响，也可能表现为函数关系。其次，在对相关关系进行数量分析时，常常用函数表达式来近似地反映现象间的数量依存关系及其规律性，这就为研究相关关系提供了数学依据。

二、相关关系的种类

现象间的相关关系可从不同的角度进行分类，不同种类的相关关系，需要用不同的方法进行研究。

（一）按相关变量的多少可分为单相关和复相关

单相关指两个变量间的相关关系。在实际中，像施肥量与亩产量、身高与体重、机床使用年限与维修费用、总产量与单位成本等都是单相关。

复相关指多个自变量与因变量间的相关关系。如气温、降雨量、施肥量、播种面积与粮食总产量的相关关系，资金周转速度、流通费用、销售量、销售价格与销售利润间的相关关系等，这些都是复相关。单相关是复相关的基础。

（二）按相关变量之间关系的表现形式不同可分为线性相关和非线性相关

线性相关也称直线相关，是指当一个变量每增（减）1个单位，另一相关变量按一个近似固定的增（减）量变化。从坐标散点图上看，其观测点的分布近似地表现为一条直线形式，见图8-1（a）与（b）所示；非线性相关也称曲线相关，是指当一个变量每增（减）1个单位，另一相关变量按不固定的增（减）量变化。从坐标散点图上看，其观测点的分布近似地表现为某种曲线形式，见图8-2所示。

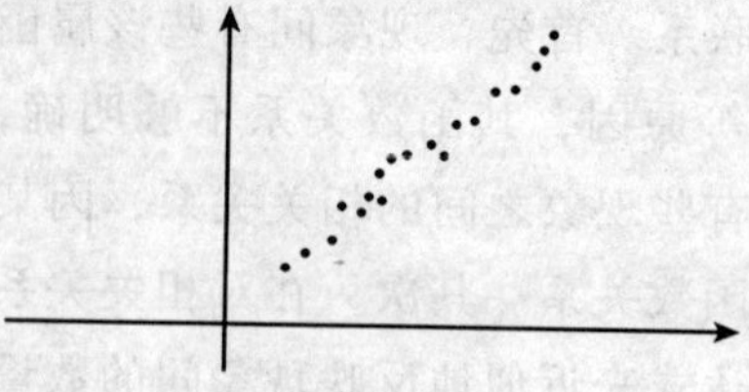

(a)正线性相关

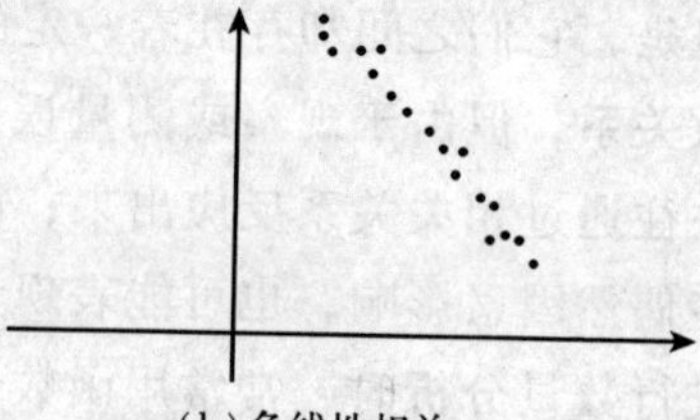

(b)负线性相关

图8-1　线性相关散点图

相关关系表现为直线或某一种曲线，这是客观现象本身所固有的，不是由人的主观意识所决定的。现象表现为不同形式的相关关系，就要用不同的统计方法去研究。因此，进行相关分析时，首先要确定相关关系的表现形态。

（三）按相关的方向不同可分为正相关和负相关

正相关指直线相关中，两个变量之间的变化方向一致，都是

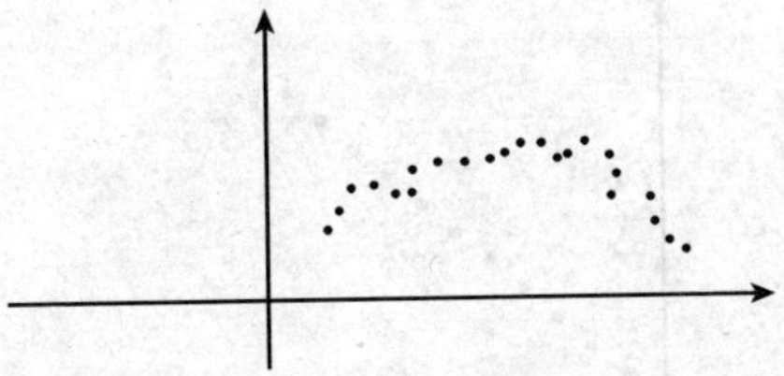

图 8 －2　非线性相关散点图

增长趋势或下降趋势。见图 8 －1（a）在一般情况下，身高增加，体重也增加；在一定范围内，施肥量增多，亩产也增多；在正常情况下，居民货币收入增多，社会商品零售额也增多等，这些都是正相关。

负相关指直线相关中，两个变量变化趋势相反，一个下降而另一个上升，或一个上升而另一个下降，见图 8 －1（b）。如商品价格降低，商品的销售量增多；总产量增加，产品的单位成本降低。

（四）按变量之间关系的密切程度可分为完全相关、不相关和不完全相关

完全相关是变量之间的关系是函数关系，见图 8 －3 所示。不相关是指变量之间不存在任何关系，相互独立，见图 8 －4 所示。不完全相关是指变量之间的关系介于完全相关和不完全相关之间，见图 8 －1 和图 8 －2。相关分析和回归分析研究的主要是不完全相关的问题。

三、相关分析的内容

相关分析是对客观社会经济现象间存在的相关关系进行分析研究的一种统计方法。其目的在于对现象之间所存在的依存关系及其表现形式或规律进行定性和定量分析和判断，以便为回归分析提供依据。相关分析的主要内容有：

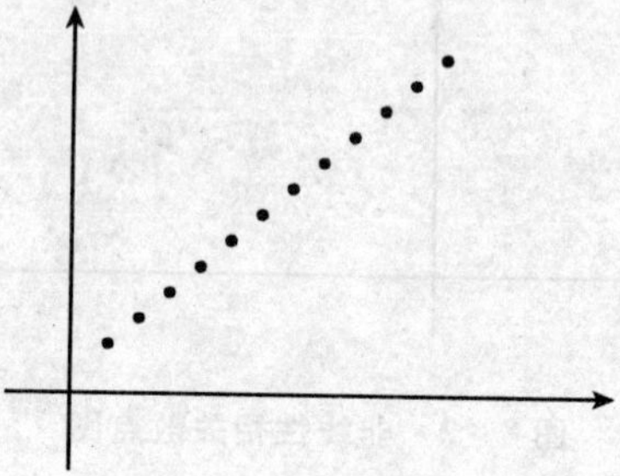

图 8-3 完全线性相关图

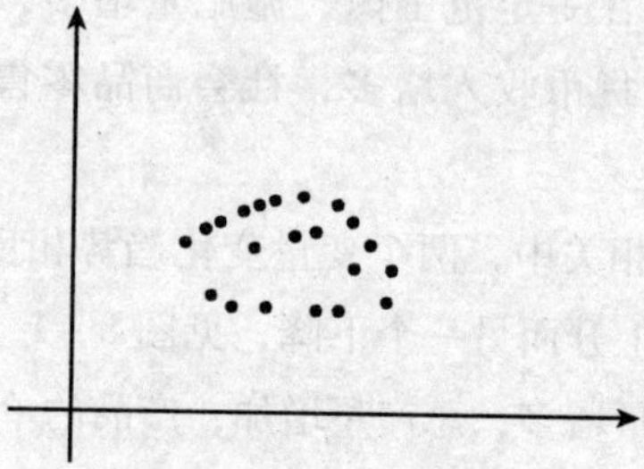

图 8-4 不相关图

（一）判断现象有无相关关系

现象间有无相关关系，这是相关分析的出发点。只有现象间确实存在相关关系，才可能进行相关分析。所以进行相关分析时，首先要通过定性分析，借助于相关表和相关散点图来判断现象间是否存在相关关系，否则就会产生认识上的偏差，得出错误的分析结论。

（二）判定相关关系的表现形式和密切程度

相关关系是一种变量之间在数量上不严格的相互依存关系。只有当变量间确实存在高度密切相关关系时，才可能进行相关与回归分析，对社会经济现象进行预测、推算和决策。因此，判定现象间存在相关关系后，需要进一步确定相关关系的表现形态和密切程度。统计上，一般是通过编制相关表、绘制相关图和计算相关系数等来作出判别。根据相关图、相关表可对相关关系的表现形态和密切程度做出一般性的判断，依据相关系数则能做出数量上的具体分析。

第二节
相关关系的判断与分析

一、相关关系的一般判断

进行相关分析，首先要判断现象间是否存在相关关系。判断现象间是否存在相关关系，一般是首先对现象进行定性分析，再借助相关表和相关图来进一步帮助判断。

（一）定性分析

对现象之间进行定性分析，主要是根据现象之间的本质联系和质的规定性，运用理论知识、专业知识、实际经验来进行判断和分析。例如，根据经济理论来判别居民的货币收入与社会商品购买力是否存在相关关系；根据会计学理论来判别生产成本与利润有无相关关系；根据生物遗传理论，来判别父辈身高与子辈的身高是否存在相关关系等等。定性分析是进行相关分析的基础，在实际中，根据需要，可以从相关表、相关图上进一步判明相关的形态和方向。

（二）相关表

相关表就是把被研究现象的观察值对应排列所形成的统计表格。如将我国工业劳动者人数和工业部门增加值的历史资料对应排列所形成的表 8－1，将某商业公司系统 304 个零售商店商品销售额和流通费用率的历史资料对应排列所形成的表 8－2。

相关表中的两列数据叫相关数列，它有别于变量数列。表中的数值是变量的观测值，是实际资料，是样本数据，它是判别相关关系的基础。

在相关表中，如果观测值的分布呈现出一定的规律性，则表明现象间存在相关关系。如随着一个变量的增加或减少，另一个变量也大致以某一固定的速率和数量增加或减少，就可以初步判别现象间是存在相关关系。如果两个变量的观测值不表现出任何规律性，就可以判断现象间不存在相关关系。

表 8－1　工业部门劳动者人数与工业部门增加值相关表

工业劳动者数（万人）	工业部门增加值（亿元）
1373	156
1501	174
1400	179
1375	212
1401	257
4416	401
2881	527
2979	565
2224	345
1705	303

表 8－2　商品销售额与流通费用率相关表

商店按商品销售额分组（万元）	商店个数	平均流通费用率（%）
40 以下	14	9.81
40—80	22	7.90
80—120	38	7.32
120—160	44	7.00
160—200	66	6.80
200—240	50	6.71
240—280	34	6.66
280—320	26	6.60
320—360	10	6.56

相关表又可分为简单相关表和分组相关表。表 8－1 为简单相关表。分组相关表，是把简单相关表资料适当并组后而编制成的相关表。按分组的情况不同，分组相关表又可以分为两种：单变量分组相关表和双变量分组相关表。

单变量分组相关表是在具有相关关系的两个变量中，只对自变量进行分组的相关表。如表 8－2 即为单变量分组相关表。

双变量分组相关表就是对自变量和因变量都进行分组的相关表。例如工业企业按产量和成本水平同时分组；对同行业的商业企业，按企业规模和流通费用水平高低同时分组，等等，就是双变量分组相关表。根据双变量分组表的资料，来计算相关分析指标比较复杂，所以，在相关分析中较少使用。例子从略。

（三）相关图

相关图也称相关散点图，它是根据相关表中的观测数据在坐标图中所绘制的点状图形。用 x 和 y 分别代表两个变量，把相关表 8－1 和表 8－2 中对应观测值一一描绘在坐标图中，则就形成了反映相关点分布状态的图形，据此就可以观测和判断现象之间相关关系的情况，见图 8－5 和图 8－6。

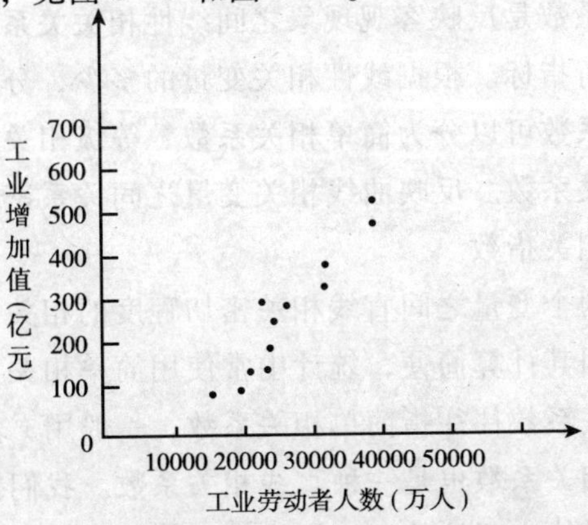

图 8－5　工业劳动者人数与工业增加值相关图

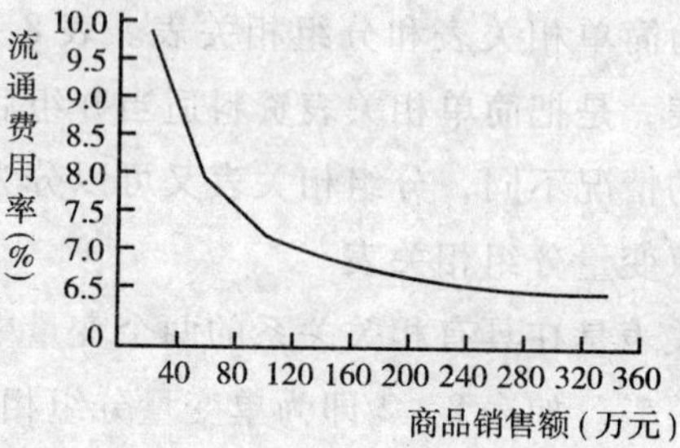

图 8-6 商品销售额与流通费用率相关图

在相关图中，若相关点呈现出一定的规律性，如大致为一条直线（如图 8-5）或一条曲线（如图 8-6），这表明现象间存在相关关系，且为直线相关或曲线相关。相关点越密集，表明相关关系越密切。若相关点分布毫无规律，表明现象间无相关关系或存在低度的相关关系。

二、相关关系的定量分析

（一）相关系数的定义

相关系数是反映客观现象之间线性相关关系及关系密切程度的统计分析指标。根据线性相关变量的多少，分析问题的角度不同，相关系数可以分为简单相关系数、等级相关系数、复相关系数、净相关系数。反映曲线相关变量之间关系密切程度的曲线相关系数叫相关指数。

反映两个变量之间直线相关密切程度的相关系数称为简单相关系数。因其计算简便，统计中常使用简单相关系数。如果不作说明，相关系数往往指简单相关系数，一般用 r 表示。

等级相关系数也是一种直线相关系数。我们把数量标志或品质标志的具体表现按等级次序排列，从而形成等级相关数列，根据等级相关数列计算出来的相关指标叫等级相关系数。

复相关系数是反映一个因变量与一组自变量（两个或两个以上）之间相关程度的指标。实际上，复相关系数是简单相关系数的引申。复相关系数用 $R_y \cdot x_1, x_2, \cdots x_m$ 表示（m 为自变量数目，$m \geqslant 2$）。

在复相关分析中，如果不考虑其他因素的影响，或假定其他影响因素不存在的情况下，也可以计算简单相关系数来反映其中两个变量之间的相关密切程度，但往往不够准确。净相关系数就是既考虑其他影响因素的存在，又假定其不变的情况下，计算出来的反映某两个变量之间相关程度的统计分析指标。

（二）简单相关系数的计算

1. 简单相关系数的定义公式。

$$r = \sigma_{xy}^2 / \sigma_x \cdot \sigma_y$$

其中：

$$\sigma_{xy}^2 = \sum (x - \bar{x})(y - \bar{y}) / n$$

$$\sigma_x = \sqrt{\frac{\sum (x - \bar{x})^2}{n}}$$

$$\sigma_y = \sqrt{\frac{\sum (y - \bar{y})^2}{n}}$$

式中：σ_{xy}^2 为协方差；σ_x 为自变量的标准差；σ_y 为因变量的标准差。

依简单相关系数定义公式可知相关系数的涵义如下：

（1）r 的取值范围为 $-1 \leqslant r \leqslant 1$。因为协方差的绝对值最小为 0，最大为 σ_x 和 σ_y 的乘积。

（2）$r = +1$ 或 $r = -1$，表明两变量之间存在完全线性相关关系。

（3）r 的绝对值越接近 1，表明相关关系越密切；越接近于 0，表明相关关系越不密切。

（4）r = 0，表明两变量之间无直线相关关系。但并不能说明 x 与 y 之间无任何关系，可能存在非线性相关关系。

（5）$0 < r < 1$，表明现象之间呈正直线相关关系；$-1 < r < 0$，表明现象间呈负直线相关关系。一般情况下，在实际统计工作中，$|r| < 0.3$ 视为无线性相关；$0.3 \leqslant |r| < 0.5$，为低度相关；$0.5 \leqslant |r| < 0.8$，为显著相关；$|r| \geqslant 0.8$ 为高度相关。

2. 简单相关系数计算实例。

例 8－1，假设某地区国内生产总值和社会商品零售额的历史资料如表 8－3。根据资料列表计算简单相关系数。

表 8－3　　简单相关系数计算表

年份	国内生产总值（亿元）x	商品零售额（亿元）y	$x-\bar{x}$	$y-\bar{y}$	$(x-\bar{x})(y-\bar{y})$	$(x-\bar{x})^2$	$(y-\bar{y})^2$
2000	39	20	－33.8	－15.3	517.14	1142.44	234.09
2001	45	22	－27.8	－13.3	369.74	772.84	176.89
2002	52	26	－20.8	－9.3	193.44	432.64	86.49
2003	63	34	－9.8	－1.3	12.74	96.04	1.69
2004	70	36	－2.8	0.7	1.96	7.84	0.49
2005	80	39	7.8	3.7	28.86	60.84	13.69
2006	85	40	12.2	4.7	57.34	148.84	20.09
2007	93	43	20.2	7.7	155.54	408.04	59.29
2008	96	45	23.2	9.7	225.04	538.24	94.09
2009	105	48	32.2	12.7	408.94	1036.84	161.29
合计	728	353	—	—	1970.74	4644.60	848.10

$$\bar{x} = \frac{\sum x}{n} = \frac{728}{10} = 72.8 \qquad \bar{y} = \frac{\sum y}{n} = \frac{353}{10} = 35.3$$

将计算表中数据代入定义公式得：

$$r = \frac{\frac{1}{n}\sum(x-\bar{x})(y-\bar{y})}{\sqrt{\frac{\sum(x-\bar{x})^2}{n}}\sqrt{\frac{\sum(y-\bar{y})^2}{n}}}$$

$$= \frac{1970.74/10}{\sqrt{\frac{4644.60}{10}}\sqrt{\frac{848.10}{10}}}$$

$$= \frac{197.074}{21.55 \times 9.21} = \frac{197.074}{198.4755}$$

$$= +0.99$$

计算结果表明，某地区 10 年内国内生产总值与相应的社会商品零售额之间有着高度的正相关关系。

3. 按简捷公式计算。按照定义公式计算相关系数 r，运算量较大，过程繁琐，实践中多采用简捷公式计算。相关系数的简捷计算公式如下：

$$r = \frac{n\sum xy - \sum x \sum y}{\sqrt{n\sum x^2 - (\sum x)^2}\sqrt{n\sum y^2 - (\sum y)^2}}$$

此公式的推导过程略。

按照这一公式计算相关系数，只需列 3 个计算栏：xy、x^2、y^2 即可，且避开了直接计算平均数和标准差，大大简化了运算过程。

下面仍用表 8－3 的统计数据，用简捷法计算简单相关系数。列表如表 8－4。

表 8－4 简单相关系数简捷法计算表

年 份	国内生产总值(亿元)x	社会商品零售额(亿元)y	xy	x^2	y^2
2000	39	20	780	1521	400
2001	45	22	990	2025	484
2002	52	26	1352	2704	676
2003	63	34	2142	3969	1156
2004	70	36	2520	4900	1296
2005	80	39	3120	6400	1521
2006	85	40	3400	7225	1600
2007	93	43	3999	8649	1849
2008	96	45	4320	9216	2025
2009	105	48	5040	11025	2304
合计	728	353	27663	57634	13311

将计算表中数据代入简捷公式得：

$$r = \frac{n\sum xy - \sum x\sum y}{\sqrt{n\sum x^2 - (\sum x)^2}\sqrt{n\sum y^2 - (\sum y)^2}}$$

$$= \frac{10 \times 27663 - 728 \times 353}{\sqrt{10 \times 57634 - 728^2}\sqrt{10 \times 13311 - 353^2}}$$

$$= \frac{19646}{215.30 \times 92.2} = \frac{19646}{19850.66} = +0.99$$

同样的相关数列的数据，计算结果基本相同。如略有差异，也是因为小数点取舍而引起的。

需要说明的是：以上例子计算的相关系数是用样本数据计算的，用它对总体相关系数进行判断，由于样本相关系数 r 的取值随着样本的不同而不同，是个随机变量，并且相关系数有个明显的缺点，就是它接近 1 的程度与样本容量 n 有关。这样容易给人一种假象。因此，根据样本资料求出样本相关系数后，在对两变量的相关程度作出结论之前，还需要检验这种相关系数是否真的存在，也就是要对相关系数的显著性进行检验。具体检验办法，请读者参见有关书籍。这里因幅度所限,检验从略。

(三)等级相关系数的计算

1. 等级相关系数的计算公式。在实际工作中,有些统计数列所组成的项目并不能用一个精确的数值表现其大小,而只能根据其具体表现排列出等级,以确定其大小。例如,人的智商高低、事态的轻重程度等等都难以用精确的数值表示,但可以根据人的主观判断来排列出次序或等级。等级相关分析就是先给出已经过定量化处理的属性标志和数量标志相应的等级,然后再测定等级数列之间的相关程度。等级相关密切程度大小常常是通过斯皮尔曼(Spearman)等级相关系数来反映的,其计算公式为:

$$r_s = 1 - \frac{6\sum D^2}{n(n^2-1)}$$

式中:n 为等级数列的项数;

D 为等级差,即 D = x 等级 - y 等级, $\sum D = 0$。

2. 等级相关系数计算实例。

例 8-2, 某地女子选美决赛结果如表 8-5 所示, 试计算容貌与才能之间的等级相关系数。

表 8-5　某地女子选美决赛结果与等级相关系数计算表

参赛者编号	容貌评分 x	才能评分 y	x 的等级	y 的等级	等级差 D	D^2
1	50	24	10	2	8	64
2	48	38	8	5	3	9
3	49	40	9	6	3	9
4	30	28	4	4	0	0
5	47	50	7	10	-3	9
6	25	45	1	9	-8	64
7	26	25	2	3	-1	1
8	28	20	3	1	2	4
9	34	42	5	7	-2	4
10	40	44	6	8	-2	4
合计	—	—	—	—	0	168

将计算表表 8 - 5 中的数据代入等级相关系数计算公式得：

$$r_s = 1 - \frac{6\sum D^2}{n(n^2-1)}$$

$$= 1 - \frac{6\times 168}{10(10^2-1)}$$

$$= 1 - \frac{1008}{990}$$

$$= -0.018$$

计算结果表明，女子的容貌与才能之间没有线性相关关系。

例 8 - 3，设有甲乙两组消费者评价 13 种花布的式样，其评分情况如表 8 - 6，试计算等级相关系数。

表 8 - 6　　　　花布式样评分表

花布编号	1	2	3	4	5	6	7	8	9	10	11	12	13
甲　组	83	88	85	90	79	73	77	68	70	81	76	88	86
乙　组	78	84	84	80	75	73	86	70	75	73	71	78	78

解：

将评分改为等级的方法是：最低分定为 1 等，最高分这里定为 13 等，遇有相同分数时取原有等级的平均数。例如，甲组有两个 88 分，原有等级为 11、12，其平均为 11.5，即作为此两个分数的等级，计算见表 8 - 7。

表 8 - 7　　　　13 种花布等级系数计算表

花布编号	甲组评分	乙组评分	甲组等级 x	乙组等级 y	等级差 D = x - y	D^2
1	83	78	8	8	0	0
2	88	84	11.5	11.5	0	0
3	85	84	9	11.5	-2.5	6.25

续表

花布编号	甲组评分	乙组评分	甲组等级 x	乙组等级 y	等级差 D = x - y	D^2
4	90	80	13	10	3	9
5	79	75	6	5.5	0.5	0.25
6	73	73	3	3.5	-0.5	0.25
7	77	86	5	13	-8	64
8	68	73	1	1	0	0
9	70	75	2	5.5	-3.5	12.25
10	81	73	7	3.5	3.5	12.25
11	76	71	4	2	2	4
12	88	78	11.5	8	3.5	12.25
13	86	78	10	8	2	4
合　计	—	—	—	—	—	125.0

$$r_s = 1 - \frac{6\sum D^2}{n(n^2-1)}$$

$$= 1 - \frac{6 \times 125}{13 \times (13^2 - 1)} = 0.6566$$

说明两组消费者的意见有中等相关。

(四) 复相关系数的计算

复相关系数是反映一个因变量与一组自变量（两个或两个以上）之间线性相关程度的指标。由于复相关系数是简单相关系数的引伸，所以它可以通过几个简单相关系数来计算。在只有 X_1 和 X_2 两个自变量时，复相关系数的计算公式为：

$$R_{Y \cdot x_1x_2} = \sqrt{\frac{r_{Yx_1}^2 + r_{Yx_2}^2 - 2r_{Yx_1} \cdot r_{Yx_2} \cdot r_{x_1x_2}}{1 - r_{x_1x_2}^2}}$$

上式中，R 为复相关系数；r_{Yx_1}、r_{Yx_2}、$r_{x_1x_2}$分别是 Y 与 x_1、Y 与 x_2、x_1 与 x_2 之间的简单相关系数。如有 3 个或更多的自变量，

R 的公式可类推。

例 8－4，有某企业产出与资金及劳动力（指劳动者人数）资料，如表 8－8，试计算复相关系数。

表 8－8　　某企业产出与资金、劳动力资料表

产出 Y	资金 x_1	劳动力 x_2
17	12	40
18	13	42
20	14	43
21	16	45
25	18	47
28	21	48
30	24	50
22	28	52
38	34	54
40	42	54

解：

根据表 8－8 的资料，可算出：

$\sum Y = 259$　　$\sum x_1 = 222$　　$\sum x_2 = 475$

$\sum Y^2 = 7291$　　$\sum x_1^2 = 5810$　　$\sum x_2^2 = 22787$

$\sum x_1 Y = 6400$　　$\sum x_2 Y = 12616$　　$\sum x_1 x_2 = 10962$

三个简单相关系数分别是：

$$r_{Yx_1} = 0.9070143$$

$$r_{Yx_2} = 0.8666272$$

$$r_{x_1x_2} = 0.937329$$

代入只有 x_1 和 x_2 两个自变量的复相关系数公式：

$$R_{Y\cdot x_1x_2}=\sqrt{\frac{r_{Yx_1}^2+r_{Yx_2}^2-2r_{Yx_1}\cdot r_{Yx_2}\cdot r_{x_1x_2}}{1-r_{x_1x_2}^2}}$$

$$=\sqrt{\frac{(0.9070143)^2+(0.8666272)^2-2\times0.9070143\times0.8666272\times0.937329}{1-(0.937329)^2}}$$

$$=\sqrt{0.8249053}=0.9082429\doteq0.91$$

计算得到的 R 值，表明企业的产出与资金的劳动之间存在着高度的线性复相关关系。

第三节　回归分析与预测

一、回归分析的概念与特点

（一）回归分析的概念

“回归”（Regression）一词是由英国生物学家葛尔顿（F. Galton）在研究人体身高遗传问题时首先提出的。根据遗传学的观点，子辈的身高受父辈身高的影响。以 x 为父辈身高，y 记为子辈身高，虽然子辈身高一般受父辈影响，但同样身高的父辈，其子女身高并不一致。葛尔顿在研究父母身高和子女身高的关系时发现：身材特别高的父母所生的孩子其身材并非特别高，而身材特别矮的父母所生孩子的身材也并非特别矮，子辈身高有向父辈平均身高逼近的趋向，他把这种现象叫做“身高数值从一极端至另一极端的回归”。以后，葛尔顿的学生皮尔逊（Karl Pearson）把回归的概念同数学方法联系起来，把代表现象之间一般数量关系的统计模型叫做回归直线或回归曲线，从此诞生了统计上著名的回归理论。后来，回归这个词被用来泛指变量之间的一般数量关系。

所谓回归分析，就是根据相关现象实际对应的统计数据，运用数学的方法建立合适的数学模型，近似地表达现象之间的一般数量关系，这类数学方法称回归分析。

回归分析和相关分析都是对客观事物数量关系的分析，从整体上看二者在理论与方法方面都存在着密切的联系。只有存在相关关系的变量才能进行回归分析，相关程度越高，回归测定的结果越可靠。因此，相关系数也是判定回归效果的一个重要依据。但是，回归分析和相关分析也有差别。与相关分析比较回归分析具有如下特点：

（二）回归分析的特点

1. 相关分析是研究变量之间的共变关系，这些变量相互对应，却不分主次或因与果，处于平等的地位。自变量与因变量都是随机变量。回归分析的变量不是对等的，要区分自变量与因变量。回归分析却是在控制或给定一个或几个自变量的条件下来观察对应的某一变量的变化，给定的变量称为自变量，不是随机变量，被观察对应的变量，称为因变量，是随机变量。因此，回归分析必须根据研究的目的和对象的性质确定哪个是自变量，哪个是因变量。这就决定了回归方程的形式不是惟一的，可以是 y 倚 x 回归方程，即 x 是自变量，y 是因变量；也可以是 x 倚 y 的回归方程，即 y 是自变量，x 是因变量。

2. 相关分析主要是测定变量之间关系的密切程度和变量的变化方向。而回归分析却可以对具有相关关系的变量建立一个数学方程描述变量之间具体的变动关系，通过控制或给定自变量的数值来估计或预测因变量的数值。

相关分析和回归分析既有联系又有区别，在实际统计研究中，通常把它们结合起来应用。

回归分析按自变量的多少可分为一元回归分析和多元回归分析；按变量之间的具体变动形态可分为线性回归分析和非线性回归分析。线性回归分析与预测是回归分析的基础和主要内容。

二、一元线性回归模型与预测

在现实的社会经济活动中，许多现象相关联，表现出一种数量不确的相互依存关系，即相关关系。在实际预测过程中，人们利用现象之间存在的相关关系，建构数学方程式，当一个或若干个现象发生变动时，来预测某一因变量的变动情况，这种预测方法便是所谓的回归模型预测法。这里首先介绍一元线性回归模型预测法。

（一）一元线性回归模型的建立

一元线性回归模型只涉及到两个变量。若设 x 为自变量，y 为因变量。则一元线性回归模型的基本形式为：

$$\hat{y}_C = a_0 + b_1 x + e$$

式中：$\hat{y}_C$ 为一元回归模型的预测值；

a_0 为直线回归模型的截距；

b_1 为回归系数；

e 为随机干扰项。它是由各种偶然因素、观测误差以及被忽略的其他影响因素所带来的随机误差。

建立一元线性回归模型，应该具备以下前提条件：

1. 现象间确实存在数量上的相互依存关系。从数学上讲，现象间没有依存关系也可以配合一条直线，但这条直线没有意义。相反，可能会给人一个错觉，认为两个现象间具有相互依存关系。

2. 现象之间存在直线相关关系。两现象之间是否具有直线相关关系，可借助于散点图和相关系数来说明。若两现象表现为曲线相关，则应配合相应的曲线。只有当两现象在一定范围内表现为直线相关，且具有较高的相关度时，才能建立直线回归模型。

3. 具有一定数量的自变量和因变量的对应观测值。在建立直线回归模型时，x 和 y 应有一定数量的观测值，如果数据太少，就会影响回归模型的准确性。

三、一元线性回归模型参数的求解和预测

在 $\hat{y}_C = a_0 + b_1 x$ 中，参数 a_0、b_1 通常用最小平方法来求。

这里的最小平方法和配合趋势直线时所采用的最小平方法是一样的，其数学出发点是要求：

$$\sum (y - \hat{y}_C)^2 = \text{最小值}$$

即：
$$\sum (y - a_0 - b_1 x)^2 = \text{最小值}$$

令：
$$G(a_0, b_1) = \sum (y - a_0 - b_1 x)^2$$

根据高等数学中的最小值原理，即要求：

$$\frac{\partial G}{\partial a_0} = 0 \qquad \frac{\partial G}{\partial b_1} = 0$$

据此有：

$$\frac{\partial G}{\partial a_0} = 2\sum (y - a_0 - b_1 x)(-1) = 0$$

$$\frac{\partial G}{\partial b_1} = 2\sum (y - a_0 - b_1 x)(-x) = 0$$

整理上述二方程得：

$$\begin{cases} \sum y = na_0 + b_1 \sum x \\ \sum xy = a_0 \sum x + b_1 \sum x^2 \end{cases}$$

解之，有：

$$\begin{cases} b_1 = \dfrac{n \sum xy - \sum x \cdot \sum y}{n \sum x^2 - (\sum x)^2} \\ a_0 = \bar{y} - b_1 \bar{x} \end{cases}$$

这里，b_1 为回归系数，其符号与相关系数 r 的符号一致。$b_1 > 0$，表示变量 x 与变量 y 呈正相关；$b_1 < 0$，表示变量 x 和变量 y 呈负相关。b_1 的值，表示每增减一个单位 x，y 平均增减的数量。可见，b_1 不是一个抽象的数。

例 8－5，设有某地 10 年中个人消费支出和个人收入水平资料如表 8－9 所示试建立一元线性回归模型。若 2010 年个人收入为 236 亿元，预测同年的个人消费额。

表 8－9　　某地 1996—2005 年期间个人收入和消费支出回归模型计算表

年份	个人收入 x（亿元）	消费支出 y（亿元）	xy	x^2
2000	64	56	3584	4096
2001	70	60	4200	4900
2002	77	66	5082	5929
2003	82	70	5740	6724
2004	92	78	7176	8464
2005	107	88	9416	11449
2006	125	102	12750	15625
2007	143	118	16874	20449
2008	165	136	22440	27225
2009	189	155	29295	35721
合　计	1114	929	116557	140582

经分析，上述统计数据大致为一条直线。

设一元线性回归预测模型为：

$$\hat{y}_C = a_0 + b_1 x$$

根据最小平方法的基本原理，有：

$$b_1 = \frac{n\sum xy - \sum x \sum y}{n\sum x^2 - (\sum x)^2}$$

$$= \frac{10 \times 116557 - 1114 \times 929}{10 \times 140582 - 1114^2}$$

$$= 0.7927$$

$$a_0 = \frac{\sum y}{n} - b_1 \frac{\sum x}{n}$$

$$= \frac{929}{10} - 0.7927 \times \frac{1114}{10}$$

$$= 4.5932$$

故有回归预测模型为：

$$\hat{y}_C = 4.5932 + 0.7927x$$

2010 年消费支出额点预测值为：

$$\hat{y}_C = 4.5932 + 0.7927 \times 236$$
$$= 191.67 \text{（亿元）}$$

当回归模型确立并通过显著性检验以后，就可以用来进行预测，回归模型预测法有点预测和区间预测之分。

1. 点预测。点预测就是直接预测因变量 $\hat{y}_C$ 在给定自变量 x_0 的前提下的一个定值的一种预测方式。一般来说，这种预测方式比较简单，只要确定预测模型，并给出自变量在一定条件下的具体取值，代入模型即可得出一个确定的预测值。

2. 区间预测。利用回归方程进行点预测，所得的预测值 $\hat{y}_C$ 与实际值 y_i 会有一定的误差。这是由于一方面回归方程的参数 a_0-b_1 是由样本观测值求得的，这必然受到抽样误差的影响，因而，直接影响着预测值。另一方面在进行点预测时，回归模型中的随机干扰项 e 取了它的均值零，但实际上它是不等于零的，这就是点预测的不足之处。因此，我们必须考虑区间预测。

区间预测是在给定自变量 x_0 的条件下，预测因变量 $\hat{y}_C$ 的可能区间的一种预测方式。

设预测点为（x_0，$\hat{y}_C$），则据回归预测模型有：

$$\hat{y}_C = a_0 + b_1 x_0$$

据此，可以计算预测误差为：

$$e = y_t - \hat{y}_C$$

由于 y_t 与 $\hat{y}_C$ 都服从正态分布，所以，可以证明 e 也服从正态分布，且 e 的期望值与方差分别为：

$$E(e) = E(y_t - \hat{y}_C) = E(y_t) - E(\hat{y}_C) \approx 0$$

$$\begin{aligned} D(e) &= D(y_t - \hat{y}_C) = D(y_t) - D(\hat{y}_C) \\ &= \sigma^2 + [\frac{1}{n} + \frac{(X_0 - \overline{X})^2}{\sum (X_i - \overline{X})^2}]\sigma^2 \\ &= [1 + \frac{1}{n} + \frac{(X_0 - \overline{X})^2}{\sum (X_i - \overline{X})^2}]\sigma^2 \end{aligned}$$

即

$$(y_0 - \hat{y}_C) \sim N\left[0, \sigma^2\left(1 + \frac{1}{n} + \frac{(x - \overline{x})^2}{\sum (x_i - \overline{x})^2}\right)\right]$$

由于σ^2是未知的，可用样本方差代替，即用S_0^2代替σ^2，得到t统计量及所服从分布为

$$t=\frac{(y_0-\hat{y}_0)}{S_0\sqrt{1+\frac{1}{n}+\frac{(x_0-\bar{x})^2}{\sum(x_i-\bar{x})^2}}}\sim t(n-2)$$

于是在给定置信水平$1-\alpha$下，$\hat{y}_C$的预测区间为

$$\left(\hat{y}_0-t_{\frac{\alpha}{2}}S_0\sqrt{1+\frac{1}{n}+\frac{(x_0-\bar{x})^2}{\sum(x_i-\bar{x})^2}},\right.$$
$$\left.\hat{y}_0+t_{\frac{\alpha}{2}}S_0\sqrt{1+\frac{1}{n}+\frac{(x_0-\bar{x})^2}{\sum(x_i-\bar{x})^2}}\right)$$

从上面区间预测公式可以看出一个重要特点，即给定的x_0值越接近其均值$\bar{x}$时，$\frac{\sum(x_0-\bar{x})^2}{\sum(x_i-\bar{x})^2}$就越小，则预测区间也就越小。特别是当$x_0=\bar{x}$时，$\frac{(x_0-\bar{x})^2}{\sum(x_i-\bar{x})^2}$等于零，这时预测区间为最小；否则，预测区间就越大。

又由于S_{yx}^2是S_0^2无偏估计量，且有：

$$S_{yx}=\sqrt{\frac{\sum(y_t-\hat{y}_C)^2}{n-2}}$$

所以，S_0^2也是$D(e_0)$的无偏估计量。

可以证明：

$$t=\frac{y_0-\hat{y}_0}{S_0}=\frac{(y_0-\hat{y}_0)}{S_{yx}\sqrt{1+\frac{1}{n}+\frac{(x_0-\bar{x})^2}{\sum(x_i-\bar{x})^2}}}$$

服从自由度为 n－2 的 t 分布。

所以当 n 不大时（n<30），在已知点预测值 $\hat{y}_0$ 及给定出的显著性水平之下，预测区间为：

$$\left(\hat{y}_0 - t_{\frac{\alpha}{2}(n-2)} S_{yx}\sqrt{1+\frac{1}{n}+\frac{(x_0-\bar{x})^2}{\sum(x_i-\bar{x})^2}},\right.$$

$$\left.\hat{y}_0 + t_{\frac{\alpha}{2}(n-2)} S_{yx}\sqrt{1+\frac{1}{n}+\frac{(x_0-\bar{x})^2}{\sum(x_i-\bar{x})^2}}\right)$$

当 n 很大时（n≥30），由于此时 $\sqrt{1+\frac{1}{n}+\frac{(x_0-\bar{x})^2}{\sum(x_i-\bar{x})^2}}$ 近似于 1，$t\frac{\alpha}{2}(n-2)$ 近似于 $Z\frac{\alpha}{2}$（正态分布的概率度），因而预测区间可为：

$$\hat{y}_0 - Z\frac{\alpha}{2}S_{yx} \leqslant y_0 \leqslant \hat{y}_0 + Z\frac{\alpha}{2}S_{yx}$$

现仍用前面例子，当 2006 年个人收入为 236 亿元时，在 95% 的概率保证下，作 2006 年消费支出的区间预测，见计算表表 8－10。

表 8－10　　区间预测计算表

年 份	个人收入 x	消费支出 y	$(x-\bar{x})^2$	$\hat{y}_0$	$(y_t-\hat{y}_C)^2$
2000	64	56	2246.76	55.326	0.4543
2001	70	60	1713.96	60.082	0.0068
2002	77	66	1183.36	65.631	0.1361
2003	82	70	864.36	69.595	0.1643
2004	92	78	376.36	77.522	0.2289
2005	107	88	10.36	89.412	1.9940
2006	125	102	184.96	103.681	2.8248
2007	143	118	998.56	117.949	0.0026
2008	165	136	2872.96	35.389	0.3737
2009	189	155	6021.76	154.414	0.3440
合计	1114	929	16482.4	—	6.5295

由表 8－10 资料知 $n = 10 \quad \bar{x} = \frac{\sum x}{n} = \frac{1114}{10} = 111.4$

$$\sum (x - \bar{x})^2 = 16482.4$$

$$t\frac{\alpha}{2}(n-2) = 2.31$$

$$S_{yx} = \sqrt{\frac{\sum (y_t - \hat{y}_C)^2}{n-2}} = \sqrt{\frac{6.5295}{10-2}} = 0.9034$$

$$S_{yx}\sqrt{1 + \frac{1}{n} + \frac{(x_0 - \bar{x})^2}{\sum (x_i - \bar{x})^2}}$$

$$= 0.9034\sqrt{1 + \frac{1}{10} + \frac{(236 - 111.4)^2}{16482.4}} = 1.291$$

又由前例可知，当 $x_0 = 236$ 亿元时，点预测值 $\hat{y}_0 = 191.67$ 亿元。

所以，其区间预测值为：

$$191.67 - 2.31 \times 1.291 \leqslant \hat{y}_0 \leqslant 191.67 + 2.31 \times 1.291$$

也即：　　188.69 亿元 $\leqslant \hat{y}_0 \leqslant$ 194.65 亿元

也就是说，当 2010 年个人收入位于 236 亿元时，消费支出额有 95% 的可靠性落在 188.69 亿—194.65 亿元这一区间内。

三、多元线性回归模型与预测

（一）多元线性回归模型的建立

多元线性回归模型要涉及到两个以上变量。若设自变量为 x_1，x_2，x_3，…，x_p 间存在线性回归关系。则多元线性回归模型的基本形式为：

$$y_C = a_0 + b_1x_1 + b_2x_2 + b_3x_3 + \cdots + b_px_p + e \quad (1)$$

式中 a_0，b_1，b_2，b_3，$\cdots b_p$ 是 $p+1$ 个待估参数。x，y，e 满足如下假设条件：

1. x_i 可以是任意确定的变量，也可以是有意选择的变量，它是自变量，用来解释因变量 y 的变动原因。

2. 对于每一个 x_i 的组合，y 是一个随机变量，它构成一个子总体，形成某一个 x_i 组合下的条件分布。

3. 所有的 y 子总体的分布其方差是相等的。

4. e 为随机干扰项，它是正态随机变量，具有齐性方差，即方差是常数，且期望值（平均值）为 0。也就是 $E(e)=0, i \sim N(0,\sigma_e)(i=1,2,\cdots,n)$。

5. 因变量和自变量之间的关系是线性的。

由于 E（e）=0，所以，当 a_0，b_1，b_2，…，b_p 的估计值求出后，多元线性回归模型就惟一地确定为：

$$\hat{y}_C = a_0 + b_1x_1 + b_2x_2 + \cdots + b_px_p \quad (2)$$

（二）多元线性回归模型的求解与预测

和一元线性回归模型的求解方法一样，求参数 a_0，b_1，b_2，…，b_p 的值，仍然采用最小平方法。其求解过程如下：

首先，将多元线性回归模型（2）变换为：

$$\bar{y} = a_0 + b_1\bar{x}_1 + b_2\bar{x}_2 + \cdots + b_p\bar{x}_p \quad (3)$$

(2) − (3)得：

$$\hat{y}_C - \bar{y} = b_1(x_1 - \bar{x}_1) + b_2(x_2 - \bar{x}_2) + \cdots + b_p(x_p - \bar{x}_p)$$

令

$$y'_C = y_C - \bar{y}$$
$$y' = y - \bar{y}$$

$$x'_1 = x_1 - \bar{x}_1$$
$$x'_2 = x_2 - \bar{x}_2$$
$$\cdots \quad \cdots \quad \cdots$$
$$x'_p = x_p - \bar{x}_p$$

则有:

$$y'_C = b_1 x'_1 + b_2 x'_2 + \cdots + b_p x'_p \tag{4}$$

其次，经过变换以后，公式（4）只含有 p 个参数。下面仍用最小平方法求 b_1，b_2，…，b_p 的值。即分别对 b_1，b_2，…，b_p 求偏导数，并令函数的一阶导数等于 0，得如下 p 个方程：

$$\begin{cases} \sum b_1 x'_1 x'_1 + \sum b_2 x'_1 x'_2 + \cdots + \sum b_p x'_1 x'_p = \sum x'_1 y \\ \sum b_1 x'_1 x'_2 + \sum b_2 x'_2 x'_2 + \cdots + \sum b_p x'_2 x'_p = \sum x'_2 y \\ \cdots \quad \cdots \quad \cdots \quad \cdots \\ \sum b_1 x'_1 x'_p + \sum b_2 x'_2 x'_p + \cdots + \sum b_p x'_p x'_p = \sum x'_p y \end{cases}$$

若令:

$$L_{ij} = L_{ji} = \sum (x_i - \bar{x}_i)(x_j - \bar{x}_j)$$
$$L_{iy} = \sum (x_i - \bar{x}_i)(y - \bar{y})$$

则 p 个参数联立方程组是:

$$\begin{cases} L_{11} b_1 + L_{12} b_2 + \cdots + L_{1p} b_p = L_{1y} \\ L_{21} b_1 + L_{22} b_2 + \cdots + L_{2p} b_p = L_{2y} \\ \cdots \quad \cdots \quad \cdots \\ L_{p1} b_1 + L_{p2} b_2 + \cdots + L_{pp} b_p = L_{py} \end{cases} \tag{5}$$

解方程组（5）可以求得 b_1，b_2，…，b_p 的值。又由公式（3）可得:

$$a_0 = \bar{y} - b_1\bar{x}_1 - b_2\bar{x}_2 - \cdots - b_p\bar{x}_p \qquad (6)$$

于是 a_0，b_1，b_2，…，b_p 的值可以全部求出，从而多元线性回归模型就可以求得了。在模型中，b_1，b_2，…，b_p 称为偏回归系数，它们表示自变量 x_i 每增加一个单位，在其他自变量不变的情况下，因变量 y 平均增减的数量。

例 8－6，知某企业 1—10 月的职工人数（人）、机器开工台数（台）和管理费用（元）资料如下，试据此建立二元线性回归模型，（见表 8－11）并预测职工人数为 40 人，机器开工台数为 15 台时的管理费用。

表 8－11　　二元线性回归模型计算表

	管理费用 y（百元）	职工人数 x_1（人）	机器开工台数 x_2（台）	x_1y	x_2y	x_1x_2	x_1^2	x_2^2
1 月	29	45	16	1305	464	720	2025	256
2 月	24	42	14	1008	336	588	1764	196
3 月	27	44	15	1188	405	660	1936	225
4 月	25	45	13	1125	325	585	2025	169
5 月	26	43	13	1118	338	559	1849	169
6 月	28	46	13	1288	392	644	2116	196
7 月	30	44	14	1320	480	704	1936	256
8 月	28	45	16	1260	448	720	2025	256
9 月	28	44	15	1232	420	660	1936	225
10 月	27	43	15	1161	405	645	1849	225
合计	272	441	147	12005	4013	6485	19461	2173

解：

$$y_C = a_0 + b_1x_1 + b_2x_2$$

用最小平方法求解参数 a_0，b_1，b_2 的标准方程组为：

$$\begin{cases} L_{11}b_1 + L_{12}b_2 = L_{1y} \\ L_{21}b_1 + L_{22}b_2 = L_{2y} \\ a_0 = \bar{y} - b_1\bar{x}_1 - b_2\bar{x}_2 \end{cases}$$

列计算栏 x_1y，x_2y，x_1x_2，x_1^2，x_2^2 如上表，由此可算出：

$$\begin{aligned} L_{11} &= \sum(x_1 - \bar{x}_1)(x_1 - \bar{x}_1) \\ &= \sum x_1^2 - (\sum x_1)^2/n \\ &= 19461 - 441^2/10 = 12.9 \end{aligned}$$

$$\begin{aligned} L_{22} &= \sum x_2^2 - (\sum x_2)^2/n \\ &= 2173 - 147^2/10 = 12.1 \end{aligned}$$

$$\begin{aligned} L_{21} = L_{12} &= \sum x_1x_2 - (\sum x_1)(\sum x_2)/n \\ &= 6485 - 441 \times 147/10 = 2.3 \end{aligned}$$

$$\begin{aligned} L_{1y} &= \sum x_1y - (\sum x_1)(\sum y)/n \\ &= 12005 - 441 \times 272/10 = 9.8 \end{aligned}$$

$$\begin{aligned} L_{2y} &= \sum x_2y - (\sum x_2)(\sum y)/n \\ &= 4013 - 147 \times 272/10 = 14.6 \end{aligned}$$

得标准方程组如下：

$$\begin{cases} 12.9b_1 + 2.3b_2 = 9.8 \\ 2.3b_1 + 12.1b_2 = 14.6 \\ a_0 = \dfrac{272}{10} - \dfrac{441}{10}b_1 - \dfrac{147}{10}b_2 \end{cases}$$

解方程组得：

$$b_1 = 0.57 \qquad b_2 = 1.10 \qquad a_0 = -13.82$$

所求回归模型为：

$$y_C = -13.82 + 0.57x_1 + 1.1x_2$$

若职工人数为 40 人，机器开工台数为 15 台，则可预测管理费为：

$$y_C = -13.82 + 0.57 \times 40 + 1.1 \times 15$$
$$= 25.08 \text{（百元）}$$

四、回归估计标准误差

用最小平方法建立了线性回归模型后，给出自变量的值，就可推算出因变量的估计值 $\hat{y}_C$。但估计值 $\hat{y}_C$ 与对应的实际值 y 之间总存在一定的离差，这种离差的大小，直接反映着线性回归模型的拟合精度。统计上，就是从考察这种离差大小入手，通过计算估计标准误差来测定回归模型的精确度的。

（一）估计标准误差的概念和定义公式

估计标准误差，通常用 S_y 表示，它是反映线性回归模型拟合精度的统计分析指标。估计标准误差一方面说明各观测值与回归估计值之间离差的大小；另一方面也说明线性回归方程作为各观测值代表的代表性大小。

估计标准误差的计算公式如下：

$$S_y = \sqrt{\frac{\sum (y - \hat{y}_C)^2}{n - k}}$$

式中：$\hat{y}_C$ 为回归估计值；

k 为模型中参数的个数，如一元线性回归模型中 k = 2，二元线性回归模型中 k = 3 等等。从计算公式上看，估计标准误差相似于标准差。实质上，估计标准误差和标准差的性质是相同的。所不同的是，标准差说明平均数的代表性，估计标准误差则说明线性回归方程的代表性。

例 8-7，已知某县工农业总产值与货运周转量的统计资料如表 8-12，试据此建立一元线性回归模型，并计算估计标准误差。

表 8-12　　回归直线模型及估计标准误差计算表

	工农业产值（亿元）x	货运周转量（亿吨千米）y	x^2	xy	$\hat{y}_C$	$y-\hat{y}_C$	$(y-\hat{y}_C)^2$
2000	12	35	144	420	32.6	2.4	5.76
2001	13	36	169	468	34.0	2.0	4.00
2002	15	38	225	570	36.8	1.2	1.44
2003	16	37	256	592	38.2	-1.2	1.44
2004	18	39	324	702	40.9	-1.9	3.61
2005	19	40	361	760	42.3	-2.3	5.29
2006	21	42	441	882	45.1	-3.1	9.61
2007	22	44	484	968	46.5	-2.5	6.25
2008	25	53	625	1325	50.7	2.3	5.29
2009	28	58	784	1624	55.9	3.1	9.61
合计	189	422	3813	8311	—	—	52.3

解：设一元线性回归方程 $\hat{y}_C = a_0 + b_1 x$

$$b_1 = \frac{n\sum xy - \sum x \sum y}{n\sum x^2 - (\sum x)^2}$$

$$= \frac{10 \times 8311 - 189 \times 422}{10 \times 3813 - (189)^2}$$

$$= \frac{3352}{2409} = 1.39$$

$$a_0 = \bar{y} - b\bar{x} = \frac{422}{10} - 1.39 \times \frac{180}{10} = 15.9$$

故所求一元线性回归方程为：

$$\hat{y}_C = 15.9 + 1.39x$$

求估计标准误差：

$$S_y = \sqrt{\frac{\sum (y - \hat{y}_C)^2}{n - k}} = \sqrt{\frac{52.3}{10.2}} = 2.6(\text{亿吨公里})$$

（二）估计标准误差的简捷计算式

根据定义公式计算估计标准误差含义比较明确，但它需要计算所有观测值对应的回归估计值，所以，运算量较大。因此，实际中常常采用变形公式计算 S_y，它可大大减少运算量。这里，仅仅以一元线性回归模型和二元线性回归模型为例说明估计标准误差的简捷计算。

1. 一元线性回归模型估计标准误差的简捷计算。一元线性回归模型估计标准误差的简捷计算公式为：

$$S_y = \sqrt{\frac{\sum y^2 - a\sum y - b\sum xy}{n-2}}$$

例 8－8，利用例 8－7 的资料，用简捷公式计算估计标准误差。

解：

因：$\sum xy = 8311$　　$\sum y^2 = 18328$

$\sum y = 422$　　$a_0 = 15.9$　　$b_1 = 1.39$

故：

$$S_y = \sqrt{\frac{\sum y^2 - a_0\sum y - b_1\sum xy}{n-2}}$$

$$= \sqrt{\frac{18328 - 15.9 \times 422 - 1.39 \times 8311}{8}}$$

= 2.86(亿吨公里)

用简捷法计算 S_y 应与定义公式计算的结果相同，本例是由于保留小数位的差异所致。

2. 二元线性回归模型估计标准误差的简捷计算。二元线性回归模型估计标准误差的简捷计算公式为：

$$S_y = \sqrt{\frac{L_{yy} - b_1 L_{1y} - b_2 L_{2y}}{n-3}}$$

式中，$L_{yy} = \sum (y - \bar{y})^2 = \sum y^2 - (\sum y)^2/n, L_{1y}, L_{2y}$ 意义同上。

例 8－9，利用例 8－7 的资料，用简捷公式计算估计标准误差。

解：

因：
$$L_{yy} = \sum y^2 - (\sum y)^2/n$$
$$= 7428 - 272^2/10 = 29.6$$
$$L_{1y} = 9.8 \qquad L_{2y} = 14.6$$
$$b_1 = 0.56 \qquad b_2 = 1.10$$

故：
$$S_y = \sqrt{\frac{L_{yy} - b_1 L_{1y} - b_2 L_{2y}}{n-3}}$$
$$= \sqrt{\frac{29.6 - 0.56 \times 9.8 - 1.1 \times 14.6}{10-3}}$$
$$= 1.07$$

五、运用相关分析与回归分析时应注意的问题

相关与回归分析是重要的统计分析方法，在统计学知识体系中占有重要的地位。它对于我们加深现象间相互依存关系的认

识，促使这种认识由定性阶段进入定量阶段都具有重要意义。但是，应该看到，相关与回归分析和其他统计方法一样，也有自己的局限性。

（一）注意定性分析与定量分析的结合

相关与回归分析是分析社会经济现象之间相关关系的，相关系数的计算，回归方程的建立都是基于现象间所固有的客观联系之上的。而现象之间是否一定存在相关关系，首先是靠定性分析，即依据社会经济理论、专业知识、实际经验对事物进行分析来判定的。不通过定性分析，直接根据样本观测数据进行量化分析，建构模型，有时就可能得出错误的结论。所以，相关与回归分析中的一切量化分析都应建立在定性分析的基础上。

（二）注意客观现象质的规定性

现象间所存在的相互依存关系都是有一定数量界限的。例如，一般地说，施肥量越多，粮食产量越高，但是超过一定的限度，施肥量增加，粮食产量反而下降。同样地，固定资产投资与国民经济发展速度的关系也是有数量界限的。也就是说，某些现象之间的相关关系在一定的限度内是正相关，而超过某一界限，则可能是负相关，在一定限度内是直线相关，而在另一界限内可能是曲线相关。如果进行统计分析时不加区别，不注意现象间质的数量界限，就可能影响统计分析结论的可信度。

（三）注意社会经济现象的复杂性

客观社会经济现象间彼此有着千丝万缕的联系，某一现象发生的原因，有可能是另一现象出现的结果。而且，有时某一事件的出现可能导致诸多事件的发生，产生一系列的连锁反应。因此，进行统计分析时，要充分考虑现象间的复杂性，注意偶然性和个别因素的影响，这样才能保证统计分析的质量。

（四）注意相关分析与回归分析的结合

相关分析与回归分析有区别，也有联系。相关分析所研究的几个变量是对等关系，无须区别自变量和因变量，而回归分析所研究的几个变量不是对等关系，它要区别谁是自变量，谁是因变量；相关分析所研究的几个变量都是随机的，而回归分析所研究的变量只有因变量是随机的。

相关分析与回归分析又有密切的联系。回归分析要求现象之间存在较密切的相关关系，但现象之间相关关系的密切程度如何，则需要通过相关分析才能作出判断。相关分析与回归分析的密切关系还可从它们之间有关指标的相互推算中窥见一斑。

1. 相关系数与回归系数的关系。数量上，相关系数与回归系数存在如下关系：

$$r = b_1 \cdot \frac{\sigma_x}{\sigma_y}$$

或：

$$b_1 = r \cdot \frac{\sigma_y}{\sigma_x}$$

推导过程如下：

$$\because b_1 = \frac{n\sum xy - \sum x \cdot \sum y}{n\sum x^2 - (\sum x)^2}$$

$$= \frac{\sigma_{xy}^2}{\sigma_x^2}$$

又：$$r = \frac{n\sum xy - \sum x \cdot \sum y}{\sqrt{n\sum x^2 - (\sum x)^2} \cdot \sqrt{n\sum y^2 - (\sum y)^2}}$$

$$= \frac{\sigma_{xy}^2}{\sigma_x \cdot \sigma_y}$$

故：

$$\frac{b_1}{r} = \frac{\sigma_x \cdot \sigma_y}{\sigma_x^2}$$

即：

$$r = b_1 \cdot \frac{\sigma_x}{\sigma_y}$$

2. 相关系数与估计标准误差的关系。一元线性回归分析中，在给定相关系数的情况下，估计标准误差有如下的计算公式：

$$S_y = \sigma_y \sqrt{1 - r^2}$$

从上面的公式可看出，r 越小，S_y 就越大，这说明现象之间的相关关系不密切，直线回归方程的估计精度较差。特别地，当 $r = 0$ 时，$S_y = \sigma_y$，即 S_y 取得最大值。这时，现象间不存在直线相关关系，直线回归方程与 y 轴重合，此时，无论 x 怎样变化，$\hat{y}_C$ 始终保持平均水平。

若 $|r|$ 越大，估计标准误差就越小，表明现象间的相关关系较密切，直线回归方程估计精度就高。特别地，当 $r = \pm 1$ 时，$S_y = 0$，这时现象之间完全相关，各相关点均落在回归直线上，此时，对 x 的任何变化，y 总有一个相应的确定数值与之对应。

六、运用回归模型预测法应注意的问题

回归模型预测法，是建立在现象之间存在着较密切的相关关系的基础之上，运用一定的统计方法建构能够反映现象之间一般变动规律（即平均变动规律）的模型，来进行预测的方法。它是统计预测中一种非常有用的方法。然而回归模型预测法建模所

依据的资料只是现象在某一具体条件下的样本资料，所建模型也必定是现象变动规律的一般体现，因此，预测结果不可能百分之百准确，为了使预测结果尽可能与实际相符合，在运用回归模型预测法时，应该注意以下几个问题：

（一）方法的使用应以定性分析为基础

回归模型预测法也必须以定性分析为基础，这是因为只有现象之间存在较密切的相关关系，才能建构更具有代表性的回归模型，预测结果才能更加准确，而现象之间是否存在较密切的相关关系，是以定性分析为基础的。如果忽视了定性分析，错误地根据无关现象建构预测模型，这样的模型毫无意义，预测结果也不会准确。

（二）预测模型在使用前必须经过检验

模型所代表的是现象在特定条件下的变化规律，把这样的预测模型用于预测，不可能不产生误差，一般要求尽可能将模型在预测过程中产生的误差控制在可以接受的范围之内。这就是说，在将模型用于预测之前，必须对模型的有效性检验，防止出现较大偏差。

（三）样本数据的选取要具有代表性

预测模型的建构，直接依据的是样本数据，样本数据的结构如何以及样本数据是否能准确体现现象变动的基本规律，直接影响模型的可靠性和实用性，因此，样本数据一般应选择在正常时期为宜。

（四）预测模型形式的确定要符合实际

以上我们主要介绍了线性回归模型的建立及其预测过程。事实上，回归模型的形式是多种多样的，数据结构又是异常复杂的。这决定了针对不同的数据结构要求以适合的模型形式来模拟，才能保证预测结果的准确性。

思考与练习

思考题：

1. 何谓相关关系？相关关系与函数关系有什么区别与联系？
2. 简述相关关系的分类。
3. 简述判断相关关系的方法。
4. 什么是回归分析？回归分析与相关分析比较有何特点？
5. 建立一元线性回归模型应具备的条件有哪些？
6. 简述回归估计标准误差及其作用。
7. 运用相关分析与回归分析时应注意哪些问题？
8. 运用回归模型预测法应注意哪些问题？

练习题：

1. 以家庭为单位，某种商品年需求量与该商品价格之间的一组数据如下：

价格 x（元）	10	20	20	23	25	26	28	30	33	35
需求量 y（公斤）	5	3.5	3	2.7	2.4	2.5	2	1.5	1.2	1.2

要求：(1) 绘制价格与需求量散点图，大致判断两变量之间相关关系的形态和方向；

(2) 计算简单相关系数，进一步从定量分析上判断两变量之间的相关关系的密切程度和方向。

2. 为研究考试中考生交卷名次与考试成绩是否有关，进行了12名学生的抽样调查，得调查数据如下表。试计算等级相关系数，判断交卷名次与考试成绩是否有相关关系。

交卷名次与考试成绩调查表

交卷名次	1	2	3	4	5	6	7	8	9	10	11	12
考试成绩（分）	90	74	74	60	68	86	92	60	78	74	78	64

3. 某商业银行总行2009年对所属20个分行不良贷款的情况及其原因进行调查分析。为了控制不良贷款，研究人员对影响不良贷款的原因进行筛选，认为不良贷款主要与贷款余额、应收贷款、贷款项目个数、固定资产投资额之间都具有一定的线性关系。其中关系最为密切的是前两项，请根据下表统计数据计算复相关系数。

分行编号	不良贷款（亿元）x	各项贷款余额（亿元）y_1	累计应收贷款（亿元）y_2
1	0.9	67.3	6.8
2	1.1	111.3	19.8
3	4.8	17.3	7.7
4	3.2	80.8	7.2
5	7.8	119.7	16.5
6	2.7	16.2	2.2
7	1.6	107.4	10.7
8	12.5	185.4	27.1
9	1.0	96.1	1.7
10	2.6	72.8	9.1
11	0.3	64.2	2.1
12	4.0	132.2	11.2
13	0.8	58.6	6.0
14	3.5	174.6	12.7
15	10.2	263.5	15.6
16	3.0	79.3	8.9
17	0.2	14.8	0.6
18	0.4	73.5	5.9
19	1.0	24.7	5.0
20	6.8	139.4	7.2

4. 调查12个企业的产量与生产费用，得到数据（见下表）。拟合生产费用对产量的一元线性回归方程；计算回归估计标准误差；根据回归方程，取 $x_0=150$（万件）时，建立生产费用95%的预测区间。$t_{\frac{\alpha}{2}}(n-2)=t_{0.025}(10)=2.2281$。

12个企业的产量与生产费用数据表

企业编号	1	2	3	4	5	6	7	8	9	10	11	12
产量（万件）	40	42	50	55	65	78	84	100	116	125	130	140
生产费用（万元）	130	150	155	140	150	154	165	170	167	180	175	180

5. 某农场通过试验取得早稻收获量与春季降雨和春季温度的数据如下：

收获量（kg/公顷）y	1500	2300	3000	4500	4800	5000	5500
降雨量（mm）x_1	25	33	45	105	110	115	120
温度（C°）x_2	6	8	10	13	14	16	17

要求：（1）试建立早稻收获量对春季降雨量和春季温度的二元线性回归方程；

（2）用简捷法计算二元线性回归估计标准误差；

（3）给定 $x_1=130\text{mm}$，$x_2=18$ C°时，早稻收获量的点估计值。

6. 某企业上半年产品产量与单位成本资料如下：

月　份	1	2	3	4	5	6
产量（千件）	2	3	4	3	4	5
单位成本（元/件）	73	72	71	73	69	68

要求：（1）计算简单相关系数，判断产品产量与单位成本之间的相关密切程度和方向；

（2）建立一元线性回归方程（以单位成本为因变量），指出产量每增加1000件，单位成本平均下降多少？

（3）假定产品产量为6000件时，估计单位成本的点估计值为多少元？

（4）若单位成本为70件/元时，估计产品产量的点估计值应为多少？

（5）计算一元回归估计标准误差；

（6）根据产量为自变量、单位成本为因变量的一元线性回归方程，在给定 $x_0 = 7000$ 件时单位成本的预测值及预测区间（置信水平为95%，$t\frac{\alpha}{2}(6-1) = 2.571$）。

7. 根据下列资料编制一元线性回归方程，并计算回归估计标准误差。

$\sigma_x^2 = 25$　　$\sigma_y^2 = 36$　　$r = 0.9$　　$a = 2.8$

附录

概　率　表

$$\left[F(t) = \frac{2}{\sqrt{2\pi}} \int_0^t e^{-\frac{t^2}{2}} dt \right]$$

t	F (t)	t	F (t)	t	F (t)	t	F (t)	t	F(t)
0.00	0.0000	0.21	0.1663	0.43	0.3328	0.64	0.4772	0.86	0.6102
0.01	0.0080	0.22	0.1741	0.44	0.3401	0.65	0.4843	0.87	0.6157
0.02	0.0160	0.23	0.1819	0.45	0.3473	0.66	0.4907	0.88	0.6211
0.03	0.0239	0.24	0.1897	0.46	0.3545	0.67	0.4971	0.89	0.6265
0.04	0.0319	0.25	0.1974	0.47	0.3616	0.68	0.5085	0.90	0.6319
0.05	0.0399	0.26	0.2051	0.48	0.3688	0.69	0.5098	0.91	0.6372
0.06	0.0478	0.27	0.2205	0.49	0.3759	0.70	0.5161	0.92	0.6421
0.07	0.0558	0.29	0.2282	0.50	0.3829	0.71	0.5223	0.93	0.6476
0.08	0.0668	0.30	0.2358	0.51	0.3899	0.72	0.5285	0.94	0.6528
0.09	0.0717	0.31	0.2434	0.52	0.3969	0.73	0.5346	0.95	0.6579
0.10	0.0797	0.32	0.2510	0.53	0.4039	0.74	0.5307	0.96	0.6629
0.11	0.0876	0.33	0.2586	0.54	0.4108	0.75	0.5467	0.97	0.6680
0.12	0.0955	0.34	0.2661	0.55	0.4177	0.76	0.6527	0.98	0.6723
0.13	0.1034	0.35	0.2737	0.56	0.4245	0.77	0.5537	0.99	0.6778
0.14	0.1113	0.36	0.2812	0.57	0.4313	0.78	0.5640	1.00	0.6827
0.15	0.1192	0.37	0.2886	0.58	0.4381	0.80	0.5763	1.01	0.6875
0.16	0.1271	0.38	0.2961	0.59	0.4448	0.81	0.5821	1.02	0.6273
0.17	0.1350	0.39	0.3035	0.60	0.4515	0.82	0.5878	1.03	0.6970
0.18	0.1428	0.40	0.3108	0.61	0.4581	0.83	0.5935	1.04	0.7017
0.19	0.1507	0.41	0.3182	0.62	0.4947	0.84	0.5991	1.05	0.7063
0.20	0.1585	0.42	0.3255	0.63	0.4713	0.85	0.6047	1.06	0.7109

续表

t	F(t)	t	F(t)	t	F(t)	t	F(t)	t	F(t)
1.07	0.7154	1.38	0.8324	1.68	0.9070	1.99	0.9534	2.58	0.9901
1.08	0.7199	1.39	0.8355	1.69	0.9090	2.00	0.9545	2.60	0.9907
1.09	0.7243	1.40	0.8385	1.70	0.9190	2.02	0.9566	2.62	0.9912
1.10	0.7287	1.41	0.8415	1.71	0.9127	2.04	0.9587	2.64	0.9917
1.11	0.7330	1.42	0.8444	1.72	0.9146	2.06	0.9606	2.66	0.9922
1.12	0.7373	1.43	0.8473	1.73	0.9164	2.08	0.9625	2.68	0.9926
1.13	0.7415	1.44	0.8510	1.74	0.9181	2.10	0.9643	2.72	0.9935
1.14	0.7457	1.45	0.8529	1.75	0.9199	2.12	0.9660	2.74	0.9939
1.15	0.7499	1.46	0.8557	1.76	0.9216	2.14	0.9676	2.76	0.9942
1.16	0.7540	1.47	0.8584	1.77	0.9233	2.16	0.9692	2.78	0.9946
1.17	0.7540	1.48	0.8611	1.78	0.9243	2.18	0.9707	2.80	0.9949
1.18	0.7020	1.49	0.8638	1.79	0.9265	2.20	0.9722	2.82	0.9952
1.19	0.7660	1.50	0.8664	1.80	0.9281	2.22	0.9736	2.84	0.9955
1.20	0.7699	1.51	0.8695	1.81	0.9297	2.24	0.9749	2.86	0.9958
1.21	0.7737	1.52	0.8715	1.82	0.9312	2.26	0.9762	2.88	0.9960
1.22	0.7775	1.53	0.8740	1.84	0.9342	2.28	0.9774	2.90	0.9962
1.23	0.7813	1.54	0.8764	1.85	0.9357	2.30	0.9786	2.92	0.9965
1.24	0.7850	1.55	0.8780	1.86	0.9371	2.32	0.9797	2.94	0.9967
1.25	0.7887	1.56	0.8812	1.87	0.9385	2.34	0.9807	2.96	0.9969
1.26	0.7923	1.57	0.8836	1.88	0.9399	2.36	0.9817	2.98	0.9971
1.27	0.7959	1.58	0.8859	1.89	0.9412	2.38	0.9827	3.00	0.9973
1.28	0.7995	1.59	0.8882	1.90	0.9426	2.40	0.9836	3.20	0.9986
1.29	0.8030	1.60	0.8904	1.91	0.9439	2.42	0.9845	3.40	0.9993
1.30	0.8044	1.61	0.8926	1.92	0.9451	2.44	0.9853	3.60	0.9996
1.32	0.8132	1.62	0.8948	1.93	0.9464	2.46	0.9861	3.80	0.9998
1.33	0.8165	1.63	0.8969	1.94	0.9476	2.48	0.9869	4.00	0.9999
1.34	0.8197	1.64	0.8990	1.95	0.9488	2.50	0.9876	4.50	0.99999
1.35	0.8230	1.65	0.9001	1.96	0.9500	2.52	0.9883	5.00	0.999999
1.36	0.8262	1.66	0.9031	1.97	0.9512	2.54	0.9889		
1.37	0.8293	1.67	0.9051	1.98	0.9523	2.56	0.9895		